지명표장(地名標章) 보호법제
-지리적 표시 포함-

이규호

한국지식재산연구원
Korea Institute of Intellectual Property

이 저서는 2016년도 한국지식재산연구원의 IP전문도서발간사업의 지원을 받아 연구되었음

This work was supported by Korea Institute of Intellectual property.

머 리 말

　프랑스, 이태리, 스페인 등 유럽의 법률가들은 지리적 표시제도
에 대해 깊은 관심을 두고 있다. 이는 이들 국가의 산업구조 및 문화
적 특성과도 밀접한 관련성이 있다고 생각한다. 역사적 전통을 가
진 국가들은 나름의 음식문화가 형성되어 있게 마련이다. 유럽에서
는 이 음식문화를 중심으로 주류 및 농산물에 대한 지리적 표시가
발달하였다.

　우리나라는 반만년의 유구한 역사를 가진 국가다. 그럼에도 불구
하고 지리적 표시제에 관심을 두기 시작한 것은 1999년 1월부터다.
1999년 1월 개정된 농산물품질관리법에 지리적 표시제를 도입하여
2000년부터 전면 실시하였다. 2016년 10월 현재, 이 법은 2012년 7
월 22일부터 수산물품질관리법과 통합[(시행 2012.7.22.)(법률 제
10885호, 2011.7.21. 전부개정)]된 관계로 농수산물 품질관리법으로서
시행되고 있다. 또한 2005년부터는 상표법에 '지리적 표시 단체표
장제'를 규정함으로써 농축산물, 임산물, 수산물뿐만 아니라 공산품
도 지리적 표시를 법적으로 보호할 수 있는 방안이 마련되었다. 그
밖에 2012년 3월 15일 시행된 상표법[(시행 2012.3.15.)(법률 제11113
호, 2011.12.2. 일부개정)]에서는 '지리적 표시 증명표장제'를 도입하
였다.

　이러한 지리적 표시제의 도입은 자생적인 것이 아니다. 오히려
이는 국제조약의 가입 내지 체결과 밀접한 관련성이 있다. 그렇다
보니 이 제도에 대한 능동적이고도 적극적인 연구가 부족한 것이
사실이다.

　지리적 표시제는 지역연계성이 강한 전통지식과 밀접한 관련성
이 있다. 따라서 지역연계성이 강한 전통공예품, 전통식품, 농수산

물 및 그 가공품 등은 전통지식이 가미되는 관계로 지리적 표시제를 통해 더 강한 보호가 가능하다.

이 책을 통해 전통지식과 지리적 표시제를 연계하고 지리적 표시제를 통해 국내 지명의 역사적 가치를 보전하고 국내 산업을 보호하는 데 기여하고자 한다.

마지막으로 이 책의 출간을 허락해 준 한국지식재산연구원과 교정 및 출판에 힘써 준 세창출판사 관계자들에게 심심한 사의를 표한다.

2016년 10월 20일
한강이 내려다 보이는 연구실에서
이 규 호

차 례

제1장 서 론

| 제1절 | 연구의 목적 및 필요성 ································· 3
| 제2절 | 지리적 표시제의 경제적 영향 ······················· 5
| 제3절 | 지리적 표시와 상표와의 관계 ······················ 6

제2장 국제조약 및 국내이행입법의 현황

| 제1절 | 다자간 국제조약상 지리적 표시의 보호 ·············· 9
| 제2절 | 양자간 자유무역협정상 지리적 표시의 보호 ········· 14
　Ⅰ. 한미 자유무역협정 ······························· 14
　Ⅱ. 한-EU 자유무역협정 ····························· 20
| 제3절 | 지리적 표시 관련 양자간 자유무역협정의 국내이행
　입법의 필요성 및 현황 ····························· 30
　Ⅰ. 필요성 ······································· 30
　Ⅱ. 현 황 ······································· 31

제3장 각국의 입법례

| 제1절 | 유럽연합 ·· 37
　Ⅰ. 의 의 ······································· 37
　Ⅱ. 개념 정의 ····································· 37

Ⅲ. 유럽연합규칙의 적용범위 ……………………………… 42

Ⅳ. 법적 효과 …………………………………………………… 44

Ⅴ. 원산지명칭 및 지리적 표시의 보호 ………………… 44

Ⅵ. 지리적 표시 단체표장 및 지리적 표시 증명표장 ………… 46

Ⅶ. 사 례 ……………………………………………………… 50

|제2절| 프랑스의 원산지명칭제도 …………………………… 52

|제3절| 미국에 있어 지리적 표시 단체표장 및 지리적 표시

증명표장의 보호 …………………………………………… 54

Ⅰ. 의 의 ……………………………………………………… 54

Ⅱ. 상표법 체계를 통해 지리적 표시를 보호하는 것의 장점 …… 56

Ⅲ. 내 용 ……………………………………………………… 57

|제4절| 일본의 지명상표 제도 ………………………………… 72

Ⅰ. 지명상표의 의의 ……………………………………… 72

Ⅱ. 지역단체상표 …………………………………………… 73

제4장 우리나라 농수산물품질관리법상 지리적 표시의 보호

|제1절| 의 의 ……………………………………………………… 87

|제2절| 현 황 ……………………………………………………… 88

|제3절| 실체적 등록요건 ………………………………………… 89

Ⅰ. 주체의 요건 ……………………………………………… 89

Ⅱ. 해당품목의 품질 특성 요건 ………………………… 89

Ⅲ. 해당 품목의 품질 특성과 특정지역과의 밀접연관성 요건 …… 90

Ⅳ. 객체 요건 ………………………………………………… 92

Ⅴ. 지리적 표시 대상지역의 범위 요건(법률에 규정할 필요가

있음) ………………………………………………………… 92

Ⅵ. 해당 품목 우수성의 주지 요건 및 역사성 요건(법률에

규정할 필요가 있음) ··· 93

VII. 자체 품질기준 요건(법률에 규정할 필요가 있음) ············· 94

|제4절| 거절사유 ··· 95

|제5절| 이의신청 ··· 96

|제6절| 지리적 표시권 ··· 97

|제7절| 무효심판 ··· 98

|제8절| 취소심판 ··· 99

|제9절| 보호기간 ·· 100

|제10절| 소 결 ··· 101

제5장 우리나라 상표법상 지명표장제도(지리적 표시제도 포함)

|제1절| 의 의 ··· 105

|제2절| 지명표장(지리적 표시 포함)의 실체적 등록 요건 ·········· 106

I. 자타상품식별력이 없는 상표 ······························· 106

II. 사용에 의한 식별력(상 제33조 제2항) ··················· 141

III. 지리적 표시 단체표장 내지 지리적 표시 증명표장에
관한 실체적 등록요건 ······································· 151

|제3절| 법률상 등록을 받을 수 없는 상표(상표의 부등록사유) ····· 152

I. 의 의 ··· 152

II. 내 용 ··· 152

|제4절| 상표권의 효력 ·· 160

|제5절| 상표법상 지리적 표시제도 ································· 163

I. 도입 배경 ··· 163

II. 지리적 표시 단체표장(상 제2조 제1항 제6호) ··········· 163

III. 지리적 표시 증명표장 ····································· 219

|제6절| 소 결 ··· 223

제6장 우리나라 부정경쟁방지법상 지리적 표시의 보호

| 제1절 | 의 의 ……………………………………………………… 227
| 제2절 | 원산지 허위 표시 …………………………………………… 227
  Ⅰ. 의의 및 연혁 ………………………………………… 227
  Ⅱ. 원산지 거짓표시행위(부정경쟁방지법 제2조 제1호
   라목) ……………………………………………………… 230
  Ⅲ. 이 조문을 서비스에 유추적용할 수 있는지 여부 ……… 237
| 제3절 | 출처지(생산·제조 또는 가공된 지역) 오인유발행위
  (부정경쟁방지법 제2조 제1호 마목) ……………………… 241
  Ⅰ. 제도의 취지 ………………………………………… 241
  Ⅱ. 요 건 …………………………………………………… 242
  Ⅲ. 서비스에 유추적용할 수 있는지 여부 …………………… 250
| 제4절 | 자유무역협정에 의한 지리적 표시의 보호 ……………… 250
  Ⅰ. 취 지 …………………………………………………… 250
  Ⅱ. 지리적 표시의 보호를 규정한 자유무역협정 …………… 251
  Ⅲ. 보호의 대상 ………………………………………… 252
  Ⅳ. 금지되는 행위 ………………………………………… 252
  Ⅴ. 금지의 예외 ………………………………………… 253

제7장 우리나라 불공정무역행위 조사 및 산업피해구제에 관한 법률
(약칭: 불공정무역조사법)상 지리적 표시의 보호 _255

제8장 결론: 지명표장(지리적 표시 포함)의 활용방안 _261

부 록

1. 농산물의 지리적 표시 등록 및 공고 요령 ····························· 267

2. 수산물의 지리적 표시 등록 및 공고 요령 ····························· 278

● 판례 색인 ·· 285

● 사항 색인 ·· 288

지명표장 보호법제

지명표장(地名標章) 보호법제

─지리적 표시 포함─

제 1 장

서 론

제1절 __ 연구의 목적 및 필요성

제2절 __ 지리적 표시제의 경제적 영향

제3절 __ 지리적 표시와 상표와의 관계

제 1 절   연구의 목적 및 필요성

'지리적 표시(Geographical Indications)'란 일반적으로 출처표시(indication of source)와 원산지명칭(appellation of origin)의 양자 개념을 모두 포함하는 상위개념으로, 상품의 원산지를 표시하는 동시에 원산지에 의존하는 제품의 품질 또는 특징에 관한 정보를 전달하는 표지를 말한다. 여기에서 '출처표시'란 일정한 상품이 특정지역에서 기원했다는 것을 나타내는 단어, 기호, 색채 또는 도안을 나타내는 것이다[공업소유권의 국제적 보호를 위한 파리협약(1883년) 제1조]. 여기에서 '원산지 명칭'이란 상품의 품질이 자연적이며 인위적인 것을 포함한 지리적 환경에 기초한 경우에 한하여 그 상품이 특정 지역에서 기원했다는 것을 나타내는 명칭이다[원산지명칭의 보호와 국제등록에 관한 리스본 협정(이하 '리스본 협정') 제2조 제1항].

상표는 자신의 상품을 타인의 상품과 식별되도록 하기 위하여 사용하는 것을 말하는데 지리적 표시는 이러한 상표의 일종이다. 상표와 지리적 표시 모두 재화를 식별하기 위해 사용되지만 상표는 '생산자'를 식별하기 위해 기업 또는 생산자 연합(회원 포함)을 나타내는 반면, 지리적 표시의 경우 '장소'를 식별하는 데에 한정이 되어 있다는 점에 차이가 있다.

지리적 표시란 명칭을 사용하지는 아니하였지만, 출처표시란 용어를 사용하여 지리적 표시의 보호를 언급한 최초의 국제조약은 공업소유권의 국제적 보호를 위하여 체결된 파리협약(1883년)이며, 이후 「표장의 국제등록에 관한 마드리드협정」(1891년)과 리스본협정(1958년)에 원산지 명칭의 보호 등과 같은 관련 내용이 포함되었으나, 이 협약들은 강제력이 없는 무역협정이라는 점에서 국제협약으로서의 한계를 지니고 있었다. 이후 1995년 세계무역기구(WTO)가 출범하면서「무역관련 지식재산권협정」(Agreement on Trade-Related Aspects of Intellectual Property Rights: TRIPs)의 채택을 통해 지리적 표시란 용어를 공식적으로 사용하였고, 이 협정을 통해 지리적 표시가 협약국들 사이에서 국제규범으로 실질적 효력이 발생하기 시작하게 된다.

우리나라의 경우 1999년 1월 개정된 농산물품질관리법에 지리적 표시제를 도입하여 2000년부터 전면 실시하였다. 또한 2005년부터는 상표법에 '지리적 표시 단체표장제'를 규정함으로써 농축산물, 임산물, 수산물뿐 아니라 공산품도 지리적 표시를 법적으로 보호할 수 있는 방안이 마련되었다.

FTA의 지리적 표시에 관한 규정은 WTO의 TRIPs를 크게 벗어나지 않고 있다. 2016년 10월 현재 대한민국은 칠레를 시작으로 EU, 미국, 중국을 포함한 53개국과의 15개 FTA협정이 발효된 상태이다.

한·EU FTA에서는 한국의 64개 지리적 표시와 EU의 162개 지리적 표시 상표를 상호 보호해 주기로 약정을 맺었으며, 여기에는 메독, 보졸레, 부르고뉴, 마고 등 프랑스 와인 및 아이리시 위스키, 코냑 등 주류 80종류가 포함되어 있다. EU의 경우 오래된 역사로부터 비롯한 다양한 전통 문화와 제품을 보유하고 있어 여타 국가의 FTA보다는 좀 더 자세한 내용의 보호조항을 두고 있다. 또한 한·미 FTA는 자국의 지리적 표시를 용이하게 보호하기 위한 미국의 요구에 의해 증명표장제도가 국내 상표법에 도입되는 계기를 만들기도 했다.

국내법상에서 지리적 표시는 상표법상의 지리적 표시 증명표장 및 지리적 표시 단체표장을 비롯해 농수산물 품질관리법, 부정경쟁방지 및 영업비밀보호에 관한 법률, 불공정무역행위 조사 및 산업피해구제에 관한 법률, 그리고 주세법 및 주류의 상표사용에 관한 위임고시 등에 의해 다층적 보호가 가능하다.

FTA가 다각화됨에 따라 각국의 단체나 기업은 지리적 표시의 중요성을 자각하고 이에 대한 보호를 강화하고 있다. 이에 부합하도록 우리나라의 지리적 표시 보호제도를 체계적으로 정리할 필요성이 있어 이 책을 집필하고자 한다.

그리고 상표법상 지리적 표시(geographical indications)에는 해당하지 않지만 지명을 포함한 상표에도 관심을 기울일 필요가 있다는 측면에서 지명표장을 전반적으로 다루면서 지리적 표시를 포섭하는 방식으로 집필하고자 한다. 이 책에서는 이 목적을 위하여 다자간 국제조약 및 양자간 자유무역협정상 지리적 표시의 보호 및 미국, 유럽, 일본 등의 지리적 표시제도에 대해 설명하기로 한다. 그런 다음 우리나라에서 지명표장(지리적 표시 포함)을 보호하는 법제를 차례로 소개하고자 한다.

제 2 절   지리적 표시제의 경제적 영향

경험칙에 따르면, 전 세계의 수요자는 덜 알려진 지역을 출처로 하는 상품에 비해 우수한 상품을 제조할 것이라고 수요자들을 믿게 하는 지리적 장소를 표기한 포도주 내지 식품에 대해 보다 고가를 지불할 것이다. 예컨대 Roquefort 치즈는 일반적인 지역생산 블루 치즈에 비해 고가이고 Cognac은 일반적인 지역생산 브랜드에 비해 고가이다. 따라서 알려진 특정 지역에 대한 보호체계를 창출하고 관리하는 것은 전 세계의 농민, 재배자, 맥주 양조업자, 증류주 생산업자, 포도주 생산업자에게 매우 중요하다.

제 **3** 절   지리적 표시와 상표와의 관계

지리적 표시가 상표의 1유형인지 아니면 다른 유형의 출처표시로서 분류하는 것이 보다 적절한지 여부에 대한 국제적 공감대는 형성되어 있지 않다.[1] 또한, 지리적 표시를 가장 잘 보호하는 방법 및 전통적인 상표와 지리적 표시의 적절한 상관관계에 대한 국제적인 공감대도 형성되어 있지 않다. 무역관련 지식재산권협정(TRIPs)은 지리적 표시가 지식재산의 1유형에 해당한다는 입장을 뒷받침하고 있다.[2] 유럽의 몇몇 법률가는 지리적 표시가 상표와 상이한 것으로 보아 지리적 표시가 단일의 상업적 출처를 가리키는 것이 아니라는 점을 강조하였다.[3] 유럽의 접근방식은 상표법과 부정경쟁방지법과는 별도로 지리적 표시를 보호하는 법체계를 선호하는 경향이 있다. 반면에 미국 정부는 지리적 표시를 단체표장 및 증명표장의 체계하에서 적절히 보호될 수 있는 것으로 판단하여 상표와 유사한 것으로 보는 경향이 있다.[4]

---

1) 2 McCarthy on Trademarks and Unfair Competition, at § 14:1.50.
2) D. Gangjee, Quibbling Siblings: Conflicts Between Trademarks and Geographical Indications, 82 Chi.-Kent L. Rev. 1253, 1257(2007).
3) 2 McCarthy on Trademarks and Unfair Competition, at § 14:1.50.
4) Id.

제 2 장

국제조약 및 국내이행입법의 현황

제1절 __ 다자간 국제조약상 지리적 표시의 보호

제2절 __ 양자간 자유무역협정상 지리적 표시의 보호

제3절 __ 지리적 표시 관련 양자간 자유무역협정의 국내이행입법의
　　　　필요성 및 현황

제 1 절   다자간 국제조약상 지리적 표시의 보호

지리적 표시(geographical indications)란 용어는 「무역관련 지적재산권협정」(TRIPs)에서 최초로 등장하였다.[1] 산업재산권 보호를 위한 파리협약에서는 각 회원국의 출처표시(indication of source) 또는 원산지명칭을 내국민과 동등하게 보호하였다. 파리협약에 의한 출처표시는 상품의 품질 등을 고려하지 아니하고 단순히 상품의 지리적 출처를 표시하는 것이었다.[2] 「표장의 국제등록에 관한 마드리드협정」(Madrid Agreement Concerning the International Registration of Marks)은 동 협정 제1조 제1항에 따라 허위 및 기만적 출처표시의 사용을 금지하고 있다. 「원산지명칭의 보호를 위한 리스본협정」(Lisbon Agreement for the Protection of Appellations of Origin and Their International Registration in 1958; 이하 '리스본협정'이라 표시)에 따라 보호되는 원산지명칭은 일정한 상품의 품질이 자연적이거나 인간적인 요소를 포함한 지리적 환경에 기초한 경우에 한하여 그 상품이 특정 지역에서 기원했다는 것을 나타내는 국가, 지역 및 산지의 명칭을 뜻하는데, (i) 직접적인 지역의 명칭을 사용하여야 하며, (ii) 원산지명칭은 국가, 지역 또는 산지에 관련한 지리적 명칭이어야 하고, (iii) 상품의 품질 또는 특성이 배타적 또는 본질적으로 자연적이며 인위적인 것을 포함하여 지리적 환경에서 기원한 것이어야 한다는 세 가지 요건을 충족하여야 한다.[3]

---

1) WIPO, Intellectual Property Reading Material 442(1998).
2) 이재칠, "우리나라 지리적 표시 보호제도의 효율화에 대한 연구(상)," 지식재산 21, 통권 제72호, 특허청, 2002년 5월, 119면.
3) 리스본협정 제2조 제1항.

TRIPs 제22조 제1항에 의한 지리적 표시는 "상품의 품질, 명성 또는 그 밖의 특성이 본질적으로 지리적 근원에서 비롯되는 경우, 회원국의 영토 또는 회원국의 지역 또는 지방을 원산지로 하는 상품임을 명시하는 표시다."라고 정의하고 있다.[4] 따라서 동 협정에 따른 지리적 표시는 서비스를 제외한 상품에 한정한다.[5] 미국에 있어 지리적 표시의 예로는 오렌지의 경우에는 플로리다 주, 감자의 경우에는 아이다호 주 및 사과의 경우에는 워싱턴 주 등이 있다. TRIPs에 따르면, 지리적 표시는 지식재산권이다. 그리고 TRIPs는 사권만을 다루고 있기 때문에[6] 지리적 표시는 사권에 해당한다.

지리적 표시 보호에 관한 1995년 TRIPs의 규정은 선진국에는 1996년 1월 1일에, 개발도상국에는 2000년 1월 1일에 시행되었고, 최저개발국에는 2006년 1월 1일에 시행되었다. 지리적 표시에 관련하여 제2부(Part II) 제3절(Section 3) 제22조, 제23조 및 제24조에서 TRIPs는 국제적 규율기준을 열거하고 최소한도의 국제적 기준을 확립하였다. 즉 TRIPs 제22조 내지 제24조는 다음과 같이 규정하고 있다.

---

4) TRIPs 제22조 제1항의 원문은 다음과 같다.

　Indications which identify a good as originating in the territory of a Member, or a region or locality in that territory, where a given quality, reputation or other characteristic of the good is essentially attributable to its geographical origin.

5) D. J. Gervais, The TRIPS Agreement: Drafting History and Analysis 125 (1998).

6) Preamble of Agreement on Trade-Related Aspects of Intellectual Property Rights, art. 22(1), Apr. 15, 1994, Marrakesh Agreement Establishing the World Trade Organization, Annex 1C, Legal Instruments--Results of the Uruguay Round, 1869 U.N.T.S. 299, 33 I.L.M. 1125, 1197.

TRIPs

제22조(지리적 표시의 보호) 1. 이 협정의 목적상 지리적 표시란 상품의 특정 품질, 명성 또는 그 밖의 특성이 본질적으로 지리적 근원에서 비롯되는 경우, 회원국의 영토 또는 회원국의 지역 또는 지방을 원산지로 하는 상품임을 명시하는 표시이다.

2. 지리적 표시와 관련 회원국은 이해 당사자가 다음의 행위를 금지할 수 있는 법적 수단을 제공한다.

　　가. 당해 상품의 지리적 근원에 대해 대중의 오인을 유발하는 방법으로, 진정한 원산지가 아닌 지역을 원산지로 한다고 표시하거나 암시하는 상품의 명명 또는 소개 수단의 사용

　　나. 파리협약(1967년) 제10조의2의 의미 내에서 불공정 경쟁행위를 구성하는 사용

제23조(포도주와 주류의 지리적 표시에 관한 추가보호) 1. 각 회원국은 비록 그 상품의 진정한 원산지의 표시가 나타나 있거나, 지리적 표시가 번역되어 사용되거나, '종류', '유형', '양식', '모조품' 등의 표현이 수반되는 경우에도, 이해 당사자가 당해 지리적 표시에 나타난 장소를 원산지로 하지 아니하는 포도주에 포도주의 산지를 나타내는 지리적 표시, 또는 당해 지리적 표시에 나타난 지역을 원산지로 하지 아니하는 주류에 주류의 산지를 나타내는 지리적 표시의 사용을 금지하는 법적 수단을 제공한다.

2. 포도주의 산지를 나타내는 지리적 표시를 포함하거나 동 표시로 구성되는 포도주 상표의 등록, 또는 주류의 산지를 나타내는 지리적 표시를 포함하거나 동 표시로 구성되는 주류 상품의 등록은 그러한 원산지를 가지지 아니하는 포도주 또는 주류에 대하여 회원국의 법이 허용하는 경우에는 직권으로 또는 이해 당사자의 요청에 따라 거부되거나 무효화된다.

3. 포도주에 대한 동음(同音)의 지리적 표시의 경우, 제22조 제4항의 규정을 조건으로 모든 표시에 대해 보호가 부여된다. 각 회원국은

관련 생산자에 대한 동등한 대우를 보장하고 소비자가 오도되지 아니하도록 보장해야 할 필요성을 고려하여, 당해 동음의 지리적 표시를 서로 구분할 수 있는 실질적인 조건을 결정한다.

4. 포도주에 관한 지리적 표시의 보호를 용이하게 하기 위해, 이 체제에 참여하고 있는 회원국 내에서 보호 대상이 되는 포도주의 지리적 표시의 통보와 등록을 위한 다자간 체제의 수립에 관한 협상이 무역 관련 지적재산권위원회에서 추진된다.

제24조(국제협상, 예외) 1~5. (생략)

6. 이 절의 어느 규정도 회원국이 자기 나라의 영토 내에서 이러한 상품 및 서비스에 대한 일반 명칭으로서 통용어에서 관습적으로 사용되는 용어와 관련 표시가 동일한 상품과 서비스에 관한 다른 회원국의 지리적 표시에 대하여 이 절의 규정을 적용할 것을 요구하지 아니한다. 이 절의 어느 규정도 일방 회원국이 세계무역기구협정의 발효일 현재 자기 나라의 영토에 존재하는 포도의 종류에 대한 통상의 명칭과 관련 표시가 동일한 포도 제품에 관한 다른 회원국의 지리적 표시에 대하여 이 절의 규정을 적용할 것을 요구하지 아니한다.

TRIPs 제24조 제6항에서는 포도주 및 증류주에 대해 지리적 표시를 일반명칭상표(generic terms)로 사용하는 데 전혀 문제가 없다고 규정하고 있다.

따라서 TRIPs에 따르면, '샴페인'과 같이 상품 그 자체를 의미하는 것으로 사용되는 경우에는 지리적 표시를 보호할 필요가 없다. 하지만 양자간 협정에 해당하는 한-EU 자유무역협정(FTA)의 부속서(Annex)에 따르면, '샴페인'이란 지리적 표시를 보호하도록 되어 있다. 이와 관련하여 우리 법제가 국제조약과 정합성이 존재하는지 여부를 살펴보면 다음과 같다.

우리 상표법에 따르면, '샴페인'이란 상표가 국내에서 발포성 백포도주를 의미하는 것으로 사용되어 상표법 제33조 제1조 제1호 내지 제2호에 해당하여 지리적 표시 단체표장 내지 지리적 표시 증명 표장 제도에 의해 보호받을 수 없게 된다. 하지만 '샴페인'이란 상표 가 보통명칭상표 내지 관용상표에 해당하여 상표법상 보호받지 못 하더라도 「부정경쟁방지 및 영업비밀보호에 관한 법률」 내지 농수 산물품질관리법에 따라 보호받을 수 있으므로 '샴페인'이란 지리적 표시를 보호하기로 한 한-EU FTA에 위반하는 것은 아니다.

TRIPs상 지리적 표시는 리스본협정의 원산지명칭보다 그 범위가 넓고, 파리협약상 출처표시보다는 그 범위가 좁은 것이다.[7] TRIPs 상 지리적 표시는 리스본협정상 원산지명칭과 비교하여 그 개념에 '명성'이란 요소를 추가하였다.

세계무역기구가 무역관련 지식재산권협정(TRIPs)을 공포한 이래, 지리적 표시는 문화적 가치가 강하게 충돌하는 분야로서 국제적 쟁 점으로 부각되었다. 지리적 표시는 품질에 대한 특정지역의 평판을 보호하고 소비자의 혼동을 방지한다. 프랑스를 비롯한 몇몇 유럽연 합 회원국은 세계무역기구의 지리적 표시 보호체계 이전에 원산지 명["Apellations d'Origine Contrôlée"(AOCs)]을 인식하고 보호하였다.[8] 그중 가장 적극적으로 보호하는 국가는 프랑스이었다.[9] 원산지 명 칭은 지리적 위치 및 생산과정을 비롯하여 자연 및 문화 양자를 보 호하는 것이다.[10] 지리적 표시는 허위 광고로부터 생산업자 및 소

---

7) 김병일, "지리적 표시 관련 주요쟁점분석 및 대응방안," 지식재산21, 통권 제94호, 특허청, 2006년 1월, 2면.

8) Louis Lorvellec, You've Got to Fight for Your Right to Party: A Response to Professor Jim Chen, 5 Minn. J. Global Trade 65(1996).

9) Deborah J. Kemp & Lynn M. Forsythe, Trademarks and Geographical Indications: A Case of California Champagne, 10 Chap. L. Rev. 257, 271 (2006).

10) Jim Chen, A Sober Second Look at Appellations of Origin: How the United States Will Crash France's Wine and Cheese Party, 5 Minn. J. Global Trade 31-32(1996).

비자 양자를 보호하는 기능을 수행한다. 지리적 표시를 규제하고
등록하기 위하여 조치가 취하여졌다. 유럽연합은 전적으로 지리적
표시만을 위한 등록체계를 구축하고 있다.[11] 반면에 미국은 그 보
호 내지 등록을 상표법에 통합하여 운영하고 있다.[12]

우리나라 상표법은 TRIPs 제22조 제1항의 지리적 표시 개념을 그
대로 수용한 것이고 농수산물품질관리법은 농산물, 수산물 및 그 가
공품이 특정지역에서 생산된 특산품임을 표시한 지리적 표시에 대
해 그 보호대상을 제한하여 보호하고 있다.

제 2 절 양자간 자유무역협정상 지리적 표시의 보호

Ⅰ. 한미 자유무역협정

한미 자유무역협정(이하 '한미 FTA'로 표시)는 상표의 품질보증기
능의 강화 등 긍정적인 측면을 고려하여 증명표장제도를 도입하였
다. 한미 FTA 제18.2조 제2항에서는 각 당사국은 상표가 증명표장
을 포함하도록 규정한다. 각 당사국은 또한 지리적 표시가 상표로

---

11) Cf. Press Release, European Commission, WTO Talks: EU Steps Up Bid
    for Better Protection of Regional Quality Products(Aug. 28, 2003),
    available at http://europa.eu/rapid/pressReleasesAction.do?reference=
    IP/03/1178(last visited July 10, 2016).
12) 15 U.S.C.A. §§ 1141-1141n(2006)(미국은 마드리드의정서를 상표법에 흡
    수하여 채택하고 있다).

서 보호될 자격이 있음을 규정한다. 한미 FTA 제18.2조 제2항 각주
5에서는 이 장의 목적상, 지리적 표시라 함은 상품의 특정 품질, 명
성 또는 그 밖의 특성이 본질적으로 지리적 근원에서 비롯되는 경
우, 당사국의 영역이나 당사국 영역의 지역 또는 지방을 원산지로
하는 상품임을 명시하는 표지를 말한다. 어떠한 표지(문자, 숫자, 도
형적인 요소 및 단색을 포함하는 색채뿐만 아니라, 지리적 명칭 및 개인의
이름을 포함하는 단어를 포함한다) 또는 표지의 조합도 어떤 형식이든
간에 지리적 표시가 될 자격이 있다. 이 장에서 원산지는 제1.4조
(정의)에서 그 용어에 부여된 의미를 가지지 아니한다고 규정하고
있다.[13] 여기에서 '증명표장'이란 소비자의 품질 오인이나 출처의
혼동을 방지할 목적으로 상품이나 서비스업의 특징을 증명하기 위
하여 사용하는 상표를 뜻한다.[14] 이 제도는 미국, 영국, 중국, 호주,
독일, 프랑스 등에서 이미 시행중인 것이다. 우리나라는 소비자에

---

13) 한미 FTA 제1.4조에 따르면, 원산지라 함은 제4장(섬유 및 의류) 또는 제6
　　장(원산지 규정 및 원산지 절차)에 규정된 원산지 규정상의 요건을 충족하
　　는 것을 말한다고 규정하고 있다.
　　　참고로 동 협정 제6.1조에 따르면, 이 장에 달리 규정된 경우를 제외하고,
　　각 당사국은 다음의 경우 상품이 원산지 상품임을 규정한다.
　　가. 전적으로 어느 한쪽 또는 양 당사국의 영역에서 완전하게 획득되거나
　　　　생산된 상품의 경우
　　나. 전적으로 어느 한쪽 또는 양 당사국의 영역에서 생산되고,
　　　　1) 상품의 생산에 사용된 각각의 비원산지 재료가 부속서 4-가(섬유
　　　　　또는 의류 품목별 원산지 규정) 및 부속서 6-가에 명시된 적용가능
　　　　　한 세 번 변경을 거치거나,
　　　　2) 상품이 부속서 4-가 및 부속서 6-가에 명시된 적용가능한 역내가치
　　　　　포함비율이나 그 밖의 요건을 달리 충족시키며,
　　그리고, 이 장의 그 밖의 모든 적용가능한 요건을 충족시키는 경우, 또는
　　다. 원산지 재료로만 전적으로 어느 한쪽 또는 양 당사국의 영역에서 생산
　　　　된 경우라고 규정하고 있다.
14) http://www.fta.go.kr/fta_korea/usa/kor/2K_books.pdf(방문일자: 2016
　　년 8월 30일).

게 올바른 상품선택의 정보 및 기준을 제공하며, 각종 인종마크제를 활성화시켜 기업이 우수한 품질의 상품을 생산하도록 유도하기 위하여 한미 FTA에 증명표장제도를 도입하였다. 한미 FTA에 따르면, 지리적 표시를 포함한 증명표장제도를 도입하도록 되어 있다.

제18.2조(지리적 표시를 포함한 상표) 1. 어떠한 당사국도 등록의 요건으로 표지가 시각적으로 인식가능할 것을 요구할 수 없으며, 어떠한 당사국도 상표를 구성하는 표지가 소리 또는 냄새라는 이유만으로 상표의 등록을 거부할 수 없다.

2. 각 당사국은 상표가 증명표장을 포함하도록 규정한다. 각 당사국은 또한 지리적 표시가 상표로서 보호될 자격이 있음을 규정한다.

3. 각 당사국은, 상품 또는 서비스의 보통명칭으로서 통용어에서 관습적으로 사용되는 용어(보통명칭)와의 관계에서 상표의 상대적 크기, 위치 또는 사용양식에 관한 요건을 특히 포함하여, 그 보통명칭의 사용을 강제하는 자국의 조치가, 그러한 상품 또는 서비스에 관하여 사용되는 상표의 사용이나 유효성을 손상시키지 아니하도록 보장한다.

4. 각 당사국은, 등록된 상표의 소유자가 소유자의 동의를 얻지 아니한 모든 제3자가 소유자의 등록된 상표에 관한 상품 또는 서비스와 최소한 동일하거나 유사한 상품 또는 서비스에 대하여, 지리적 표시를 포함하여 동일하거나 유사한 표지를 거래의 과정에서 사용하여, 그 사용으로 인하여 혼동 가능성을 야기할 경우 그러한 사용을 금지할 수 있는 배타적 권리를 가지도록 규정한다. 지리적 표시를 포함하여, 동일한 상품 또는 서비스에 대한 동일한 표지 사용의 경우, 혼동 가능성이 있는 것으로 추정된다.

5. 각 당사국은 서술적 용어의 공정한 사용과 같이 상표에 의하여 부여되는 권리에 제한적인 예외를 규정할 수 있다. 다만, 그러한 예외는 상표권자와 제3자의 정당한 이익을 고려하여야 한다.

6. 어떠한 당사국도 어떠한 표장이 유명 표장인지를 결정하는 조건

으로 그 표장이 그 당사국의 영역 또는 다른 관할권에 등록되어 있을 것을 요구할 수 없다. 이에 추가하여, 어떠한 당사국도 다음이 결여되었다는 이유만으로 유명표장에 대한 구제를 거부할 수 없다.

가. 등록

나. 유명 표장 목록에의 등재, 또는

다. 표장의 유명성에 대한 사전 인식

7. 파리 협약 제6조의2는, 등록 여부와 관계없이, 유명상표에 의하여 확인되는 상품 또는 서비스와 동일하거나 유사하지 아니한 상품 또는 서비스에 준용된다.

　　다만, 그 상품 또는 서비스에 관련된 그 상표의 사용이 그 상품 또는 서비스와 상표권자 사이의 연관성을 나타내어야 할 것이며, 상표권자의 이익이 그러한 사용에 의하여 손상될 가능성이 있어야 한다.

8. 각 당사국은 관련 상품 또는 서비스에 대하여 유명상표와 동일하거나 유사한 상표 또는 지리적 표시의 사용이 혼동을 야기할 가능성이 있거나, 오인을 초래할 가능성이 있거나, 기만할 가능성이 있거나 그 상표 또는 지리적 표시와 유명 상표권자를 연관시킬 위험이 있을 가능성이 있거나, 유명상표의 명성에 대한 불공정한 이용을 구성하는 경우, 그러한 상표 또는 지리적 표시의 등록을 거절하거나 취소하고 사용을 금지하는 적절한 조치를 규정한다.

9. 각 당사국은 다음을 포함하는 상표등록제도를 규정한다.

가. 상표 등록의 거절 이유에 대한 통지를 출원인에게 서면으로 제공하는 요건. 통지는 전자적으로 제공될 수 있다.

나. 출원인이 상표당국으로부터의 통지에 대하여 답변하고, 최초 거절에 대하여 이의를 제기하며, 최종적인 등록 거절에 대하여 사법적으로 불복청구할 수 있는 기회

다. 이해당사자가 상표 출원에 대하여 이의를 제기하고 상표가 등록된 후 그 상표의 취소를 구할 수 있는 기회, 그리고

라. 이의제기 및 취소절차에서의 결정은 이유가 설명되어야 하며 서면으로 이루어져야 한다는 요건. 서면 결정은 전자적으로 제공

될 수 있다.

10. 각 당사국은 다음을 규정한다.

가. 상표에 대한 전자적 출원과 상표의 전자적 처리·등록 및 유지를 위한 제도, 그리고

나. 온라인 데이터베이스를 포함하여 상표 출원 및 등록에 관한 공중에게 이용가능한 전자적 데이터베이스

11. 각 당사국은 다음을 규정한다.

가. 상표 출원 또는 등록에 관계되고 상품 또는 서비스를 표시하는 각 등록 및 공표는, 수정되고 개정된 「표장의 등록을 위한 상품 및 서비스의 국제분류에 관한 니스협정(1979년)」(니스 분류)에 의하여 설정된 분류상의 류별로 분류하여 그 상품 또는 서비스를 그 명칭에 의해 표시한다. 그리고

나. 상품 또는 서비스는 등록이나 공표에서 니스 분류상 동일한 류로 나타난다는 이유만으로 서로 유사한 것으로 간주될 수 없다. 역으로, 각 당사국은 상품 또는 서비스가 등록이나 공표에서 니스 분류상 다른 류로 나타난다는 이유만으로 서로 유사하지 아니하다고 간주될 수 없도록 규정한다.

12. 각 당사국은 상표의 최초 등록 및 각 등록 갱신이 10년 이상의 기간이 되도록 규정한다.

13. 어떠한 당사국도 사용권의 유효성을 확립하거나, 상표에 대한 권리를 주장하거나, 또는 그 밖의 다른 목적을 위하여 상표 사용권을 등록할 것을 요구할 수 없다.

14. 당사국이 상표보호제도를 통하거나 다른 방법으로, 지리적 표시의 보호를 위하여 출원하거나 이의 인정을 청원할 수 있는 수단을 제공하는 경우, 그 당사국은 그러한 출원 및 청원(당사국이 선택한 수단과 관련되는 경우)에 대하여,

가. 자국민을 대신한 당사국의 관여를 요구함이 없이, 그러한 출원 및 청원을 접수한다.

나. 그러한 출원 및 청원을 최소한의 형식으로 처리한다.

다. 그러한 출원 및 청원의 제출을 규율하는 자국의 규정이 대중에 게 쉽게 이용가능하도록 하고 이러한 조치를 위한 절차를 명확 하게 규정하도록 보장한다.

라. 일반적인 출원 및 청원의 제출 절차와 출원 및 청원의 처리과정 에 관한 지침을 일반 대중이 획득할 수 있도록, 그리고 출원인, 청원인, 또는 그의 대리인이 특정 출원 및 청원의 상황을 확인하 고 그에 관련된 절차적인 지침을 획득할 수 있도록, 충분한 연락 정보를 이용가능하게 한다. 그리고

마. 지리적 표시를 위한 출원 및 청원이 이의제기가 가능하게 공표 되도록 보장하고, 출원 또는 청원의 대상인 지리적 표시에 대한 이의제기절차를 규정한다. 각 당사국은 또한 출원 또는 청원의 결과로 생긴 등록을 취소할 수 있는 절차를 규정한다.

15. 가. 각 당사국은 다음의 각 사항이 지리적 표시의 보호 또는 인 정의 거절, 그리고 이의제기 및 취소의 근거가 되도록 규정한다.

1) 지리적 표시가, 그 당사국의 영역에서 선의로 출원 또는 등록 중이며 그 영역에서 그 지리적 표시의 보호 또는 인정일보다 앞선 우선일을 가진 상표와 혼동을 야기할 가능성이 있는 경우

2) 지리적 표시가, 선의의 사용을 통하여 그 당사국의 영역에서 상표에 대한 권리를 획득하고 그 영역에서 그 지리적 표시의 보호 또는 인정일보다 앞선 우선일을 가진 상표와 혼동을 야 기할 가능성이 있는 경우, 그리고

3) 지리적 표시가, 그 당사국의 영역에서 유명하게 되었고 그 영 역에서 그 지리적 표시의 보호 또는 인정일보다 앞선 우선일 을 가진 상표와 혼동을 야기할 가능성이 있는 경우

나. 가호의 목적상, 당사국의 영역에서 지리적 표시의 보호일은 다 음이 된다.

1) 출원 또는 청원의 결과로 제공되는 보호 또는 인정의 경우, 그 출원 또는 청원일, 그리고

2) 그 밖의 수단을 통하여 제공되는 보호 또는 인정의 경우, 그

> 당사국의 법에 따른 보호 또는 인정일

II. 한-EU 자유무역협정

한-EU 자유무역협정(이하 '한-EU FTA'로 표시)에 따르면, 한미 FTA 와 대동소이하게 지리적 표시를 정의하고 있다. 한-EU FTA에 의하면, 지리적 표시란 상품의 특정 품질, 명성 또는 그 밖의 특성이 본질적으로 지리적 근원에서 비롯되는 경우 특정 지역, 지방 또는 국가를 원산지로 하는 상품임을 명시하는 표시라고 정의하고 있다.

한-EU FTA 협정문 제10.18조 제3항 및 제4항에서는 부속서 10-가에 등재된 대한민국과 유럽연합의 지리적 표시를 보호할 것을 규정하고 있다. 또한 제10.19조 제1항 및 제2항에서는 부속서 10-나에 등재된 대한민국과 유럽연합의 지리적 표시를 보호할 것을 규정하고 있다. 즉 한-EU FTA 협정문 제10.18조와 제10.19조에 의하여 제3자에 의한 상표등록이 거절되거나 무효가 되고 무단사용이 제한되는 지리적 표시를 공개하고 있다. 한-EU FTA 협정문 제10.21조에서 지리적 표시의 보호 범위를 규정하고 있으며 각 호의 1에 해당하는 상표 등록 행위는 양국에 의하여 거절되거나 무효화되고, 「부정경쟁방지 및 영업비밀보호에 관한 법률」 제3조의2에 의하여 사용이 금지된다. 한-EU FTA 제10.18조 및 제10.19조에 언급된 지리적 표시에 대하여 보호 또는 인정이 되는 출원일은 이 협정이 발효된 날이다.

이와 관련하여 한국과 EU 양측은 부속서에 기재된 양측의 지리적 표시(한국: 64개,[15] EU: 162개[16])를 서로 보호하기로 합의하였다.

---

15) 농식품 63개, 증류주 1개가 한-EU FTA에 따라 보호된다.

보호되는 지리적 표시의 범위는 농산물 및 식품(이하 농식품), 포도
주(방향 포도주 포함), 증류주로 한정된다. 한-EU FTA에 따라 보호되
는 양측의 주요 지리적 표시는 다음과 같다.

　한국의 경우에는 보성녹차, 순창전통고추장, 이천쌀, 고려홍삼,
진도홍주, 고창복분자 등이 그에 해당하고, EU의 경우에는 보르도,
부르고뉴, 샴페인, 꼬냑, 스카치위스키, 카망베르도노르망디(치즈)
등이 그에 해당한다.[17)]

　한-EU FTA의 부속서에 기재된 양국의 지리적 표시는 다음과 같
은 행위로부터 보호된다.[18)]

　(i) 상품의 지리적 출처에 대하여 대중의 오인을 유발하는 방식으
　　로 진정한 산지가 아닌 지역을 원산지로 한다고 표시하거나
　　암시하는 행위

　(ii) 진정한 산지가 표시되거나, 지리적 표시가 번역 또는 음역되
　　어 사용되거나 또는 종류, 유형, 양식, 모조품 등의 표현이 수
　　반되는 경우에도, 당해 지리적 표시에 나타난 장소를 원산지
　　로 하지 아니하는 유사상품에 지리적 표시를 사용하는 행위

　(iii) 파리협약 제10조의2에서 정하고 있는 불공정경쟁을 구성하
　　는 행위[19)]

위 (ii)의 유사상품의 범위는 WTO TRIPs 제23조에 따라, 포도주
의 지리적 표시를 포도주에 쓰는 경우에 증류주의 지리적 표시를

---

16) 농식품 60개, 포도주 80개, 증류주 22개가 한-EU FTA에 따라 보호된다.

17) http://www.fta.go.kr/pds/fta_korea/eu/EU_DESC.pdf(방문일자: 2016년
　　8월 30일).

18) 한-EU FTA 제10.21조 제1항.

19) 파리협약 제10조의2(불공정경쟁)는 산업 및 상업상 정직한 관행에 어긋
　　나는 모든 경쟁행위를 불공정경쟁행위로 정의하여 불공정경쟁에 대하여
　　회원국에게 효과적인 보호를 부여할 것을 규정하고 있다. 특히 혼동을 야
　　기하는 행위, 허위주장, 대중의 오인을 유발하는 행위를 금지하고 있다.

증류주에 쓰는 경우에 준하여 해석하게 된다. 따라서 포도주의 지리적 표시인 샴페인을 TV와 같이 포도주와 유사하지 않은 상품에 사용하는 것은 가능하다.[20]

위 세 가지 유형 중 (i) 및 (iii)은 TRIPs 제22조 수준의 보호에 해당하나,[21] 위 (ii)는 TRIPs 제23조 수준의 보호에 해당한다.[22]

그리고 한-EU FTA 발효 전에 출원 또는 등록된 상표 및 사용에 의해 확립된 상표 즉 선행상표의 사용은 지리적 표시의 보호와 상관없이 보장하도록 하여 선행상표에 대하여 기득권을 가지고 있는 자를 보호하도록 하였다.[23]

협정발효 후 지리적 표시의 보호범위를 침해하는 상표가 유사상품에 출원될 경우에 거절 또는 무효의 대상으로 하고 있다.[24]

다만 까망베르, 모짜렐라, 에멘탈, 브리 등은 지리적 표시가 아니라 제품의 유형을 나타내는 일반명칭으로서 EU 지리적 표시의 보호와 상관없이 계속 사용할 수 있다. 예컨대 프랑스산 치즈의 지리적 표시인 까망베르 드 노르망디(Camembert de Normandie)의 경우

---

20) http://www.fta.go.kr/pds/fta_korea/eu/EU_DESC.pdf(방문일자: 2016년 8월 30일).

21) TRIPs 제22조는 모든 지리적 표시에 대해 적용되는 것으로서 대중에게 출처를 오인하게 하는 방식으로 지리적 표시를 사용하는 것을 금지하고 있으나, TRIPs협정 제23조는 특히 포도주·증류주 지리적 표시가 표시된 지역에서 유래하지 않은 포도주·증류주에 사용하는 경우, 출처오인 여부를 불문하고, 1) 진정한 원산지가 표시되거나 2) 지리적 표시가 번역되어 사용되거나 또는 3) 종류, 유형, 양식, 모조품 등의 표현이 수반되는 경우에도 사용을 금지하도록 규정하고 있다.

22) TRIPs 제23조는 포도주·증류주 지리적 표시의 경우에만 상품의 출처에 대해 소비자를 오인시키는지 여부와 관계없이 보호하고 있으나, 한-EU FTA는 농식품에도 동일한 수준의 보호를 함으로써, 농식품 지리적 표시의 보호수준을 강화하고 있다.

23) 한-EU FTA 제10.21조 제5항.

24) 한-EU FTA 제10.23조.

에 지리적 명칭에 해당하는 부분은 노르망디이므로 치즈의 종류를
나타내는 까망베르는 계속 사용할 수 있다.[25]

한-EU FTA 발효 후에도 합의에 의하여 한-EU FTA에 의하여 보호
되는 지리적 표시를 부속서에 추가하는 것은 가능하다.[26] 양측은
상대방의 지리적 표시 추가 요청이 있을 경우에 부당한 지연없이
절차를 진행하기로 합의하였고, 지리적 표시에 관한 협력 및 대화
를 위한 작업반을 구성하여 지리적 표시의 추가 및 삭제, 지리적 표
시에 관한 입법 및 정책 관련 정보교환 등을 수행하기로 합의하였
다.[27]

제3관 지리적 표시[28][29]

제10.18조(농산물 및 식품과 포도주에 대한 지리적 표시의 인정)   1. 대한민
국에서의 농산물 및 식품에 대한 지리적 표시의 등록, 통제 및 보호
에 관련되는 한, 농산물품질관리법을 그 이행규칙과 함께 검토한
후, 유럽연합은 이 법령이 제6항에 규정된 요소를 충족한다고 결론
을 내린다.
2. 유럽연합에서의 농산물 및 식품에 대한 지리적 표시의 등록, 통제
및 보호에 관한 이사회규정(EC) 제510/2006호와 그 이행규칙, 그리
고 포도주 시장의 공통 체계에 관한 이사회규정(EC) 제1234/2007호
를 검토한 후, 대한민국은 이 법령이 제6항에 규정된 요소를 충족한
다고 결론을 내린다.
3. 제1항에 언급된 법령에 따라 대한민국에 의해 등록된 지리적 표
시로서, 부속서 10-가에 등재된 대한민국의 지리적 표시에 해당하는

---

25) http://www.fta.go.kr/pds/fta_korea/eu/EU_DESC.pdf(방문일자: 2016년
    9월 30일).
26) 한-EU FTA 제10.24조.
27) 한-EU FTA 제10.25조.

농산물 및 식품의 명세서 요약서를 검토한 후, 유럽연합은 이 장에 규정된 보호수준에 따라 부속서 10-가에 등재된 대한민국의 지리적 표시를 보호할 것을 약속한다.

4. 제2항에 언급된 법령에 따라 유럽연합에 의해 등록된 지리적 표시로서, 부속서 10-가에 등재된 유럽연합의 지리적 표시에 해당하는 농산물 및 식품 명세서의 요약서를 검토한 후, 대한민국은 이 장에 규정된 보호수준에 따라 부속서 10-가에 등재된 유럽연합의 지리적 표시를 보호할 것을 약속한다.

5. 제3항은 제10.24조에 따라 추가되는 지리적 표시에 대하여 포도주에 대한 지리적 표시에 적용된다.

6. 대한민국과 유럽연합은 제1항 및 제2항에 언급된 지리적 표시의 등록 및 통제를 위한 요소는 다음과 같다는 것에 합의한다.

　가. 각 당사자의 영역 내에서 보호되는 지리적 표시를 등재하는 등록부

　나. 상품의 특정 품질, 명성 또는 그 밖의 특성이 본질적으로 지리적 근원에서 비롯되는 경우, 지리적 표시가 어느 한쪽 당사자의 영역, 지역 또는 지방을 원산지로 하는 상품임을 적시하는 것임을 검증하는 행정절차

　다. 등록된 명칭이 적법한 행정절차에 의해서만 수정될 수 있는 제품명세서가 규정되어 있는 하나 또는 복수의 특정제품에 해당하여야 한다는 요건

　라. 생산에 적용되는 통제규정

　마. 등록된 명칭이 해당 명세서에 부합하는 농산물 또는 식품을 시판하는 모든 운영자에 의하여 사용될 수 있음을 규정하는 법적 규정, 그리고

　바. 명칭이 지적재산의 형태로서 보호되는지 여부를 불문하고, 그러한 명칭의 선사용자의 정당한 이익이 고려되도록 허용하는 이의절차

제10.19조(포도주[30] · 방향포도주[31] 및 증류주[32])에 대한 특정 지리적 표시의

인정) 1. 대한민국에서는, 부속서 10-나에 등재된 유럽연합의 지리적 표시는 지리적 표시에 관한 유럽연합의 관련법에 따라 이러한 지리적 표시를 사용하는 제품에 대하여 보호된다.

2. 유럽연합에서는, 부속서 10-나에 등재된 대한민국의 지리적 표시는 지리적 표시에 관한 대한민국의 관련법에 따라 이러한 지리적 표시를 사용하는 제품에 대하여 보호된다.

제10.20조(사용권) 이 관에 따라 보호되는 명칭은 해당 명세서에 부합하는 농산물, 식품, 포도주, 방향포도주 또는 증류주를 시판하는 모든 운영자에 의하여 사용될 수 있다.

제10.21조(보호의 범위) 1. 제10.18조 및 제10.19조에 언급된 지리적 표시는 다음의 행위로부터 보호된다.

가. 그 상품의 지리적 근원에 대하여 공중을 오인하게 하는 방식으로 해당 상품이 진정한 원산지가 아닌 지역을 원산지로 한다고 표시하거나 암시하는 상품의 명명 또는 소개의 수단을 사용하는 것

나. 그 상품의 진정한 원산지가 표시되어 있거나 지리적 표시가 번역 또는 음역되어 사용되거나 또는 "종류", "유형", "양식", "모조품"이나 이와 유사한 표현이 수반되는 경우에도, 해당 지리적 표시에 나타난 장소를 원산지로 하지 아니하는 유사상품[33]에 상품의 산지를 나타내는 지리적 표시를 사용하는 것, 그리고

다. 파리협약 제10조의2의 의미에서 불공정경쟁행위를 구성하는 그 밖의 사용

2. 이 협정은 인이 거래과정에서 자신의 이름이나 영업상 전임자의 이름을 사용할 권리를 결코 저해하지 아니한다. 다만, 그러한 이름이 소비자를 오인하게 하는 방식으로 사용되는 경우는 그러하지 아니하다.

3. 양 당사자의 지리적 표시가 동음인 경우, 선의로 사용된 경우에 한하여, 각각의 표시에 보호가 부여된다. 지리적 표시 작업반은 해당 생산자에 대한 공평한 대우를 보장해야 할 필요성과 소비자가 오인하지 아니하도록 보장해야 할 필요성을 고려하여 동음의 지리적

표시가 서로 구분될 수 있는 실제적인 사용조건을 결정한다. 이 협정을 통해 보호되는 지리적 표시가 제3국의 지리적 표시와 동음인 경우, 각 당사자는 해당 생산자에 대한 공평한 대우를 보장해야 할 필요성과 소비자가 오인하지 아니하도록 보장해야 할 필요성을 고려하여 동음의 지리적 표시가 서로 구분될 수 있는 실제적인 사용조건을 결정한다.

4. 이 협정의 어떠한 규정도 대한민국 또는 유럽연합이 원산지 국가에서 보호되지 아니하거나 보호가 중단되거나 또는 그 국가에서 사용되지 아니하게 된 지리적 표시를 보호할 의무를 부과하지 아니한다.

5. 이 조에 따른 지리적 표시의 보호는 지리적 표시의 보호 또는 인정을 위한 출원일 이전에 어느 한쪽 당사자의 영역에서 출원, 등록되었거나 또는 그 가능성이 해당 법령에 의하여 규정된 경우, 사용에 의하여 확립된 상표의 계속적인 사용을 저해하지 아니한다. 다만, 해당 당사자의 법령에 그 상표의 무효 또는 취소를 위한 근거가 존재하지 아니하여야 한다. 지리적 표시의 보호 또는 인정을 위한 출원일은 제10.23조 제2항에 따라 결정된다.

제10.22조(보호의 집행)   양 당사자는 제10.18조부터 제10.23조까지에 규정된 보호를 당국의 적절한 개입에 의하여 직권으로 집행한다. 양 당사자는 또한 이해당사자의 요청이 있는 경우에도 그러한 보호를 집행한다.

제10.23조(상표와의 관계)   1. 보호되는 지리적 표시와 관련하여 제10.21조 제1항에 언급된 상황 중 하나에 해당하는 상표의 유사상품에 대한 등록은, 상표 등록 출원이 해당 영역에서 지리적 표시의 보호 또는 인정을 위한 출원일 후에 제출되는 한, 양 당사자에 의하여 거절되거나 무효화된다.

2. 제1항의 목적상,

가. 제10.18조 및 제10.19조에 언급된 지리적 표시에 대하여, 보호 또는 인정을 위한 출원일은 이 협정이 발효한 날이다. 그리고

나. 제10.24조에 언급된 지리적 표시에 대하여, 보호 또는 인정을 위

한 출원일은 지리적 표시를 보호하거나 인정해 달라는 다른 쪽 당사자의 요청을 당사자가 접수한 날이다.

제10.24조(보호를 위한 지리적 표시의 추가)[34]   1. 대한민국과 유럽연합은 보호될 지리적 표시를 제10.25조에 규정된 절차에 따라 부속서 10-가 및 10-나에 추가하기로 합의한다.

2. 대한민국과 유럽연합은 보호될 지리적 표시를 부속서에 추가해 달라는 다른 쪽의 요청을 과도한 지체없이 처리하기로 합의한다.

3. 명칭이 포도의 품종을 포함하여, 식물의 품종 또는 동물의 종의 명칭과 충돌되고 그 결과 제품의 진정한 원산지에 관하여 소비자의 오인을 유발할 수 있는 경우, 그러한 명칭은 지리적 표시로서 등록될 수 없다.

제10.25조(지리적 표시 작업반)   1. 제15.3조(작업반) 제1항에 따라 설치된 지리적 표시 작업반은 지리적 표시에 관한 양 당사자 간 협력 및 대화를 강화할 목적으로 상호 합의한 바에 따라 또는 어느 한쪽 당사자의 요청이 있는 경우 회합한다. 작업반은 컨센서스로 권고를 하고 결정을 채택할 수 있다.

2. 회의 장소는 양 당사자 간 교대로 한다. 작업반은 양 당사자가 상호 결정하는 시간 및 장소에 그리고 화상회의를 포함한 방식으로 회합하나, 요청 후 90일 이내에는 회합한다.

3. 작업반은 다음을 결정할 수 있다.

가. 적용 가능한 경우 제10.18조 제3항 및 제10.18조 제4항에 언급된 관련 절차를 마친 후에, 지리적 표시를 구성하는 것으로 다른 쪽 당사자에 의해서도 결정되고 그 다른 쪽 당사자의 영역에서 보호될 대한민국 또는 유럽연합의 개별 지리적 표시를 추가하기 위해 부속서 10-가 및 10-나를 수정하는 것

나. 원산지 당사자[35]에서 보호가 중단되거나 적용 가능한 법에 따라 더 이상 다른 쪽 당사자에서 지리적 표시로 간주되기 위한 조건을 만족하지 아니하는 개별 지리적 표시를 삭제하기 위해 가호에 언급된 부속서를 수정[36]하는 것, 그리고

> 다. 이 협정상의 법령에 대한 언급은 이 협정의 발효 후 특정일에 개
>   정되고 대체되어 효력이 있는 그 법령에 대한 언급인 것으로 간
>   주되어야 할 것이라는 것
> 4. 작업반은 또한 이 관이 적절히 가능하는 것을 보장하며, 그 이행 및
>   운영에 관련된 모든 사안을 검토할 수 있다. 특히 다음을 담당한다.
> 가. 지리적 표시에 관한 입법 및 정책 발전에 관한 정보의 교환
> 나. 이 협정에 따라 그 보호를 고려하기 위한 목적으로 개별 지리적
>   표시에 관한 정보의 교환, 그리고
> 다. 이 협정의 운영을 최적화하기 위한 정보의 교환
> 5. 작업반은 지리적 표시 분야에서 어떠한 상호 관심사항에 대하여
>   도 논의할 수 있다.
> 제10.26조(지리적 표시 보호를 위한 개별 출원)   이 관의 규정은 대한민국
>   또는 유럽연합의 관련 법령에 따라 지리적 표시의 인정 및 보호를
>   구할 권리를 저해하지 아니한다.

---

28) 이 관의 "지리적 표시"는 다음을 지칭한다.
  가. 2006년 3월 20일자 이사회 규정(EC) 제510/2006호, 2008년 1월 15일
      자 유럽의회 및 이사회 규정(EC) 제110/2008호, 1991년 6월 10일자 이
      사회 규정(EEC) 제1601/1991호, 1999년 5월 17일자 이사회 규정(EC)
      제1493/1999호와 2007년 10월 22일자 이사회 규정(EC) 제1234/2007
      호 또는 이러한 규정을 대체하는 규정에 언급된 지리적 표시, 원산지
      명칭, 특정지역에서 생산된 고품질 포도주 및 지리적 표시를 가지는
      테이블 포도주, 그리고
  나. 대한민국의 농산물품질관리법(법률 제9759호, 2009.6.9.) 및 주세법
      (법률 제8852호, 2008.2.29.)의 적용대상이 되는 지리적 표시
29) 이 관에 따른 지리적 표시의 보호는 이 협정의 그 밖의 규정을 저해하지
    아니한다.
30) 이 관에서 의미하는 포도주는 HS 제22.04호에 해당하는 제품으로서 다음
    의 제품이다.
  가. 2007년 10월 22일자 이사회 규정(EC) 제1234/2007호, 2009년 7월 10
      일자 집행위원회 규정(EC) 제606/2009호, 2009년 7월 14일자 집행위
      원회 규정(EC) 제607/2009호 또는 그것을 대체하는 법령을 준수하는

제품, 또는

나. 대한민국의 농산물품질관리법(법률 제9759호, 2009.6.9.) 및 주세법
(법률 제8852호, 2008.2.29.)을 준수하는 제품

31) 이 관에서 의미하는 방향포도주는 HS 제22.05호에 해당하는 제품으로서
다음의 제품이다.

가. 1991년 6월 10일 이사회 규정(EEC) 제1601/1991호 또는 그것을 대체
히는 법령을 준수히는 제품, 또는

나. 대한민국의 농산물품질관리법(법률 제9759호, 2009.6.9.) 및 주세법
(법률 제8852호, 2008.2.29.)을 준수하는 제품

32) 이 관에서 의미하는 증류주는 HS 제22.08호에 해당하는 제품으로서 다음
의 제품이다.

가. 2008년 1월 15일 유럽의회 및 이사회 규정(EC) 제110/2008호와 1990
년 4월 24일 집행위원회 규정(EEC) 제1014/90호 또는 그것을 대체하
는 법령을 준수하는 제품, 또는

나. 대한민국의 농산물품질관리법(법률 제9759호, 2009.6.9.) 및 주세법
(법률 제8852호, 2008.2.29.)을 준수하는 제품

33) 모든 상품에 대하여, "유사상품"이라는 용어는 해당 지리적 표시에 나타
난 장소를 원산지로 하지 아니하는 포도주에 대하여 포도주의 산지를 나타
내는 지리적 표시, 또는 해당 지리적 표시에 나타난 장소를 원산지로 하지
아니하는 증류주에 대하여 증류주의 산지를 나타내는 지리적 표시를 사용
하는 것에 관한 무역관련 지적재산권에 관한 협정 제23조 제1항에 맞게 해
석된다.

34) 제10.18조제1항, 제10.18조 제2항 및 제10.19조 각주에 언급된 것 외의
어느 한 쪽 당사자의 법을 통하여 무역관련 지적재산권에 관한 협정 제22
조 제1항의 의미에서의 지리적 표시로서 어느 한 쪽 당사자에 의하여 인정
된 원산지 명칭을 이 협정에 추가하려는 제안이 다음과 같이 제기된 경우,
양 당사자는 그 지리적 표시가 이 관에 따라 이 협정에 추가될 수 있는지를
검토하기로 합의한다.

가. 대한민국에 의하여 제10.18조 제2항 및 제10.19조 각주에 규정된 유럽연합
법령의 범위에 해당하는 원산지상품에 대하여 제안이 제기된 경우, 또는

나. 유럽연합에 의하여 제10.18조 제1항 및 제10.19조 각주에 규정된 대한민
국의 법령의 범위에 해당하는 원산지상품에 대하여 제안이 제기된 경우

35) 지리적 표시의 보호를 중단하는 결정은 그 지리적 표시가 원산지로 하는
당사자의 전속 책임이다.

36) 이는 명칭 및 제품 범주를 포함하여 지리적 표시 그 자체의 수정을 말한

제 **3** 절   지리적 표시 관련 양자간 자유무역협정의 국내이행입법의 필요성 및 현황

Ⅰ. 필요성

인터넷 파일 공유업체인 하이디스크는 자사의 사이트를 통해 저작권 있는 음악이 불법으로 전송되고 있는데도 이를 방지하기 위한 조치를 하지 않았다는 이유로 과태료를 부과받자 서울남부지방법원에 이의신청을 하였다. 그 이의신청사유로서 '하이디스크'는 우리나라가 미국 내지 유럽연합과 체결한 양자간 자유무역협정이 우리나라 저작권법과는 달리 불법 전송을 막는 조치의 강제를 금하고 있고, 이의 위반시 과태료 대신에 인터넷 주소(URL)를 삭제하는 등의 법적 조치만 하도록 정하고 있다는 점을 들었다.

2012년 9월 20일 서울남부지방법원은 인터넷 파일 공유업체인 '하이디스크'가 제기한 저작권법 위반 과태료 결정에 대한 이의신청 사건(서울남부지방법원 2012.9.20.자 2012과977 결정)에서 "자유무역협정의 지적재산권 관련 조항을 개인이 직접 원용할 수 없다."며 기각 결정을 내렸다. 이 사건에서 서울남부지방법원은 "미국은 미국법과 한·미 자유무역협정이 충돌하면 한·미 자유무역협정의 효력이 없고, 사인이 재판절차에서 한·미 자유무역협정을 직접 원용할 수 없도록 입법해 놨으며, 유럽재판소는 사인은 원칙적으로 세계무역기구 협정 그 자체뿐만 아니라 세계무역기구 분쟁해결기구의 결정

다. 제10.18조 제3항 및 제10.18조 제4항에 언급된 명세서의 수정 또는 제10.18조 제6항 라호에 언급된 책임 있는 통제기구의 수정은 그 지리적 표시가 원산지로 하는 당사자의 전속 책임이다. 그러한 수정은 정보목적으로 전달될 수 있다.

도 회원국 국내 법원에서 재판상 원용할 수 없다고 판시했다"고 결정했다. 이 결정은 양자간 협정을 근거로 국내 개인이나 기업이 과태료 납부를 거부할 수 없다고 내린 최초의 결정이다. 이 결정에서는 한·미 자유무역협정의 투자자-국가 소송제(ISD)에 따른 소제기 등은 예외로 다루었다. 따라서 양자간 자유무역협정이 개인이나 기업에게 권리를 부여하기 위해서는 이행입법이 따라야 하는 것이다.

II. 현 황

국내법상에서 지리적 표시는 상표법상의 지리적 표시 증명표장 및 단체표장을 비롯해 농수산물 품질관리법, 부정경쟁방지 및 영업비밀보호에 관한 법률, 불공정무역행위 조사 및 산업피해구제에 관한 법률, 그리고 주세법 및 주류의 상표사용에 관한 위임고시 등에 의해 다층적 보호가 가능하다. 그중 등록을 통한 적극적 보호의 성격을 띠는 상표법에 의한 보호와 농수산물품질관리법에 의한 보호는 다음과 같다.

구 분	관련법령	보호요건 및 보호절차	보호효과
지리적 표시 일반	상표법	- 산지, 현저한 지리적 명칭 등에 해당 - 상표등록심사시 판단 - 단체표장 및 증명표장으로 보호	- 상표등록거절 - 등록무효사유
	부정경쟁방지 및 영업비밀보호에 관한 법률	- 지리적 표시 침해 - 오인혼동가능성 존재	- 사용금지청구 - 손해배상청구 - 형사처벌
	농수산물품질관리법	농수산물 및 농수산물가공품에 대한	- 등록자는 일정 형식으로 지리적 표

구 분	관련법령	보호요건 및 보호절차	보호효과
		지리적 표시 해당 - 심사절차 거처 등록	시 사용 - 위반시 형사처벌 또는 시정명령 등
	불공정무역행위 조사 및 산업피해 구제에 관한 법률	- 국내법령 또는 대한민국이 당사자인 조약에 의하여 보호되는 지리적 표시	- 지리적 표시를 침해한 물품의 수입, 수입품판매, 수출, 수출목적 국내제조 금지
	표시·광고의 공정화에 관한 법률	- 소비자오인 또는 기만우려 및 공정한 거래질서를 저해할 우려가 있는 허위표시	- 손해배상청구 - 형사처벌
포도주 및 증류주에 관한 지리적 표시 (추가적 보호)	상표법	- 포도주 및 증류주의 산지에 관한 지리적 표시로서 구성되거나 동 표시를 포함하는 상표로서 증류주, 포도주 또는 이와 유사한 상품에 사용하고자 하는 상표	- 상표등록거절 - 등록무효사유
	주세법 및 조세범처벌법 (주류의 상표사용에 관한 위임고시) (국세청 고시)	- 포도주 및 증류주의 지리적 표시 (진정한 원산지가 표시되어 있거나 지리적 표시가 번역되어 사용된 경우 또는 "종류", "유형", "양식", "모조품" 등의 표현이 수반되는 경우 포함)	- 지리적 표시를 침해한 물품의 수입, 수입품 판매, 수출, 수출목적 국내제조금지

상표라 함은 자기의 상품(서비스 또는 서비스 제공에 관련된 물건 포함)과 타인의 상품을 식별하기 위하여 사용하는 표장으로서

구 분	단체표장	증명표장
기 능	표장 사용자가 단체 또는 단체의 소속 구성원이라는 출처표시	품질 및 특징을 증명·보증
등록주체	법인만 가능	법인 및 개인도 가능
사용주체	- 단체 자체 및 단체의 구성원만 사용가능	- 정관에서 정한 기준을 충족한 타인 - 증명표장권자는 사용불가(호주 제외)

　지리적 표시와 가장 가까운 법적 개념으로 볼 수 있다. 지리적 표시는 2005년 시행 상표법부터 단체표장의 형식으로 보호하는 조항이 추가되면서 최초로 규정되었으며, 이후 한미 FTA의 합의에 따라 지리적 표시 증명표장이 도입되게 되어 2011년 12월 개정이 이루어진 이후(2012년 3월부터 시행) 현행 상표법의 형태로 유지되고 있다. 다시 말해 국내 상표법상으로 지리적 표시는 단체표장 혹은 증명표장 두 가지 방법으로 등록을 통한 보호가 가능하다.[37]

　단체표장은 상품을 생산·제조·가공·판매하거나 서비스를 제공하는 자가 공동으로 설립한 법인이 직접 사용하거나 그 소속 단체원에게 사용하게 하기 위한 표장을 말한다. 미국 연방상표법상 단체표장의 경우에는 그 소속 단체원만 단체표장을 사용할 수 있다는 점에서 우리나라 상표법상 단체표장과 구별된다. 단체표장은 표장을 사용하는 자가 해당 단체의 소속이라는 것을 말해주는 '출처표시'의 기능이 주된 기능으로 품질보증의 기능은 부차적인 점에서 상표와 유사하고 증명표장과는 차이가 있다. 또한 두 표장 모두 2인 이상의 다수에 의해 사용되기는 하지만, 단체표장은 상표권자인 단체와 그 구성원만이 그 표장을 사용할 수 있고, 증명표장의 경우 증

---

37) http://blog.naver.com/PostView.nhn?blogId=brandmsj&logNo=22038
3220894(방문일자: 2016년 9월 1일).

명표장권자는 해당 표장을 사용할 수 없다는 점에서 사용주체 역시 다르다. 현재 대한민국을 비롯한 미국, 영국, 중국 등의 국가에서 단체표장과 증명표장 모두를 함께 운영하고 있으며, 두 표장 중 한 가지만 운영하는 국가도 다수 존재한다.[38]

---

38) http://blog.naver.com/PostView.nhn?blogId=brandmsj&logNo=22038
3220894(방문일자: 2016년 8월 1일).

제 3 장

각국의 입법례

제1절 __ 유럽연합

제2절 __ 프랑스의 원산지명칭제도(Appellations D'Origine Contrôlées)

제3절 __ 미국에 있어 지리적 표시 단체표장 및 지리적 표시 증명표
장의 보호

제4절 __ 일본의 지명상표 제도

제 1 절 유럽연합

I. 의 의

유럽공동체규칙(EEC) No. 2081/92[1]는 원산지명칭 보호와 지리적 표시 보호를 구별한다. 이러한 구별은 상품이 표장으로 표시된 특정 지역과 얼마나 밀접하게 연결되어 있는지 여부에 달려 있다. 등록된 표장의 예는 유럽집행위원회의 웹사이트에서 찾아볼 수 있다.[2] 또한 이 규칙은 보호받을 수 없는 보통명칭상표의 개념을 정의하고 있다.[3]

II. 개념 정의

1. 원산지명칭 보호(protected designations of origin)

원산지명칭 보호는 표장으로 표시된 지역과 밀접하게 연관된 상품에 사용된다. 원산지명칭으로 보호받기 위해서 그 상품은 두 가지 요건을 충족하여야 한다.

---

1) Council Regulation(EEC) No. 2081/92 of 14 July 1992 on the protection of geographical indications and designations of origin for agricultural products and foodstuffs.
2) http://europa.eu.int/comm/agriculture/foodqual/quali1_en.htm(last visit on July 25, 2016).
3) http://ec.europa.eu/agriculture/publi/gi/broch_en.pdf(last visit on July 25, 2016).

(i) 상품의 품질 또는 특징이 본질적으로 또는 전적으로 원산지의 구체적인 지리적 환경에 기인하여야 한다. 그 지리적 환경은 기후, 토양(soil quality) 및 지역적 노하우와 같은 내재적인 자연적 내지 인공적 요인을 포함한다.

(ii) 상품의 완성단계까지의 원재료의 제조 및 가공은 그 상품의 출처인 특정 지역에서 이루어져야 한다.

따라서 상품의 특징과 그 지역적 출처 사이에 객관적이고도 매우 밀접한 연관성이 존재하여야 한다.

이 규칙은 특히 지역적 명칭을 포함하고 있지 않은 상품이 전통적으로 특정 지역과 연관되어 있는 경우에는 그 상품이 등록될 수 있게 하기 위하여 상품의 명칭이 그 상품의 출처인 특정 지역을 가리켜야 한다는 요건에 대한 예외를 규정하고 있다. 예컨대 'Reblochon'이란 원산지명칭은 전적으로 제조지역과 연관된 프랑스 치즈를 가리키는 전통적인 명칭에 토대를 두고 있다.

그럼에도 불구하고 이 규칙은 그 밖의 모든 요건이 충족되어야 할 것을 요건으로 하고 있다. 즉 제조지역이 정확하게 특정되어 있어야 하고, 제조, 가공 및 준비(preparation)의 모든 단계가 그 해당지역에서 이루어져야 하며 상품의 특징과 그 출처지 사이에 밀접하고 객관적인 연계성이 존재하여야 한다.

더욱이 특정 지역명칭은 제품의 원재료(즉, 동물, 고기, 우유)가 가공지역보다 큰 지역 또는 가공지역과 다른 지역에서 비롯되었더라도 원산지명칭으로서 보호되어 등록될 수 있다.

이러한 관점에서 이 규칙은 국내법에 의하여 포섭되는 특정한 상황을 고려하기 위해 이러한 명칭을 제한된 기간 동안 등록할 수 있도록 규정하고 있다. 그 예로는 'Prosciutto di Parma' 및 'Roquefort'을 들 수 있다.

2. 지리적 표시의 보호(protected geographical indications)

지리적 표시의 보호도 역시 그 표기된 지역에 연관된 제품을 지정한다. 하지만 그 연관성은 원산지명칭을 가진 상품과 그 지리적 출처 사이의 연관성과는 상이한 성격을 가지고 있다. 지리적 표시로 보호받기 위해서 그 상품은 두 가지 요건을 충족하여야 한다.

(i) 상품에 표시된 지역에서 제조되어야 한다. 원산지명칭과는 달리 제조 단계 중 하나라도 그 해당지역에서 이루어진다면 그것으로 충분하다. 예컨대 제조에 사용된 원재료가 다른 지역의 것이라도 이 요건을 충족한다.

(ii) 상품과 그 상품에 표시된 지역 사이의 연관성이 존재하여야 한다. 하지만 이 특징은 원산지명칭과 같이 본질적이거나 배타적일 필요는 없다. 따라서 이 요건에 따르면, 보다 유연한 객관적 연관성을 허용한다. 특정한 품질, 평판 또는 그 밖의 특징이 해당 지리적 출처에 기인하면 그것으로 이 요건은 충족된다.

지리적 표시에 관한 유럽연합규칙에 따르면, 제품의 평판이 지리적 출처에 기인한 경우에는 그 연관성(link)은 단지 제품의 평판에 존재할 수도 있다. 이러한 사안에서 상품의 실제적인 특성은 등록을 위한 결정적 요인이 되지 못한다. 오히려 제품의 명칭이 등록출원 시점에 구체적으로 그 지리적 출처에 기초한 개별적인 평판을 향유한 것으로 충분하다.

상품의 구체적인 특성이 지리적 출처에 기인한 것이라는 점이 입증될 수 없는 경우에도 지리적 표시는 보호받을 수 있다는 사고에 근거한 것이 이러한 규정이다. 해당 제품의 특성을 토대로 제조업자는 원산지명칭(PDO) 또는 지리적 표시(PGI)의 등록출원을 할지 여부를 결정한다.

3. 보통명칭표장(Generic names)

원칙적으로 보통명칭표장은 보호받는 지리적 표시 또는 보호받는 원산지명칭으로서 등록될 수 없다. 유럽공동체규칙은 "제품의 명칭이 제품이 원래 생산되거나 판촉된 곳 또는 지역에 관련이 있더라도 제품의 일반명칭으로 된 제품의 명칭"을 '보통명칭표장'으로 정의하고 있다. 특정지역에서 비롯된 것이 아닌 제품의 범주도 동일한 명칭으로 표시하기 위해 현재까지 사용된다면 해당 제품의 명칭은 보통명칭표장이다.

농산물 또는 식품의 보통명칭의 목록을 유럽연합 차원에서 작성하는 것은 가능하지 아니하였다. 그리고 생산자 단체의 다수가 농산물 또는 식품에 관한 지리적 표시를 보호받고자 하지 아니하였다는 사실만으로는 그 명칭들이 자동적으로 보통명칭표장으로 분류될 수 있는 것은 아니다.

4. 유럽공동체규칙(EEC) No. 2082/92[4]에 따른 특성의 보증: 전통특산물 보증(traditional specialities guaranteed: TSG)

이 규칙의 목적은 특징의 인증을 보장함으로써 전형적인 제품 특징을 유리하게 활용하는 것이다. 이 규정에 의해 등록받기 위해서 제품은 다른 제품과 구별되는 특징을 가지고 있어야 한다. 첫째, 해당 제품은 '구체적인 성격(specific character)'을 가지고 있어야 한다. 이 규정상 정확한 정의에 따르면, "해당 농산물 또는 식품을 동일한 상품류 구분에 속하는 다른 유사한 농산물이나 식품으로부터 구별하는 해당 특징 또는 일련의 특징"을 의미한다. 예컨대 이러한 특징은 맛 또는 특정의 원재료일 수도 있다.

---

4) Council Regulation(EEC) No. 2082/92 of 14 July 1992 on certificates of specific character for agricultural products and foodstuffs.

유럽공동체 규칙의 정의에 따르면, 구체적인 특징은 다음의 경우에는 존재하지 아니한다.

(i) 특징적인 표시(예: 다른 제품에는 없는 것으로서 특히 고급스럽거나 매력적인 포장)
(ii) 강행규정의 요건 또는 자발적인 기준을 단순히 충족하는 생산의 구성 또는 유형
(iii) 구체적인 기원(provenance) 또는 지리적 출처
(iv) 기술적 혁신 적용의 결과

따라서 이 규칙은 제품명의 등록을 위한 두 가지 요건을 제시하고 있다. 그 하나의 요건은 해당 제품이 다른 제품과 구별되는 특징을 가지고 있어야 한다는 점이고, 다른 하나의 요건은 해당 제품이 전통제품이어야 한다는 점이다.

제품 그 자체에 대한 두 가지 요건 이외에 제품명은 특정한 요건을 충족하여야 한다. 제품명이 그 자체로 구체적이어야 한다. 즉, 제품명은 다른 명칭과 명백히 구별되어야 하고 종종 번역불가하거나(예: Gueuze) 식품의 구체적인 특징을 표현하여야 한다[예: 전통적인 농장직송의 칠면조(farm-fresh turkey)].

제품명이 제품의 특징을 기술하는 것이 아니지만 그 자체로 특정되어 있는 경우에는 전통적이거나 관습에 의해 확립되어야 한다. 종국적으로 제품명이 지리적 표시 및 원산지명칭의 보호에 관한 유럽연합규칙에 의해 규율되는 지명을 포함하지 않을 수도 있다.

이러한 정의 및 등록요건은 명백히 이 유럽연합규칙의 기본원칙(경쟁력에서 하나의 요인으로서 다수로부터의 차별화)을 보여준다. 이러한 경우 차별화는 지리적 출처에 기인한 것은 아니고 그 밖의 구체적인 특징 또는 특색에 기인한다.

'전통특산물 보증'은 등록된 특산물의 특징을 준수한 제조업자에

의해서만 사용될 수 있다.

III. 유럽연합규칙의 적용범위

이 규칙들은 유럽공동체설립조약 부속서 1(Annex 1)에 기재된 식용의 농산물을 포함한다. 예컨대 이 규칙들은 식용의 고기, 과일, 우유 및 벌꿀을 포함한다. 하지만 이 규칙은 담배식물로부터 비롯된 제품은 포함하지 아니한다.

또한 이 규칙은 미가공농산물(agricultural commodities)로부터 생산된 식품(foodstuff)을 포함한다. 이들 두 규칙들의 부속서는 맥주, 식물 추출액으로부터 제조된 음료수, 파스타, 제빵업자가 만든 제품, 빵과자(pastry), 케이크, 과자류(confectionery) 및 비스켓도 포함한다. 그리고 유럽공동체규칙(EEC) No. 2081/92의 적용범위에 포함된 제품에는 천연껌(natural gum), 송진(resin)뿐만 아니라 겨자(mustard paste)도 있다. 게다가 지리적 표시와 원산지명칭의 보호에 관한 유럽연합규칙 부속서 II는 또한 식용이 아닌 특정 농산물을 포함하고 있다. 농산물 생산업자의 수입의 주요 원천 중 하나인 제품으로서 특정 지역과 연계가 증명될 수 있는 제품이 그러하다. 이러한 제품에는 관상용 식물, 꽃, 코르크, 건초, 크치닐(cochineal), 양모(wool), 바자(wicker) 및 방향유(essential oils)가 있다.

유럽공동체규칙(EEC) No. 692/2003[5]은 또 다른 유럽공동체 지침[6]의 적용범위에 속하는 천연광천수(natural mineral water) 및 용천

---

5) Council Regulation(EC) No. 692/2003 of 8 April 2003 amending Regulation(EEC) No. 2081/92 on the protection of geographical indications and designations of origin for agricultural products and foodstuffs.

6) Council Directive 80/777/EEC of 15 July 1980 on the approximation of

수(spring water)를 삭제함으로써 유럽공동체규칙 No. 2081/92의 적
용범위를 다소 변경하였다. 유럽공동체규칙 No. 692/2003은 동시
에 포도주와 증류주의 지리적 표시의 보호에 관한 관련 입법에 의
해 포섭되지 아니하는 제품에 대한 유럽공동체의 보호 규정의 흠을
피하기 위하여 유럽공동체규칙 No. 2081/92에 의해 포섭되는 적용
범위에 포도주 식초(wine vinegar)를 추가하였다.

   지리적 표시를 규정한 그 밖의 유럽공동체(내지 유럽연합)의 규
칙의 예로는 다음의 규칙을 들 수 있다.

   그 밖에 증류주에 대해서는 유럽공동체 규칙 No. 110/2008[7])가,
특정 포도주 생산지역의 제품에 관한 원산지명칭, 지리적 표시, 전
통적인 명칭, 표기 및 준비를 보호하기 위해서는 유럽공동체 규칙
No. 479/2008의 이행 입법에 해당하는 유럽공동체 규칙 No.
607/2009가,[8]) 방향포도주에 대해서는 유럽연합 규칙 No. 251/2014[9])

---

the laws of the Member States relating to the exploitation and marketing
of natural mineral waters.

7) Regulation(EC) No 110/2008 of the European Parliament and the Council
of 15 January 2008 on the definition, description, presentation, labelling
and protection of geographical indications of spirit drinks and repealing
Council Regulation(EEC) No 1576/89. 특정 증류주에 관한 유럽연합과 제
3국 사이의 상호승인에 대해서는 유럽공동체 규칙 No. 936/2009가 적용된
다[Commission Regulation(EC) No 936/2009 of 7 October 2009 applying
the agreements between the European Union and third countries on the
mutual recognition of certain spirit drinks].

8) Commission Regulation(EC) No 607/2009 of 14 July 2009 laying down
certain detailed rules for the implementation of Council Regulation(EC)
No 479/2008 as regards protected designations of origin and
geographical indications, traditional terms, labelling and presentation of
certain wine sector products.

9) Regulation(EU) No 251/2014 — definition, description, presentation,
labelling and protection of geographical indications of aromatised wine
products. 이 규칙은 2014년 3월 27일 시행되었는데, 소비자를 위한 식품

등을 그 예로 들 수 있다.

그리고 농산물 및 식품의 품질관리에 대해서는 유럽연합 규칙 1151/2012[10] 등을 그 예로 들 수 있다.

IV. 법적 효과

유럽공동체규칙 No. 2081/92 또는 유럽공동체규칙 No. 2082/92에 따른 요건을 모두 충족하는 명칭은 농산물 및 식품에 대한 원산지명칭 및 지리적 표시 등록부 또는 특산물 보증서 등록부에 등록될 것이다. 등록은 생산업자의 권리와 관련하여 그리고 등록된 명칭의 보호유형 및 보호범위에 관련하여 주된 법적 영향을 준다.

V. 원산지명칭 및 지리적 표시의 보호

1. 배타적 권리

등록은 생산업자의 등록명칭을 사용할 배타적인 권리를 그 생산업자에게 부여한다. 이것은 지식재산권이다. 이러한 판시사항은 유럽사법재판소가 Consorzio del Prosciutto di Parma and Salumificio S. Rita SpA v. Asda Stores Ltd. and Hygrade Foods Ltd. (C-108/01)(2003) 및 Associazione Agricola Produttori Castellani

---

정보에 관한 유럽공동체 규칙 No. 1169/2011에 규정된 별도의 규정에 추가하여 적용할 수 있도록 방향포도주 제품의 제공(presentation) 및 표기에 관한 구체적인 규정을 확립하였다.

10) Regulation(EU) No 1151/2012 of the European Parliament and of the Council of 21 November 2012 on quality schemes for agricultural products and foodstuffs.

s.c.a.r.l. and Others v. AIMA and the Ministry of the Treasury, the Budget and Planning(C-496/00)(2001)에서 판시한 것이다.

이 권리의 특징 중 하나는 최초로 출원한 생산업자(즉 본래의 생산업자 단체의 회원들)뿐만 아니라 특징을 기재한 생산의 조건을 준수하는 특정 지역의 모든 생산업자에게 속한다는 점이다. 관련 지역의 모든 생산업자는 타인이 그 등록명칭을 사용하지 못하도록 금지할 수 있다. 따라서 등록은 그들이 그 명칭을 사용할 배타적인 권리를 부여한다.

해당 생산업자만이 보호 지리적 표시 또는 보호 원산지명칭이라는 표시가 기재된 제품으로서 등록 명칭을 사용한 제품을 홍보하거나 광고할 수 있다. 더욱이 유럽연합 회원국은 생산업자가 상응하는 국내법상 지리적 표시를 사용하는 것을 허용한다. 예컨대 프랑스에서 명칭이 등록된 제품 또는 등록출원이 유럽집행위원회에 행해진 제품만이 원산지명칭("appellation d'origine contrôlée": AOC)으로서 홍보될 수 있다.

예외적인 경우에, 해당 제품이 다른 지역으로부터 기원하였다고 믿도록 공중의 오인을 초래하지 않는다면 명칭을 사용할 배타적인 권리는 등록된 동음 명칭의 가능성을 배제하지 못한다. 구체적인 규정은 유럽공동체규칙 No. 2081/92 제6.6조 및 제12.2조에 두고 있다. 유럽공동체규칙 No. 2081/92 제12.2조에 따르면, 제3국의 보호 명칭이 유럽공동체의 보호 명칭과 동일한 경우에 기원국의 표시가 요구된다. 이러한 명칭 중 하나가 이미 등록된 경우에는 이러한 요건은 나중에 보호가 요구된 명칭의 등록에 적용될 것이다.

배타적 이용에 대한 권리는 생산업자가 자신의 제품을 시장의 경쟁제품으로부터 구별할 수 있도록 하면서도 신뢰할 만한 정보를 소비자에게 전달하는 것을 담보한다.

배타적인 권리의 실행은 유럽연합 회원국에 의해 조직되고 실행된다. 따라서 그러한 실행을 위해 지정된 서비스를 직권으로 행할 것인지 아니면 원산지명칭/지리적 표시/전통특산물 보증의 권리자의 신청에 기하여 할 것인지 여부는 유럽연합 회원국에 달려 있다. 국제거래에서 원산지명칭/지리적 표시/전통특산물 보증의 위반에 대한 보호는 2003년 7월 22일 제정되어 2004년 7월 1일 시행된 유럽공동체규칙 No. 1383/2003[11]에 따라 세관에 의해 제공된다. 이 유럽공동체규칙에서 세관은 명시적으로 당사자의 신청에 의해 또는 직권에 의해 행사할 권한을 가진다.

2. 보호 범위

따라서 배타적 권리의 기본적인 특징은 해당 생산업자가 다른 생산업자로 하여금 그 명칭을 사용하지 못하도록 금지하도록 하는 것이다. 유럽공동체 규칙 제13조는 '사용'이란 용어의 정확한 중요성을 확립하고 권리자의 권리를 규정하고 있다. 이러한 금지는 광범위하다. 금지권은 지리적 표시 또는 원산지명칭을 그 평판에 대한 부당한 이점을 취하는 방식으로 언급하는 모든 관행을 포함한다. 따라서 이 규칙은 해당 제품의 등록 명칭을 사용할 생산업자의 입장을 강화한다.

VI. 지리적 표시 단체표장 및 지리적 표시 증명표장

지리적 표시가 국내 증명표장에 적용된 경우에는 그 표장은 특정 품질을 가진 특정 지역으로부터 제품을 구별하는 명칭을 보호할 수 있다. 예컨대 ROQUEFORT GARANTI D'ORIGINE ET DE

---

11) Council Regulation(EC) No. 1383/2003 of 22 July 2003 concerning customs action against goods suspected of infringing certain intellectual property rights and the measures to be taken against goods found to have infringed such rights.

QUALITE,[12] PARMIGIANO REGGIANO, PARMA HAM Crown,[13] PADANO,[14] HEREFORD CERTIFIED BRITISH BEEF[15] 및 STILTON 치즈[16]를 비롯하여 지리적 위치에 질적 연관성을 가진 명칭을 보호하는 다수의 영국 증명표장이 존재한다. 증명표장이 특정 지역에 질적 연관성을 가진 명칭을 보호하기 때문에 지리적 표시 보호에 매우 유사하다. 사실 지리적 표시에 대한 국제적 보호에 대한 논의에서 상당 부분은 전통적인 증명표장체계가 지리적 표시(geographic signs)의 적합한 보호를 제공한다.[17] 이것은 영국의 체계를 비롯하여 다수의 증명표장 체계가 지리적 표시에 적합하게 하기 위하여 특별히 바뀌었다는 사실에 의하여 강화되었다.[18] 이것은 산지를 표시하기 위하여 사용된 표장은 등록받을 수 없다는 전통적인 상표법을 증명표장과 관련하여 포기하는 방식에 반영되었다.[19]

또한 증명표장 체계는 관련 기준이 준수되었는지 여부를 증명하는 기구를 감독하는 방식[20]뿐만 아니라 지리적 표시가 보호되는지 여부를 판단하기 위하여 사용된 기준을 확정하여 발행할 필요성[21]을 비롯하여 유럽공동체 지리적 표시 체계의 그것과 유사한 규제적

---

12) U.K.T.M. No. 1578049.

13) U.K.T.M. No. 2044525.

14) U.K.T.M. No. 1457952 for ham in Class 29.

15) U.K.T.M. No. 1492134 for cheese in Class 29; U.K.T.M. No. 1492138 (GRANA); U.K.T.M.No. 2129335(GRANA PADANO D.O.C.).

16) U.K.T.M. No. 2200269.

17) A. Conrad, The Protection of Geographical Indications in the TRIPS Agreement, 81 TMR 11, 21(1996).

18) Lionel Bently and Brad Sherman, The Impact of European Geographical Indications on National Rights in Member States, 96 Trademark Rep. 859, 877(2006).

19) Trade Marks Act 1994, sched. 2, para. 3(1).

20) Trade Marks Act 1994, sched. 2, para. 7(1)(b), para. 8.

21) Trade Marks Act 1994, sched. 2. Para. 6(2), para. 10.

특성을 가지고 있다.

또한 지리적 위치에 대한 질적 연관성을 가지는 표시에 대한 증명표장과 공동체 지리적 표시 보호 사이의 유사성을 전제로 할 때, 지리적 표시에 대한 국내 증명표장의 유효성이 지리적 표시 규칙(GI Regulation)의 결과로서 문제되었다는 사실은 전혀 놀라운 일이 아니다. 이러한 결론은 「Kerly의 상표법과 상호에 관한 법」(Kerly's Law of Trade Marks and Trade Names)의 13판의 저자에 의해 뒷받침된다. 그에 의하면, 지리적 표시 규칙이 국내법 체계의 경합을 배제하는 경우에는 1994년 법 제49조 또는 제50조에 따라 증명표장 또는 단체표장으로서 영국에 등록된 지리적 표시의 유효성에 영향을 미칠 것이라고 하였다.22) 이것이 맞다면, 공동체 지리적 표시로도 보호되는 PROSCIUTTO DI PARMA, PARMIGIANO REGGIANO, PADANO, STILTON 및 ROQUEFORT에 대한 영국 증명표장은 더 이상 유효하지 않을 것이라는 것을 뜻한다.

그와 유사한 주장이 지리적 표시를 보호하기 위하여 빈번하게 사용되는 단체표장으로서 유럽공동체 회원국 각국의 국내법상 단체표장에도 적용된다.23) 증명표장과 관련하여 단체표장에 적용되는 규정에 대해 다수의 개정이 되었다. 이것은 단체표장이 지리적 표시를 보호한다는 것을 입법부가 의도하였다는 것을 시사한다.24) 이러한 유사성은 공동체 지리적 표시 규칙이 국내 단체표장의 유효성에 영향을 미친다는 것을 시사하지만 상이한 결론을 지적하는 두 체계 사이에는 다수의 상이점이 존재한다.

그 이유 중 하나는 증명표장권자와는 달리 단체표장권자에 가해

---

22) Kitchin eds, Kerly's Law of Trade Marks and Trade Names, at para. 10-07(13th ed. 2001).

23) SPREEWALDADER GURKEN(U.K.T.M. No. 1519548); PROSCIUTTO DI SAN DANIELE(U.K.T.M. No. 2014280).

24) Trade Marks Act 1994, sched. 1, para. 3.

지는 규제적 요건이 보다 적다는 점이다. 단체표장이 공동체 지리
적 표시 체계에 의하여 영향을 받을 수 없는 또 다른 이유는 공동체
지리적 표시 보호와 협력하여 작용할 수 있다는 사실로부터 발생한
다. 유럽공동체 상표규칙[Council Regulation(EC) No. 207/2009] 제
7(1)(k)는 상표가 유럽공동체규칙(EEC) No. 2081/92에 따라 등록된
산지표시 또는 지리적 표시를 포함하거나 그러한 표시로 구성된 경
우에 그 상표는 등록되시 아니한다고 규정하였지만, 지리직 표시
규칙 제13조와 저촉되지 아니한다. 그에 상응하는 공동체 단체표장
요건이 존재하지 아니할 때 국내 단체표장을 당사자가 포기하여야
한다면 이상할 것이다. 유럽공동체 및 회원국의 국내 상표법 체계
는 어느 정도 규제적인 경쟁의 아이디어를 전제로 한다. 즉, 개인은
공동체 체계가 보다 나은 가치 보호를 제공하는 경우에는 국내법보
다는 공동체 상표를 선택할 것이다.25) 공동체 지리적 표시 체계가
공동체 단체표장에 대한 유효성이 아니라 회원국 국내의 단체표장
의 유효성에 부정적인 영향을 가진다면 그 규제적 경쟁을 손상한
다. 따라서 현명한 출원인은 공동체 권리를 적용할 것이다. 왜냐하

25) Regulation(EU) 2015/2424 of the European Parliament and of the
Council of 16 December 2015 amending Council Regulation(EC) No.
207/2009 on the Community trade mark and Commission Regulation(EC)
No. 2868/95 implementing Council Regulation(EC) No. 40/94 on the
Community trade mark, and repealing Commission Regulation(EC) No.
2869/95 on the fees payable to the Office for Harmonization in the
Internal Market(Trade Marks and Designs). 공동체 상표에 관한 유럽공동
체 상표규칙이 원산지명칭과 지리적 표시와 관련하여 다른 유럽연합규칙
(예: 농산물 및 식품에 관한 유럽연합규칙 No. 1151/2012)과 마찬가지로
동일한 수준의 보호를 하지 아니한 것으로 인정되었다. 따라서 유럽연합규
칙 No. 2015/2424는 증명표장을 도입한 것 이외에 관련 법(유럽연합규칙
또는 국내법)에 따라 원산지명칭 또는 지리적 표시에 대해 권리를 가지는
자는 누구나 공동체 상표등록을 위한 후출원에 대해 이의할 수 있도록 하
였다.

면 그렇게 하는 것이 보다 효율적이기 때문이 아니라 공동체 권리
가 지리적 표시 보호와 함께 존재하기 때문이다. 그럼에도 불구하
고 회원국의 국내 단체표장이 공동체 지리적 표시 체계에 의해 영
향을 받지 아니한다고 시사하는 또 다른 요인은 파리협약 제7조의2
에 따른 회원국의 의무와 관련이 있다. 파리협약 제7조의2에 따르
면, 다음과 같이 규정하고 있다.

(1) 동맹국은 원산지 국가의 법에 반하지 아니하는 단체가 산업
용 시설 또는 상업적 시설을 소유하고 있지 않더라도 그 단체에 속
하는 단체표장을 출원하게 하고 보호할 의무가 있다. 각국은 단체
표장을 보호할 조건 및 공익에 반한다면 보호를 거절하는 특정조건
을 판단한다.

VII. 사   례

1. 지리적 표시에 관한 TRIPs 적용 방식

세계무역기구 분쟁해결패널은 지리적 표시에 관한 판정에서 TRIPs
가 어떻게 적용될 수 있는지에 대한 분쟁을 다루었다.[26] 유럽연합과
미국 사이에 발생한 지리적 표시의 보호에 관한 분쟁은 세계무역기
구 분쟁해결부(WTO Dispute Settlement Body)가 유럽공동체 규칙
No. 2018/92가 TRIPs를 위반하였는지 여부를 판단하기 위해 패널
을 구성하도록 이끌었다.[27] 2005년 3월에 세계무역기구는 유럽연
합의 지리적 표시제도에 관한 분쟁해결패널 보고서를 공표하였다.
이 패널의 결론 및 권고로 유럽연합은 외국의 지리적표시를 취급하

---

26) WTO, 2005. Panel reports out on geographical indications disputes.
    March 15, World Trade Organization, Geneva.
27) Id.

는 방식을 규율하는 유럽연합 규칙을 개정하기에 이르렀다. 구체적
으로 유럽공동체규칙 No. 2081/92는 유럽공동체규칙 No. 510/2006
에 의해 개정되었다. 이 개정은 세계무역기구의 TRIPs를 준수하기
위한 것이다.[28]

2. '동등한 효력을 가지는 조치'의 해석

Procureur du Roi v. Dassonville 사건[29]에서 유럽사법재판소는
최초로 원산지 표시(designation of origin)를 다루었다.

Dasonville 사건으로 알려진 1970년대의 초기 사례에서 유럽사법
재판소는 '동등한 효력을 가지는 조치'의 해석에 관하여 판단하였
다. Dassonville는 프랑스로부터 벨기에로 스카치 위스키를 수입하
였다. 원산지 국가는 영국이었으나 그 제품은 프랑스 시장에 적법
하게 출시되었다. 벨기에는 해당 위스키가 영국 정부의 인증서 없
이는 수입되는 것을 허용하지 아니하였다. 그 인증서는 그 제품이
본 사안처럼 자유로이 유통되어 있는 경우에는 받기가 곤란하였다.
Dassonville는 이것이 양적 제한과 동일한 효력을 가지는 조치에 해
당한다고 주장하였고 유럽사법재판소는 다음과 같이 판시하였다.

"직접적으로 또는 간접적으로, 실제로 또는 잠재적으로 유럽공동체 역
내 무역거래를 억지할 수 있는 회원국의 국내 무역법규 전부는 양적 제
한과 동등한 효력을 가지는 조치로 간주될 것이다(All trading rules

28) Marette, Stéphan Marette, Roxanne L.B. Clemens and Bruce A.
Babcock, "The Recent International and Regulatory Decisions about
Geographical Indications," *MATRIC Working Papers*, Paper 1, p. 2
(2007); http://lib.dr.iastate.edu/matric_workingpapers/1(last visited on
August 1, 2016).
29) Case 8/74, *Procureur du Roi v. Dassonville(Dassonville)*, [1974] ECR 837.

enacted by Member States which are capable of hindering, directly or indirectly, actually or potentially, intra-Community trade are to be considered as measures having an effect equivalent to quantitative restrictions)."

이 판결은 병행수입을 장려하고 촉진하고자 하는 유럽사법재판소의 의도를 드러낸다.[30)]

벨기에 정부는 원산지 표시가 기재된 제품을 수출하는 국가에서 그 제품이 판매되도록 하기 위하여 해당 국가의 정부가 발급한 공문을 요구하였다. 이것은 양적 규제와 동일한 효과를 가진 조치에 해당하여 금지되었다. 이 사건에서 유럽사법재판소는 공동체 법체계가 부재하는 경우에는 회원국이 불공정거래의 관행을 방지하기 위하여 합리적이고 비차별적이며 비제한적인 조치를 취할 권한을 가진다고 판시하였다.

제 2 절 프랑스의 원산지명칭제도 (Appellations D'Origine Contrôlées)

지리적 표시 보호를 위한 가장 포괄적인 체계는 프랑스에 의해 발전되었다. 출처표시(Indications of source; indications de prove-

---

30) Ingrid Lidgard, Geographical Indications: A result of European protectionism? p. 23(Thesis, University of Lund Faculty of Law)(Spring 2009), available at http://lup.lub.lu.se/luur/download?func=down load File&recordOId=1559567&fileOId=1565027(방문일자: 2016년 6월 1일).

nance)는 부정경쟁방지법에 의하여 보호된다. 한편, 원산지명칭 (appellations of origin; appellations d'origine)은 보다 복잡한 체계를 통하여 보호된다. 원산지명칭에 해당하기 위해서는 특정 상품의 명칭이 법원의 판결 또는 행정처분을 통하여 원산지명칭으로서 인식되어야 한다. 원산지와 해당 상품의 특징 사이의 연계가 증명되어야 한다. 원산지명칭으로서 인식된 지명의 예로는 포도주 생산지인 Bordeaux, Burgundy, Champagne, Cognac 등을 들 수 있다.

14세기 및 15세기에 포도주 라벨을 관리하는 프랑스, 포르투갈, 투스카니(Tuscany)의 몇몇 법이 존재하였지만 원산지명칭에 관한 법은 현대에 와서 만들어진 것이다. 1855년에 Bordeaux의 메독 (Médoc) 지역 포도농원은 등급별로 분류되었다.

이러한 움직임은 우연치 않게 Bordeaux와 Paris 사이에 철로를 개통한 시기와 일치하였다. 포도주에 수요자를 오인하게 할 라벨을 붙이는 행위를 금지하기 위한 최초의 현대적 프랑스 법은 1905년에 통과되었으나 포도주와 브랜디(eaux de vie)에 관한 프랑스의 최초 정부위원회는 1935년에 이르러서야 설립되었다. 1947년에 그 위원회는 프랑스의 전국원산지명칭관리원(Institut National des Appellations d'Origine: INAO)으로 되었고, 현재에는 농무부 산하기관으로 되어 있다. 한편, 치즈에 관한 원산지명칭 정부위원회는 1955년이 되어서야 설립되었다.

프랑스의 원산지명칭 제도는 토산(terroir)의 착상에 착안한 것이다. 이 개념은 상품의 품질이 특정 지역에 기인한 것이라는 의미다. 토산이란 용어는 지역과 상품의 품질 사이의 본질적인 연계를 뜻한다.

프랑스 법에 따르면, 원산지 명칭은 해당 상품의 품질 또는 특성이 자연적·인위적 요소를 포함한 지리적 환경으로 인한 경우에 그 상품을 표시하는 지역 또는 지방의 명칭을 의미한다.

원산지명칭의 등록은 프랑스 정부기관인 프랑스 전국원산지명칭관리원에 의해 실시된다. 이 기관은 다른 법역에서의 침해도 다룬다.

프랑스 법에 따르면, 원산지명칭의 사용이 원산지명칭의 평판을 손상하거나 약화할 경우에는 원산지명칭이 등록된 지역의 생산업자는 타인이 그 원산지명칭을 사용하는 것을 금지할 배타적인 권리를 부여받는다.

프랑스법상 원산지명칭의 등록 체계를 전 세계적으로 확산하는 데 있어 주된 장애요인은 특정 지역 상품의 특징에 대해 국가가 명백히 동의하여야 한다는 점에 있다.[31]

제 3 절   미국에 있어 지리적 표시 단체표장 및 지리적 표시 증명표장의 보호

Ⅰ. 의 의

미국에서 지리적 표시는 두 가지 법체계에 의해 보호된다. 하나는 미국 포도주에 대한 원산지명칭의 보호이고,[32] 다른 하나는 모든 유형의 상품에 대하여 허용되는 지역적 증명표장 또는 지역적 단체표장의 보호이다.[33] 전술한 바와 같이 미국은 지리적 표시를

---

31) Michael Blakeney, "Proposals for the international regulation of geographical indications," in David Vaver ed. Intellectual Property Rights, Vol. IV, p. 176(Routledge, 2006).

32) Cal. Bus. & Prof. Code §§ 25241, 25242, and 25246; 2 McCarthy on Trademarks and Unfair Competition, at § 14:19.50.

33) Lanham Act § 4, 15 U.S.C.A. § 1054; 2 McCarthy on Trademarks and Unfair Competition, at § 14:21.

상표법에 의해 규율되는 것으로 판단하여 증명표장 또는 단체표장으로 보호하고 있다.[34]

미국의 지리적 표시 체계는 이미 정립된 상표법 체계를 활용하고 이해관계인이 등록 또는 등록의 지속적인 존재에 의해 손해를 입을 것이라고 생각하는 경우에는 등록된 지리적 표시에 대해 이의를 신청하거나 취소신청을 할 수 있는 기회를 그 이해관계인에게 제공한다. 미국 특허상표청은 상표와 지리적 표시 양자에 대한 출원 절차를 진행한다.[35]

미국은 상품이나 서비스에 대하여 일반명칭에 해당하는 지리적 명칭 또는 지리적 기호를 보호하지 아니한다. 지리적 명칭 또는 지리적 기호가 지리적 출처라기보다는 동일한 유형의 모든 상품류나 서비스류를 지정하는 것으로 수요자가 간주할 만큼 널리 사용되는 경우에는 일반명칭 표장(generic)으로 간주된다. 예컨대 '사과'란 단어는 과일의 일반명칭에 해당하기 때문에 사과에 대한 상표로서 보호받을 수 없다. 미국과 같은 다수의 국가는 일반명칭의 표시가 특정한 영업의 출처(또는 구체적으로 특정된 제조 단체로서의 출처)를 식별할 수 없는 것으로 인정하기 때문에 일반명칭의 표시를 보호하지

---

34) L. Beresford, Geographical Indications: The Current Landscape, 17 Fordham I.P. Media & Ent. L.J. 979, 981(2007). But see D. Gangjee, Quibbling Siblings: Conflicts Between Trademarks and Geographical Indications, 82 Chi.-Kent L. Rev. 1253, 1267(2007)(이 글에서는 "일관된 품질을 보증하는 상표와는 달리, 지리적 표시는 매우 구체적인 품질기준을 보증하기 위하여 오랜 기간동안 진화한 관례가 된 최상의 관행(customary 'best practices')을 대변한다. [생략] 지리적 표시는 농업정책, 농촌지역발전에 관한 정책을 시행하는 방향타의 역할을 수행하고 몇몇 경우에는 문화유산을 보전하는 데 기여한다."고 주장한다.).

35) United States Patent and Trademark Office, Geographical Indication Protection in the United States, available at http://www.uspto.gov/sites/default/files/web/offices/dcom/olia/globalip/pdf/gi_system.pdf (last visit on August 8, 2016).

아니한다. 지리적 표시가 미국에서 일반명칭표장에 해당한다면 제
조업자는 자신의 상품이나 서비스에 그 지리적 표기를 자유로이 사
용할 수 있다.36)

　　미국의 상표/지리적표시 체계의 또다른 특색은 표장의 사용이 상
품 내지 서비스의 출처에 관하여 수요자의 혼동, 착오 또는 기망을
초래할 개연성이 있는 경우에 무단사용자에 의한 해당 표장 내지
지리적 표시의 사용을 금지할 배타적인 권리를 상표권자 내지 지리
적 표시권자에게 제공한다는 점이다. 이러한 방식으로 선사용권자
는 동일하거나 유사하거나 관련된 상품이나 서비스에 대하여 동일
하거나 유사한 기호의 후행사용자에 대하여 우선권 및 배타적인 권
리를 가진다. 또는 몇몇 사안에서는 수요자가 두 가지의 사용에 의
해 혼동을 초래할 개연성이 있는 경우에는 무관한 상품이나 서비스
에 대하여 동일하거나 유사한 기호의 후행사용자에 대해 우선권 또
는 배타적인 권리를 가진다.

II. 상표법 체계를 통해 지리적 표시를 보호하는 것의 장점

　　지리적 표시를 상표, 단체표장 또는 증명표장으로서 보호하는 것
은 국내외 기업에게 이미 친숙한 체계인 기존의 상표법 체계를 채
택하는 것이다. 더욱이 새로운 지리적 표시 등록 또는 보호 체계를
창설하기 위해 정부나 납세자에 의한 추가적인 자원투입(예컨대 인
력 또는 금전적 자원 투입)이 요구되지 아니한다. 지리적 표시를 보호
하기 위하여 현행의 상표 체계의 활용은 출원, 등록, 이의신청, 취소
신청, 재판 및 집행에 대하여 상표법 체계에 이미 투여된 자원만의
활용을 포함한다. 더욱이 상표법 체계는 단순히 지명이 아니라 문

---

36) Id., at 1.

자, 슬로건, 디자인, 입체표장, 색채표장 또는 소리 및 냄새에 해당
하는 지리적 표시에 용이하게 적용된다.

　지식재산권관련 무역협정(TRIPs)상 지리적 표시 및 상표에 관한 실
체적 의무의 모든 요건을 충족하는 것 이외에 상표법 체계는 내국민
대우원칙의 요건 및 집행에 관한 TRIPs상 의무의 요건을 충족한다.

Ⅲ. 내　용

1. 의　의

　[1] 미국에서 지리적 표시의 보호를 비롯한 상표의 등록과 관리는
미국 연방특허상표청이 담당한다. 미국의 지리적 표시의 보호는 유
럽연합과는 달리 독자적인 등록제도를 두지 않고 지리적 표시도 상
표, 서비스 및 트레이드 드레스(trade dress)와 마찬가지로 권리자에
의한 증명표장 또는 단체표장의 등록을 허용하고 있다.

　[2] 미국에 있어 단체표장은 단체에 의하여 등록되고 오로지 단체
구성원에 의하여 사용되는 것으로 비회원에 의한 상품과 구별하고
그들의 상품을 식별하기 위하여 사용되는 표장이다.37) 미국에서 인
정되는 단체표장의 유형으로는 단순한 단체표장과 단체회원표장이
존재한다. 전자는 협회, 조합, 협동조합 등 기타 단체에 의해 그 구
성원만 사용함으로써 그 구성원의 상품 또는 서비스를 비구성원의
상품·서비스와 구별하기 위해 사용되는 표장이다. 후자는 특정 단
체의 회원임을 나타내기 위해 사용되는 표장을 의미한다.38)

---

37) 15 U.S.C. § 1127(2009).
38) Aloe Creme Laboratories, Inc. v. American Society for Aesthetic Plastic
　　Surgery, Inc., 192 U.S.P.Q. 170, 173 1976 WL 21119(T.T.A.B. 1976); 이
　　영주, "지리적 표시 보호체계의 개선에 관한 연구," 서강대학교 대학원 법학

미국에 있어 IDAHO 감자,[39] Washington 사과,[40] Vidalia 양파[41]를 비롯하여 확립된 지역적 브랜드가 존재한다. 이러한 지리적 표시는 연방상표법에 따라 지역적 증명표장(certification marks) 또는 단체표장(collective marks)으로 등록하여 보호받을 수 있다.[42]

2. 지리적 표시 증명표장

미국 연방상표법(Lanham Act) 제45조에서는 증명표장을 증명표장권자 이외의 자에 의하여 사용되는 것으로 증명표장권자가 성실한 의도를 가지고 타인에게 사용하도록 하고 상품의 지역, 산지, 품질 기타 특성을 증명하거나 작업이나 노동의 특정의 단체에 의하여 수행되었음을 증명하기 위하여 사용되는 표장이라고 정의하고 있다.[43] 증명표장의 목적은 허락받은 이용자의 상품 또는 서비스가 일정한 특성을 가지고 있거나 일정한 자격 또는 기준을 충족한다는 사실을 구매자에게 알려주는 것이다. 증명표장은 단일의 상업적 출처나 이익의 출처를 나타내는 것이 아니다. 증명표장이 상품에 적용되거나 서비스와 관련되어 사용되는 경우에 증명표장에 의해 전달되는 메시지는 그 상품이나 서비스가 인증자 또는 증명표장권자에 의하여 정해진 방식으로 상품제조자 내지 서비스제공자가 아닌 인증자 또는 증명표장권자에 의하여 조사, 검사 , 검증 또는 어떠한 방식으로 검토되었다는 사실이다.

과 법학박사학위논문, 2008, 91-92면.
39) U.S. Trademark No. 76,542,379(filed Sept. 3, 2003).
40) U.S. Trademark No. 73,575,663(filed Dec. 30, 1985).
41) U.S. Trademark No. 74,026,870(filed Feb. 2, 1990).
42) J. Thomas McCarthy, 2 McCarthy on Trademarks and Unfair Competition 14:1(4th ed. 2007).
43) 15 U.S.C. § 1127.

증명표장으로서 분류되는 표장은 상품의 특징을 가지고 있다는 사실을 증명하고 증명표장권자는 스스로 사용할 수 없다는 두 가지 요건을 구비하여야 한다. 미국 연방상표법에 의해 미등록인 상태이더라도 판례법에 의해 보호되는 경우가 존재한다. 예컨대 Institute National Appellations v. Brown-Forman Corp. 사건[44]에서 상표심판원(Trademark Trial and Appeal Board)은 지리적 표시에 해당하는 'COGNAC'은 판례법에 의하여 보호되는 증명표장이라고 판단하였다. 'COGNAC'은 미국 소비자들에게 프랑스의 코냑 지방에서 기원한 브랜디의 명칭이고 다른 곳에서 생산된 브랜디와 관련된 명칭이 아니기에 보통명칭이 아니라고 보았고, 아울러 그 지방의 브랜디 생산업자들에 의해 장기간 사용되고 관리되어 왔기 때문에 증명표장에 해당하는 기준에도 부합한다고 판단하였다.

증명표장은 두 가지 점에서 상표와 구별된다. 첫째, 증명표장의 가장 중요한 특징은 그 권리자가 그것을 사용하지 아니한다는 점이다. 둘째, 증명표장은 상업적 출처를 표시하는 것이 아니고 특정인의 상품이나 서비스를 다른 사람의 그것과 구별하는 것이 아니라는 점이다.

증명표장은 증명표장권자에 의해 사용될 수 없다. 왜냐하면 증명표장권자는 그 표장의 사용과 관련된 상품을 제조하거나 서비스를 이행하지 아니하기 때문이다. 증명표장은 그 표장권자의 허락을 얻어 그 표장권자 이외의 단체에 의해서만 사용될 수 있다. 증명표장권자는 인증된 상품 또는 서비스에 대한 타인의 증명표장 사용을 통제한다. 그러한 통제는 그 표장이 등록요건인 특징을 포함하거나 나타내는 상품 또는 서비스에만 적용된다는 사실 또는 인증자 또는 증명표장권자가 그 인증을 위하여 증명하거나 채택한 구체적인 등록요건을 충족하는 것을 보장하기 위한 조치를 취하는 것에 의해 이루어진다.

44) 47 U.S.P.Q.2d 1875, 1884(T.T.A.B. 1998).

증명표장은 상품의 특성과 품질을 나타내고 그러한 상품이 특정한 기준을 충족하는 것을 확인한다는 측면에서 출처표시기능을 한다.45) 다시 말하면, 증명표장은 상품의 품질뿐만 아니라 지리적 출처를 증명하기 위하여 사용된다. 그것은 증명표장이 상품이나 서비스의 질, 지역적 또는 기타 특징을 증명하기 위하여 사용되고46) 상업적 출처를 가리키기 위한 것이 아니다.47) 증명표장권자는 그 표장의 사용을 통제하여야 하고 등록요건인 기준을 충족하는 자의 상품을 증명하는 것을 차별적으로 거절해서는 아니 된다.48) 이것이 의미하는 바는 증명표장의 기준을 충족하는 단체는 증명표장을 사용할 수 있다는 것이다.

미국의 경험상 대부분의 경우에 증명표장으로서 지리적 명칭의 사용에 대한 통제를 행사하는 단체는 정부기관이거나 정부의 권한으로 운용되는 기구다. 예컨대 주정부기관인 아이다호 주 감자위원회(State of Idaho Potato Commission)은 아이다호 주에서 자란 감자에 대해 IDAHO란 증명표장을 가지고 있다.49)

지리적 명칭이 증명표장으로 사용된 경우 두 가지 요소가 기본적인 관심사다. 첫째 그 명칭을 사용할 그 지역의 모든 사람의 자유를 유지하는 것이다. 둘째, 그 표장을 사용할 자격을 갖춘 모든 이들에게 해로운 표장을 남용하거나 불법적으로 사용하는 것이다. 일반적으로 말하자면, 사인은 이러한 목적을 만족스럽게 달성하기 위한 최선의 입장에 있지 않다. 특정 지역의 정부는 종종 그 지역의 명칭 사

---

45) Alexander Lindey and Michael Landau, 1A Lindey on Entertainment, Publ. & the Arts § 2:11.50(3d ed. 2009).

46) Lanham Act 45, 15 U.S.C. § 1127(2000).

47) U.S. Patent & Trademark Office, Trademark Manual of Examining Procedure (4th ed. 2005)(이하 'TMEP'로 표시).

48) Lanham Act 14(5), 15 U.S.C. § 1064(5).

49) U.S. Trademark No. 76,542,379 (filed Sept. 3, 2003).

용을 통제할 당국이다. 정부는 직접적으로 또는 그 정부가 권한을
부여한 기구를 통하여 모든 사람의 권리를 보존하고 그 표장의 남
용 또는 불법적인 사용을 막을 권한을 가진다.

증명표장으로서 지리적으로 기술적인(descriptive) 단어를 등록하
기 위해서는 그 표장의 등록은 상표의 요건을 충족하여야 하나,[50)
그 표장이 상거래에 있어 식별력을 획득하였다는 사실을 증명할 필
요는 없다.[51) 일반적으로 1차적으로 지리적인 기술적 표장(primary
geographically descriptive mark)은 연방상표법 제2조(e)(2)에 따르면
등록이 불가능하다. 하지만 같은 법 제2조(f)에 따라 2차적 의미를
증명함으로써 등록할 수 있다. 하지만 같은 법 제2조(e)(2)에 따르
면, 원산지 표시는 제4조에 따라 등록할 수 있다.[52) 원산지 표시
(indications of regional origin)란 단어는 그 지역 자체의 명칭에 제한
되지 아니하고 그 표장이 원산지를 증명하기 위한 것인 한 그 지역
의 명칭 및 기타 단어로 구성된 용어도 포함한다.[53) 그러한 의미에
서 증명표장에 적용될 수 없는 등록거절이유 중 하나는 연방상표법
제2조(e)(2)의 기술적인 지리적 표시의 사유다.[54) 따라서 동일한 지
역의 농민이 지역적 브랜드를 확립하고자 한다면 증명표장은 지역
적 브랜드를 확립하는 유용한 법적 도구가 될 수 있다. 영농조합은
구체적인 지리적 영역 내의 농산물을 증명하기 위하여 증명표장을
사용할 수 있다,[55) 영농조합이 증명표장권자가 되어 그 표장을 사
용함으로써 그 조합원의 제품을 광고하거나 홍보할 수 있지만,[56)

---

50) 2 McCarthy on Trademarks and Unfair Competition , at § 19.95.

51) TMEP, supra note 47, § 1306.02.

52) Id.

53) Id.

54) Roquefort v. William Faehndrich, Inc., 303 F.2d 494 (2d Cir. 1962).

55) TMEP, supra note 47, at § 1306.01.

56) Lanham Act 14, 15 U.S.C. § 1064.

그 조합(cooperative)은 조합 자체의 상품이나 서비스를 구별하기 위하여 증명표장을 사용할 수 없다.[57] 더욱이 영농조합에 속하는 농민이 자신의 식별력 있는 상품을 홍보하고 신용을 보호하기 위하여 그들의 상표로서 지리적 표시를 사용하고자 한다면 증명표장은 적합하지 아니하다.[58] 증명표장이 제품의 품질 또는 지역적 산지를 증명하더라도 특정 제조업자와 같이 그 제품의 단일 상업적 출처로서 그 산지를 가리키는 것은 아니다.[59] 따라서 증명표장은 농민이 지역적 브랜드를 상표로서 사용하고자 한다면 그 지역적 브랜드를 확립하기에는 적절한 도구가 아니다.

증명표장에 대한 연방 등록출원은 미국 연방특허상표청에 의해 심사된다. 첨부된 사용견본과 기록상 증거는 지리적 표시가 그것이 사용된 상품 또는 서비스의 지리적 출처를 나타내기 위한 증명표장으로서 사용되고 있는지 여부를 판단하기 위하여 검토된다. 이용 가능한 기록 또는 그 밖의 증거가 문제의 구체적인 지리적 표시가 상품 또는 서비스의 보통명칭으로서 주된 중요성을 가지고 있다는 사실을 가리킨다면 등록은 거절될 것이다.[60] FONTINA란 용어는 그 지역 이외의 비인증 상품이 비인증 치즈를 나타내기 위하여 그 용어를 사용한 사실에 비추어 보아 지리적 출처를 가리키는 증명표장이라기보다는 치즈의 종류를 나타내는 보통명칭이라고 판시한 바 있다.

지리적 표시의 사용이 인증자에 의해 통제되고 지리적 출처에 대한 인증자의 기준을 충족하는 상품이나 서비스에 국한한 경우에 그

---

57) Lanham Act 14, 15 U.S.C. § 1064(5)(B).

58) Daisuke Kojo, Comment, The Importance of the Geographic Origin of Agricultural Products: a Comparison of Japanese and American Approaches, 14 Mo. Envtl. L. & Pol'y Rev. 275, 307(2007).

59) Lanham Act 45, 15 U.S.C. § 1127.

60) In re Cooperative Produttori Latte E Fontina Valle D'Acosta, 230 U.S.P.Q. 131, 1986 WL 83578(T.T.A.B. 1986).

리고 구매자가 그 지리적 표시가 특정 지역에서 생산된 상품이나 제공된 서비스만을 가리키는 것으로 이해하는 경우에 그 표시는 지역적 증명표장으로서 기능한다.[61] COGNAC은 프랑스산 브랜디를 가리키는 지리적 표시라고 판시한 바 있다. 등록 이전에 미국 연방 특허상표청은 출원인 증명표장의 사용에 대한 통제를 행사할 권한을 가지고 있지 않다는 사실을 인식하게 된 경우에 등록은 직권으로 거절될 것이다

인증자의 기준의 집행에 관해서는 정확성과 높은 기준을 유지하는 데 가장 이해관계가 큰 당사자인 경쟁업자 및 소비자는 인증자가 요구된 질을 유지하도록 보장한다. 물론 미국 연방정부는 다양한 종류의 식품과 음료수에 대한 농업검사관을 두고 있으나 그것은 전혀 다른 것이다. 지리적 표시 증명표장의 보호와 관련해서는 영향을 받는 자들이 등록에 반대하거나 등록의 취소를 구할 수 있다.

3. 지리적 표시 단체표장

단체표장은 단체의 회원에 의해서만 사용되고 그 상품이나 서비스를 다른 이들로부터 특정하거나 구별한다.[62] 조합, 사단 (association) 또는 기타 단체나 조직만이 단체표장을 등록할 수 있다.[63] 단체표장은 증명표장과 마찬가지로 회원들의 제품의 지리적 산지를 증명하는 기능을 수행한다.[64] 영농조합은 회원들의 제품의 지리적 산지를 특정하기 위하여 단체표장으로서 지리적으로 기술적인 용어를 등록할 수 있다. 증명표장과는 달리, 단체표장권자는

---

61) Institute National Des Appellations d'Origine v. Brown-Forman Corp.,
　　47 U.S.P.Q.2d 1875, 1998 WL 650076(T.T.A.B. 1998).

62) Lanham Act 45, 15 U.S.C. § 1127.

63) Lanham Act 45, 15 U.S.C. § 1127.

64) 2 McCarthy on Trademarks and Unfair Competition, at § 19:99.

그 회원의 제품을 광고하거나 홍보하기 위하여 그 표장을 사용할 수 있을 뿐만 아니라 그 제품을 생산, 제조 및 판매하기 위하여 그 표장을 사용할 수 있다.[65] 하지만 지리적 표장은 상거래에 있어 식별력(distinctiveness)을 획득하지 못하는 한 단체표장으로서 등록될 수 없다.[66]

농민과 영농조합이 미국에서 새로운 지역적 브랜드를 확립하고 자 한다면 증명표장 또는 단체표장으로서 그 표장을 등록하는 데 있어 어려움에 처할 것이다. 증명표장의 경우에 영농조합 자체는 그 조합이 회원으로부터 구입한 농산물을 판매하기 위하여 그 표장을 사용할 수 없다. 왜냐하면 그 조합은 그 제품의 판매에 그 증명표장을 사용할 수 없기 때문이다.[67] 영농조합은 그 회원의 제품을 홍보하고 광고할 뿐만 아니라 영농조합에 또는 영농조합을 통하여 농산물을 판매함으로써 농산물의 홍보를 제고하고 장려하기 위하여 그 표장을 사용한다.[68] 따라서 증명표장은 그 표장권자로서의 영농조합이 새로운 지역적 브랜드를 확립하기에는 적합하지 아니하다.

하나의 대안은 정부기관에 의하여 증명표장을 등록하는 것이다. 영농조합은 권리자의 인증을 받아 그 제품의 질을 증명하기 위하여 그 표장을 사용할 수 있다. 예컨대 아이다호 주의 영농조합에서는 감자가 특정한 품질 기준을 충족하였다는 것을 확정하기 위하여 감자에 IDAHO란 용어를 사용할 수 있다. 하지만 이 경우 정부는 지역적 브랜드를 홍보하는 것을 도와야 한다. 농민이 지역적 브랜드를 확립하고자 한다면 그들의 목적은 지역적 산지를 증명하는 것이 아니라 자신의 상품을 다른 이들의 상품과 구별함으로써 그 상품을

---

65) Id., at § 19.101.

66) TMEP, supra note 47, at § 1303.02.

67) Lanham Act 14(5)(B), 15 U.S.C. § 1064(5)(B).

68) 7 U.S.C. § 291(2000).

홍보하는 것이다. 따라서 지역적 브랜드는 증명되어야 할 지역적 산지라기보다는 상표이어야 한다.

단체표장의 경우에 미국연방특허상표청(U.S. Patent and Trademark Office)은 그 표장이 상거래에서 식별력을 취득한 경우에만 지리적으로 기술적인 표장을 등록할 수 있다.[69] 영농조합은 그 표장을 상표로 등록함에 있어 곤란에 직면할 것이다.[70] 왜냐하면 영농조합은 그 표장이 지리적으로 기술적 표장의 식별력을 취득하여야 한다는 요건을 충족하기 위하여 홍보, 선전 및 판촉활동에 상당한 시간과 돈을 투자하여야 하기 때문이다.[71] 그 밖에 생산자는 동일한 기술적인 지리적 표장을 사용하는 무임승차자로부터 피해를 입을 위험에 처해 있다.

4. 미국과 유럽 제도의 비교

미국에서 지리적 표시는 두 가지 법체계에 의해 보호된다. 즉, 하나는 미국산 포도주에 대해 원산지 표시(appellations of origin)에 대한 것이고, 다른 하나는 그 출처가 어느 국가인지 여부에 상관없이 모든 유형의 제품에 대해 적용되는 증명표장 또는 단체표장이다.[72] 미국은 지리적 표시를 증명표장 또는 단체표장으로서 보호할 수 있는 상표법의 일부로서 파악하고 있다.[73] 미국은 유럽처럼 동일한 방법으로 지리적 표시에 대해 배타적인 권리를 부여하는 별도의 비상표관련 법을 가지고 있지 아니하다. 하지만 지리적 표시에 대한

---

69) Lanham Act 2(e)-(f), 15 U.S.C. § 1052(e)-(f)(2000).

70) 2 McCarthy on Trademarks and Unfair Competition, at § 15:5.

71) Id., at § 15:28.

72) 2 McCarthy on Trademarks and Unfair Competition § 14:21.

73) L. Beresford, Geographical Indications: The Current Landscape, 17 Fordham I.P. Media & Ent. L.J. 979, 981(2007).

유럽의 시각은 미국의 식료품과 와인 수출업자 및 그들의 변호사에게 지대한 관심사항이다. 왜냐하면 미국 연방특허상표청과 미국의 농산물단체 및 식료품 단체는 미국에서 널리 일반적인 방법으로 사용된 지리적 식료품 명칭이 지리적 표시로 분류되어야 하고 더 이상 자유롭게 사용할 수 없다고 선언하기 위하여 유럽연합이 제시한 제안에 대해 반대하였다. 즉 유럽연합은 TRIPs가 포도주와 증류주에 대해서만 부여한 확대보호 및 배타성을 취하고 그것을 모든 제품의 지리적 표시에 확대할 것을 제안하였다.[74] 더욱이 2005년에 세계무역기구 분쟁해결부는 지리적 표시의 유럽연합체계에 대한 미국의 이의를 지지하였고 미국 회사가 유럽 제조업자와 동일하게 유럽의 지리적 표시 체계를 사용할 수 있어야 한다고 판단하였다. 세계무역기구의 분쟁해결부는 또한 등록 지리적 표시를 기존의 상표와 조화롭게 하는 유럽의 방식에 대한 이의를 고려하였다.

유럽에서 식료품의 지리적 표시를 등록하여 보호하기 위해서 유럽연합은 상표법과 별도의 체계를 가지고 있다.[75] 지리적 표시 규정을 보호하기 위한 상이한 체계는 유럽연합에서 판매되는 포도주의 표지부착,[76] 증류주[77] 및 광천수(mineral water)[78]에 존재한다.

1992년에 유럽연합은 유럽 식료품을 홍보하고 표지를 부착하기 위한 3단계의 체계를 창출하였다.[79] 이 3단계는 원산지명칭의 보호

---

74) A. Kur & S. Cocks, Nothing But a GI Thing: Geographical Indications under EU Law, 17 Fordham I.P., Media & Ent. L.J. 999, 1010(2007).

75) 2 McCarthy on Trademarks and Unfair Competition § 14:18.

76) 2002년에 유럽연합은 포도주 표지부착 규정을 새로 채택하였다(EC Regulation No. 753/202. See www. Europa.eu.int.). 미국은 세계무역기구의 기준에 부합되지 않는다는 점과 명확성이 결여되어 있다는 점에 대해 우려를 표명하였다[See www.ustr.gov(U.S. Trade Representative)와 www. useu.be(U.S. Mission to the E.U.)].

77) European Council Regulation No. 1576/89.

78) European Council Regulation No. 692/2003.

(Protected Designation of Origin: PGO), 지리적 표시의 보호(Protected Geographical Indication: PGI), 전통특산물의 보증(Traditional Speciality Guaranteed)으로 알려져 있다. 원산지명칭 보호는 주지의 노하우를 사용하는 지리적 영역에서 생산, 처리 및 준비된 식료품을 기술하기 위하여 사용된 용어다. 예컨대 프랑스 치즈의 경우에는 Neufchtel 및 Roquefort가, 이태리 치즈에 대해서는 Fontina 및 Gorgonzola가 바로 그러하다. 지리적 표시 보호의 경우에는 지리적 연관성은 적어도 생산, 처리 또는 준비의 단계 중 하나에서 발생하여야 한다. 그러한 예로는 이태리 올리브 오일의 경우에는 Toscano가, 독일 맥주의 경우에는 Dortmunder Bier가 포함된다. 전통특산물의 보증(Traditional Specialties Guaranteed)은 출처를 가리키는 것이 아니라, 구성 내지 생산방법에서 식료품의 전통적인 특성을 강조한다.[80) 그러한 예로는 이태리 치즈에 대해서는 Mozzarella 및 핀란드 맥주에 대해서는 Sahti를 포함한다. 식료품에 대해서는 700개를 초과하는 지리적 표시가 유럽체계 하에 등록되어 있다. 일단 등록되면, 보호되는 명칭은 보통명칭이 되지 아니한다.[81)

유럽공동체규칙 No.510/2006 제13조에 따르면, 상품의 출처가 풍(style), 유형(type) 또는 방법(method)과 같이 단어에 의하여 표시되거나 단어에 수반하더라도 그 명칭의 사용으로부터 등록된 명칭을 보호한다. 등록된 지리적 표시는 원산지 이외의 식품이 그 명칭

79) Council Regulation(EC) No 510/2006 of 20 March 2006; Commission Regulation(EC) No 1898/2006 of 14 December 2006(유럽공동체 이사회규정을 이행하기 위한 상세한 규칙을 담고 있음).

80) Council Regulation(EC) No 509/2006 of 20 March 2006(보증된 전통특산품으로서 농산품과 식품에 대해 규정함).

81) Article 13(2) of Council Regulation(EC) No 510/2006 of 20 March 2006. 이미 보통명칭으로 된 용어는 등록받을 수 없다(동 규칙 제13조 제1항).

을 사용하는 것을 금지할 뿐만 아니라 등록 시 기재된 상품 또는 유
통의 기준을 충족하지 아니하는 지역의 상품에 그 명칭을 사용하는
것을 금지한다.[82] 등록된 명칭은 또한 상품의 출처 또는 품질에 관
해 허위 기재 또는 혼동하게 하는 기재 또는 상품의 진정한 출처에
관해 대중을 오인하게 하는 데 책임이 있는 관행에 대해 보호된다.
이것은 지리적 표시 증명표장 체계를 가진 미국의 법제에 따른 보
호에 상응하는 것이다.

유럽연합의 지리적 표시 체계에 따른 지리적 표시의 집행의 한
예로 2003년 유럽사법재판소에 의하여 판단된 Parma Ham 사건을
들 수 있다.[83] 햄에 사용되는 Prosciutto di Parma는 유럽연합 지리
적 표시 체계에 따라 보호되는 원산지명칭(Protected Designation of
Origin)으로서 이태리 생산업자의 조합에 의해 등록되었다. PDO의
상세한 내용 중 하나는 그 조합의 대표들이 참석한 가운데 이태리
Parma 지역에서 얇게 썰고 포장하여야 할 것을 요건으로 하였다.
Parma 조합은 영국에 소재하는 슈퍼마켓체인점인 Asada Stores가
포장된 절편으로 되어 있는 햄에 Parma 표지를 붙여 판매하였기 때
문에 Parma PDO를 위반하였다고 주장하였다. 그 햄은 뼈를 발라냈
으나 얇게 썰지는 않은 진짜 Parma햄을 구매한 Hygrade에 의해 영
국에서 절편하여 포장되었다. 그 조합은 Asada Stores가 판매한 햄이
파마 조합의 감독하에 파마에서 절편되어 포장되지 아니하였기 때문
에 진품이 아니어서 PDO를 침해하였다고 주장하였다. 그 조합은 절
편이 생산지에서만 가능한 특별한 지식을 요구하고 이것이 파마 햄
의 품질을 보증하는 유일한 방법이었다고 주장하였다. 영국의회는
이 쟁점을 유럽사법재판소로 회부하였다. 유럽사법재판소는 파마 조

82) Evans and Blakeney, The Protection of Geographic Indications after
    Doha: Quo Vadis?, 9 J. Int'l. Econ. 575, 586(2006).
83) Case C-108/01, Consorzio de Prosciutto di Parma & Salumifico S. Rita
    SpA v. Asda Stores Ltd. & Hygrade Foods Ltd., 2 C.M.L.R. 21(2003).

합의 승소판결을 선고하였다. 유럽사법재판소는 유럽연합 지리적 표시 규칙은 이태리가 파마 지역에서 일어난 절편과 포장을 PDO의 이용을 위한 조건을 내거는 것을 막지 못한다고 판시하였다.[84]

Feta Cheese 사건에서 치즈에 대한 PDO로서 Feta라는 지명을 그리스가 등록한 행위를 독일과 덴마크가 보통명칭이라는 이유로 이의를 제기하였다. 이 사건은 2005년 유럽사법재판소로 회부되었다. 유럽사법재판소는 그리스에서 보호되는 지리적 표시인 'Feta'란 지명의 유효성을 지지하면서 치즈의 유형에 사용되는 보통명칭이 아니라고 판시하였다.[85] 따라서 Feta란 용어는 PDO에서 정의된 방식으로 제조된 그리스의 치즈에만 사용될 수 있었다. 그 이름은 덴마크와 독일에서 제조된 치즈에 대한 명칭으로서는 계속 사용될 수 없었다.

미국과 호주는 세계무역기구에 유럽연합의 지리적 표시 법제에 대해 유럽법제가 미국과 비유럽연합국가를 차별한다고 주장하면서 문제를 제기하였다. 유럽연합의 규칙에 따르면, 유럽연합의 지리적 표시체계와 유사한 법제를 제공하는 국가에서 제조된 상품만이 유럽연합 법제에 따른 보호를 받을 수 있었다. 2005년에 세계무역기구 분쟁해결부는 미국의 이의를 지지하면서 미국 회사들이 유럽연합의 생산업자와 동일한 유럽연합 체계를 사용할 수 있어야 한다고

---

84) Britton H. Seal, Classic Protectionsim: Thin Ham Provides Thick Protection for Member State Domestic Goods at the Expense of the European Common Market, 12 Tulane J. Int'l. & Comp. L. 545, 563 (2004).

85) Germany & Denmark v. Commission of the European Communities, Cases C-465/02 and C-466/02, Grand Chamber of the ECJ (October 25, 2005), available at http://curia.europa.eu/(방문일자: 2016년 8월 28일); Germany v. Commission of the European Communities(C465/02), 2005 WL 2778558, [2005] E.C.R. 9115, [2006] E.T.M.R. 16, Celex No. 602J465 (ECJ 2005).

판시하였다.[86] 더욱이 세계무역기구 분쟁해결부는 유사한 기존의 상표와 지리적 표시가 공존하는 것을 허용하는 유럽연합 규칙이 TRIPs 제16.1조에 의하여 보장된 상표권자의 권리에 부합하지는 않지만 동 협정 제17조에 의해 정당화된다고 판시하였다.[87] TRIPs 제17조는 상표에 의해 부여된 권리에 대한 제한된 예외를 허용하고 있다.[88] 미국과 유럽연합 양자는 WTO 결정에 대해 서로 승리를 주장하였다.[89] 그 결정에 대응하여 2006년 유럽연합은 그 규칙을 개정하였다.[90]

유럽연합은 포도주와 증류주에 대해서만 확대된 보호 및 배타성을 부여하는 TRIPs를 모든 상품에 대한 지리적 표시로 확대적용하기 위하여 개정할 것을 제안하였다.[91] 2003년에 미국 연방특허상표청(PTO)과 미국 농산품과 식품 관련 단체는 미국에서 보통명칭으로 널리 사용되는 지리적 식품명이 지리적 표시로 분류되어 자유롭게 사용할 수 없게 된다고 선언하면서 유럽연합이 제시한 제안에 대한 반대목소리를 내었다. 이것은 쉐리 포도주(sherry wine), 파마산 치즈(parmesan cheese), 페타 치즈(feta cheese) 및 볼로냐 고기(bologna meat) 등과 같은 단어를 포함한다. 유럽연합의 생산업자들은 미국에서 보통명칭으로 되어 버린 지리적 표시를 서서히 되찾기를 원한다.[92] 상표와 후원의 지리적 표시 사이의 관계는 국제회의 및 국제

---

86) WTO, European Communities Protection of Trademarks and Geographical Indications for Agricultural Products and Foodstuffs, DS 174 and DS 290(March 15, 2005), available at www.wto.org(2005 WL 704421)(방문일자: 2016년 8월 25일).

87) WTO 2005 Panel Decision at ¶ 7,687.

88) WTO 2005 Panel Decision at ¶ 7,658 to 7,659.

89) 69 BNA PTC Journal 516(March 18, 2005).

90) Council Regulation(EC) No. 510/2006 of 20 March 2006.

91) Kur & Cocks, supra note 74, at 1010.

92) Burkhart Goebel, Geographical Indications and Trademarks: The Road

적 논의의 주제이었다. 미국에서는 상표와 지리적 표시 모두 판례법과 등록상표 체계 내에 있기 때문에 선원 여부 및 혼동가능성 여부라는 친숙한 개념에 의해 분쟁은 해결된다. 하지만 유럽연합처럼 지리적 표시가 상표체계 밖에서 보호되는 경우에는 여러 가능한 선원에 관한 규칙이 존재한다. 선원주의에 따라 선출원된 상표는 후원의 지리적 표시에 대해 우선하거나 양자가 공존하는 것이 허용될 수 있다. 이것은 전술한 2005년의 세계무역기구 분쟁해결부 결정의 주제이었다.93) 물론 공존은 소비자의 혼동을 초래하거나 지리적 표시가 우선하고 저촉되는 상표권이 무효로 될 것이다.94)

---

from Doha, 93 Trademark 74 Rptr. 964(2003).

93) WTO, European Communities Protection of Trademarks and Geographical Indications for Agricultural Products and Foodstuffs, DS 174 and DS 290(March 15, 2005), available at 2005 WL 704421.

94) Council Regulation No. 692/2003.

제 4 절   일본의 지명상표 제도

Ⅰ. 지명상표의 의의

일본 상표법 제3조는 다음과 같이 규정하고 있다.

> 제3조(상표등록의 요건)   ① 자기의 업무에 관한 상품 또는 역무에 대하여 사용하는 상표에 대해서는 다음에 열거된 상표를 제외하고는 상표등록을 받을 수 있다.
>
> 1. 그 상품 또는 용역의 보통 명칭을 보통으로 사용되는 방법으로 표시하는 표장만으로 된 상표
>
> 2. 그 상품 또는 용역에 대해 관용되고 있는 상표
>
> 3. 상품과 관련해서는 그 상품의 산지, 판매지, 품질, 원재료, 효능, 용도, 형상(포장의 형상을 포함한다. 제26조 제1항 제2호 및 제3호에서도 같다), 생산 또는 사용의 방법 또는 그 시기 그 밖의 특징, 수량 또는 가격 또는 용역과 관련해서는 그 제공장소, 품질, 제공용으로 제공된 물건, 효능, 용도, 태양, 제공방법 또는 제공시기 그 밖의 특징, 수량 또는 가격을 보통으로 사용하는 방법으로 표시한 표장만으로 된 상표
>
> 4. 평범한 성 또는 명칭을 보통으로 사용되는 방법으로 표시하는 표장만으로 된 상표
>
> 5. 매우 간단하며 흔한 표장만으로 된 상표
>
> 6. 제1호 내지 제4호에 열거된 것 이외에 수요자가 특정인의 업무에 관련된 상품 또는 용역이라고 인식할 수 없는 상표
>
> ② 제1항 제3호 내지 제5호에 해당하는 상표일지라도 사용한 결과

> 수요자가 특정인의 업무에 관련된 상품 또는 용역임을 인식할 수 있
> 는 것에 대해서는 제1항의 규정에도 불구하고 상표등록을 받을 수
> 있다.

지명상표가 일본 상표법 제3조 제1항에 해당하는 경우에는 자타
상품식별력이 없어 등록이 불가하다. 하지만, 일본 상표법 제3조 제
2항에 의거하여 지명상표가 사용에 의한 식별력을 취득하는 것이
가능하다. 일본 상표법 제3조 제1항에서는 우리 상표법 제33조 제1
항 제4호의 '현저한 지리적 명칭'에 상응하는 조문은 찾을 수 없다.
그리고 지역단체표장에 대해서는 일본 상표법 제7조의2에 별도의
규정을 두고 있다.

II. 지역단체상표

〈요약〉

1. 지역단체상표의 등록 요건(일본 상표법 제7조의2)

(주체 요건) 사업협동조합 등의 특별법에 의하여 설립된 조합 등 법인
만 가능

(상표구성 요건) (i) 지역의 명칭 및 자기 또는 그 구성원의 업무에 관련
된 상품 또는 서비스의 보통명칭을 보통으로 사용하는 방법으로 표
시하는 문자만으로 된 상표

(ii) 지역의 명칭 및 자기 또는 그 구성원의 업무에 관련된 상품 또는
서비스를 표시하는 것으로서 관용명칭을 보통으로 사용하는 방
법으로 표시하는 문자만으로 된 상표

(iii) 지역의 명칭 및 자기 또는 그 구성원의 업무에 관련된 상품 또는
서비스의 보통명칭 또는 이들을 표시하는 것으로서 관용명칭을

보통으로 사용하는 방법으로 표시하는 문자 또는 제품의 산지
또는 서비스의 제공위치를 표시할 때 첨부하는 문자로 관용되는
문자로서 보통으로 사용되는 방법으로 표시하는 것만으로 된 상
표 중 하나
(밀접관련성 요건) 생산 또는 제공되는 상품 및 서비스업이 당해 지역
과 자연적, 역사적, 풍토적, 문화적, 사회적 관련성이 있음을 증명
(주지성 요건) 자기 또는 그 구성원의 업무에 관련되는 상품 또는 서비
스를 표시하는 것으로서 수요자 사이에 널리 인식되어야 함
(사용자 요건) 지역단체상표의 상표등록을 받은 자가 그 구성원에게
등록지역단체상표를 사용케 하지 않는 것을 전제로 할 때는 지역단
체상표에 관한 상표등록을 받을 수 없음

2. 등록효과 및 효력 제한

(등록의 효력) 지정상품·서비스업에 대하여 권리자에게 사용금지, 손
해배상 등 독점배타권 부여 (등록일로부터 10년 존속, 갱신가능)
(효력제한) 출원일 전부터 부정경쟁 목적이 없이 계속하여 사용하고
있는 상표는 수요자에게 알려졌는지 여부와 관계없이 계속적 사용
권 인정

등록 후 이의신청·취소·무효

(이의신청) 등록요건을 충족하지 못한 경우, 등록 공고일로부터 2월 내
에 누구나 신청 가능
(취소심판) 3년 이상 불사용, 상표권자·통상사용권자 등이 출처 혼
동·품질오인을 유발한 경우, 기간 제한 없이 누구나 청구 가능
(무효심판) 등록요건 미충족 또는 등록 후 무효사유가 발생된 경우, 기
간 제한 없이 이해관계인에 한하여 청구 가능

1. 도입 배경

지역의 산품, 제품 등의 경쟁력 강화 및 지역활성화, 소비자보호 등의 관점에서 농림수산물 등의 지역 브랜드를 보호하는 제도로서 지역명과 상품명으로 된 상표(지명이 들어간 상표)에 대하여 통상의 상표 및 단체상표 이외에 새롭게 도입된 것으로서 지역단체상표제도를 만들었다. 즉, 일본은 지리적 표시에 대한 적극적 보호제도(등록에 의한 보호)는 없었으나, 2005년 일본 상표법 개정으로 지역단체 상표제도를 도입하여 지리적 표시를 보호하고 있다. 지역명은 산지 표시에 해당되어 등록될 수 없음에 따라(우리나라와 동일한 실정이었음), 지역의 경제가치 있는 특산품은 보호될 수 없었고, 지자체의 요구에 따라 지역 특산품 등을 보호할 수 있는 상표법 개정이 필요하여 2005년 일본 상표법을 개정한 것이다.

2. 지역단체상표의 특징

지명 즉 지리적 명칭에 독점권을 부여하는 것이므로 수요자에게 널리 알려져 있어야 지역단체상표로 등록받을 수 있고, 동 권리는 양도 및 이전이 엄격하게 제한된다.

3. 지역단체표장의 등록요건

(1) 의   의

2005년 개정에 의해 지역의 명칭 또는 상품 또는 서비스의 명칭 등으로 구성된 상표에 대하여 일정한 등록요건을 충족하면 지역단체상표로서 등록을 인정하게 되었다.[95]

---

95) 小野昌延/三山峻司, 新商標法槪說, 第2版, 靑林書院, 2014, 178頁.

지역단체상표의 등록요건(일본 상표법 제7조의2)은 아래와 같다. 이 요건을 충족하여 출원한 지역단체상표에 대해서는 상품의 산지, 서비스의 제공장소 등을 보통으로 사용하는 방법으로 표시한 상표인 것 등을 이유로 해서는 등록을 거절할 수 없다(일본 상표법 제3조 제1항 제3호 내지 제6호). 그 밖의 일반적인 등록요건을 충족하는 것이 필요하다(일본 상표법 제3조 제1항 제1호, 제2호, 제4조 제1항 제10호, 제16호).

(2) 등록요건

1) 출원인은 '사업협동조합 그 밖에 특별한 법률에 의해 설립된 조합 또는 이에 상당하는 외국의 법인'인 경우

사업협동조합 이외에 농업협동조합, 어업협동조합, 수산가공업협동조합, 삼림조합, 주조조합(酒造組合), 주류판매조합(酒販組合), 상공조합, 상점가진흥조합(商店街振興組合) 등이 있다. 출원인이 될 수 있는 조합은 법인격을 가지고 설립의 근거로 된 법률에 의하여 정당한 이유가 없이 구성원의 자격을 가진 자의 가입을 거부하거나 그 가입에 대하여 현재의 구성원이 가입이 가입 당시에 붙였다면 곤란한 조건을 붙이지 않겠다는 취지를 정하고 있는 조합에 한한다(일본 상표법 제7조의2 제1항). 해당 지역의 사용을 원하는 자에게는 구성원이 되어 사용할 수 있을 정도로 가입의 자유도가 있는 단체이어야 한다.[96]

따라서 출원인은 출원 시에 전술한 조합에 해당한다는 것을 증명하는 서면 등(등기사항증명서 등)을 일본 특허청 장관에게 제출하여야 한다(일본 상표법 제7조의2 제4항).

---

96) 上揭書, 178頁.

　2) 조합 등의 '구성원이 사용하게 할 상표'일 것

　조합 등이 그 구성원에게 사용하게 할 상표이어야 한다(일본 상표법 제7조의2 제1항 제3조 제1항). 조합 등은 구성원에게 조합등이 정한 조건하에 사용하게 할 수 있다. 일본 상표심사기준은 "4. 지역단체상표의 상표등록을 받은 상표가 단체의 구성원에 의해 사용되어 있는 경우에 대하여 그 상표가 '그 구성원이 사용하게 할 상표'인지 여부를 판단할 때는 그 구성원에 의한 상표의 사용이 단체의 관리하에 행해지고 있는지 여부를 고려한다."라고 기술하고 있다.

　3) 상표가 사용된 결과 자기 또는 그 구성원의 업무에 관한 상품 또는 서비스를 표시하는 것으로서 수요자 사이에 널리 인식되어 있을 것

　특정지역에 널리 알려져 있을 것을 요구하는 주지성이 필요하다. 전국적으로 널리 알려져 있을 것을 요구하는 저명성까지 필요로 하지는 아니한다. 구성원의 업무와 결부되어 있는 것으로도 충분하다는 점에서 일본 상표법 제3조 제2항에 의해서도 등록이 인정되는 범위는 확대되었지만 해당 상표와 특정의 단체 또는 그 구성원의 업무에 관한 상품 내지 용역과 결부된 것이 수요자 사이에 널리 인식되어 있을 것이라는 요건까지 완화된 것은 아니다. 예컨대 지정용역이 '후쿠시마 현 기타카타 시(喜多方市)에서 라면의 제공'인 사건에서 출원상표의 '기타카타 라면'의 주지성 요건을 충족되지 않았다고 판시한 사례가 있다.[97]

　4) 상표가 지역명칭 및 상품 또는 서비스의 명칭 등 다음 각 호 중 어느 하나에 해당하여 구성되어 있을 것
　(i) 지역의 명칭 및 자기 또는 그 구성원의 업무에 관련된 상품 또

---

97) 日本 知裁高判 平成22年11月15日 判時2111号 100頁(기타카타 라면 사건).

는 용역의 보통명칭을 보통으로 사용되는 방법으로 표시하는 문자만으로 된 상표, (ii) 지역의 명칭 및 자기 또는 그 구성원의 업무에 관련된 상품 또는 용역을 표시하는 것으로서 관용되는 명칭을 보통으로 사용되는 방법으로 표시하는 문자만으로 된 상표, (iii) 지역의 명칭 및 자기 또는 그 구성원의 업무에 관련된 상품 또는 용역의 보통명칭 또는 이것을 표시하는 관용명칭을 보통으로 사용하는 방법으로 표시하는 문자 및 제품의 산지 또는 용역의 제공장소를 표시할 때 첨부되는 문자로서 관용되는 문자로서 보통으로 사용하는 방법으로 표시하는 것만으로 된 상표에 대해서는 지역명칭상표를 등록받을 수 있다(일본 상표법 제7조의2 제1항).

  5) 지역명칭이 상표등록 출원 전부터 해당 상품 · 서비스와 밀접한
    관련성을 가지고 있을 것
  지역명칭이라 함은 자기 또는 그 구성원이 상표등록출원 전부터 해당 출원에 관하여 상표를 사용하고 있는 상품의 산지 또는 용역의 제공의 장소 그 밖에 이에 준하는 정도로 해당 상품 또는 서비스와 밀접한 관련성을 가진 것으로 인식되어 있는 지역의 명칭 또는 그 약칭을 말한다(일본 상표법 제7조의2 제2항). 일본 상표심사기준 [개정 제10판 제7(제7조의2)의 三]에서 다음과 같이 설명하고 있다.

"1. 본항의 규정을 적용함에 있어 본 조 제4항의 규정에 의하여 제출된 '출원에 관한 상표가 본 항에 규정한 지역의 명칭을 포함하고 있다는 사실을 증명하기 위하여 필요한 서류'에 의해 상품 또는 용역의 종류, 수요자층, 거래실정 등의 개별사정을 감안하여 상표 중에 그 지역의 명칭을 사용하는 것이 상당하다고 인정되는지 여부를 판단한다.
2. 본 항에서 말하는 '상품의 산지'라 함은 예컨대 다음과 같은 지역을 말한다.

(1) 농산지에 대해서는 해당 상품이 생산된 지역

(2) 해산물에 대해서는 해당 상품이 양식 또는 어획된 지역

(3) 공예품에 대해서는 해당 상품의 주요한 생산공정이 행해진 지역

3. 본 항에서 말하는 '용역제공의 장소'라 함은 예컨대 다음과 같은 지역을 말한다.

(1) 온천에 관한 입욕시설의 제공에 대하여 온천이 존재하는 지역

4. 본 항에서 말하는 '이에 준하는 정도로 해당 상품 또는 해당 용역과 밀접한 관련성을 가지는 것으로 인식되어 있는 지역'이라 함은 예컨대 다음과 같은 것이 해당한다.

(1) 원재료의 산지가 중요성을 가지는 가공품에 대하여

원재료의 산지가 중요성을 가지는 가공품에 대해서는 그 가공품의 주요원재료가 생산 등이 이루어진 지역이 본 항에 해당하고 예컨대 다음과 같은 예가 존재한다.

① '메밀면'에 대해서는 원재료인 메밀의 산지

② '벼루'에 대해서는 원재료인 돌의 산지

(2) 제조방법의 유래지가 중요성을 가지는 공예품에 대해서

제조방법의 유래지가 중요성을 가지는 공예품에 대해서는 해당상품의 중요한 제조방법이 발상하여 유래한 지역이 본 항에 해당하고 예컨대 다음과 같은 것이 있다.

① '직물'에 대하여 전통적 제조방법의 유래지

5. (1) 출원상표가 본 항에 규정한 '지역명칭을 포함하는 것을 증명하기 위하여 필요한 서류'에 의해 예컨대 다음과 같은 사실이 확인될 수 있는 때에는 본 항에서 말하는 '지역명칭'으로 취급한다.

① 지역명칭이 해당 상품의 산지인 경우

a. 출원인 또는 그 구성원이 해당 상품을 그 지역에서 생산하고 있는 경우

b. 출원인 또는 그 구성원이 출원상표를 해당 상품에 대하여 사용하고 있는 경우

② 지역명칭이 해당 용역의 제공장소인 경우

    a. 출원인 또는 그 구성원이 해당 용역을 그 지역에서 제공하고 있는 경우

    b. 출원인 또는 그 구성원이 출원상표를 해당 용역에 대하여 사용하고 있는 경우

③ 지역명칭이 해당 상품의 주요한 원재료의 산지인 경우

    a. 예컨대 해당 상품을 생산하기 위하여 불가결한 원재료와 상품전체의 대부분을 점하는 원재료로 구성된 해당 상품이 주요한 원재료의 산지에 주목하여 거래되고 있는 상품인 경우

    b. 출원인 또는 그 구성원이 그 지역에서 생산된 그 주요 원재료를 사용한 해당 상품을 생산하고 있는 경우

    c. 출원인 또는 그 구성원이 출원상표를 해당 상품에 대하여 사용하고 있는 경우

④ 지역명칭이 해당 상품의 제조방법 유래지인 경우

    a. 출원인 또는 그 구성원이 그 지역에서 유래한 제조방법으로 해당 상품을 생산하고 있는 경우

    b. 출원인 또는 그 구성원이 출원상표를 해당 상품에 대하여 사용하고 있는 경우

(2) 전술한 (1)의 사실은 예컨대 다음과 같은 증거방법에 의한다.

  ① 신문, 잡지, 서적 등의 기사

  ② 공적 기관 등의 증명서

  ③ 팜플렛, 카탈로그, 내부규칙

  ④ 납입전표, 주문전표 등의 각종 전표류"

4. 지역단체상표의 상표권 양도제한

지역단체상표에 관한 상표권은 상병 그 밖의 일반승계에 의한 이전을 제외하고는 양도할 수 없다(일본 상표법 제7조의2, 제24조의2 제4항). 이것은 지역단체상표의 등록요건을 정한 취지를 양도에 의해 손상하지 않기 위해서이다.[98]

5. 지역단체상표의 상표권에 대한 전용실시권 설정 금지

지역단체상표에 대한 상표권에는 전용실시권을 설정할 수 없다(일본 상표법 제30조).

6. 단체구성원 등의 권리

지역단체상표에 관한 상표권을 가진 조합 등의 구성원 (이하 "지역단체 구성원"이라 한다)은 해당 법인 또는 해당 조합 등이 정하는 바에 따라 지정 상품 또는 지정 용역에 단체상표 또는 지역단체상표에 관한 등록상표를 사용할 권리를 가진다. 그러나 그 상표권(단체상표에 관한 상표권에 한한다)에 대하여 전용사용권이 설정된 때에는 전용사용권자가 그 등록상표를 사용할 권리를 독점하는 범위에 대해서는 그러하지 아니하다(일본 상표법 제31조의2 제1호). 지역단체상표권에 대하여 가지는 지역단체 구성원의 사용권은 이전할 수 없다(일본 상표법 제31조의2 제2호). 지역단체구성원은 상표권의 이전에 관련된 혼동방지표시청구(일본 상표법 제24조의4), 타인의 특허권 등과의 관계(일본 상표법 제29조), 상표등록취소심판(일본 상표법 제50조, 제52조의2, 제53조) 및 등록상표와 유사한 상표 등에 대한 특

---

98) 上揭書, 371頁.

칙(일본 상표법 제70조)의 규정의 적용에 대해서는 통상사용권자로
본다(일본 상표법 제31조의2 제3호), (i) 동일 또는 유사한 지정상품 또
는 지정용역에 사용하는 동일 또는 유사한 상표의 둘 이상의 상표
등록 중 그 하나를 무효로 한 경우의 원상표권자, (ii) 상표등록을 무
효로 하고 동일 또는 유사한 지정상품 또는 지정용역에 사용하는
동일 또는 유사한 상표에 대하여 정당한 권리자에게 상표등록을 한
경우의 원상표권자 중 어느 하나에 해당하는 자가 상표등록무효심
판 청구시 등록시점에 실제로 무효로 된 등록상표권에 대한 전용사
용권자, 통상사용권자 또는 그 상표를 사용할 권리를 갖는 지역단
체 구성원은 심판청구의 등록 전에 상표등록이 동항 각 호의 어느
하나에 해당하는 것을 모르고 일본 국내에서 지정상품 또는 지정용
역 또는 이와 유사한 상품 또는 용역에 해당 등록상표 또는 이와 유
사한 상표를 사용하고 그 상표가 자기의 업무에 관련된 상품 또는
용역을 표시하는 것으로서 수요자 사이에 널리 인식되어 있는 때에
는 그 자는 계속해서 그 상품 또는 용역에 그 상표를 사용하는 경우
에는 그 상품 또는 용역에 대하여 그 상표를 사용할 권리를 가진다.
해당 업무를 승계한 자에 대해서도 같다(일본 상표법 제33조 제1항 제
3호, 제31조의2 제4호)

7. 선사용에 의하여 상표를 사용할 권리

타인의 지역단체상표의 상표등록출원 전에 일본 국내에서 부정
경쟁의 목적이 아니라 그 상표등록출원에 관한 지정상품 또는 지정
용역 또는 이와 유사한 상품 또는 용역에 그 상표 또는 이와 유사한
상표를 사용하고 있던 사람은 계속해서 그 상품 또는 용역에 그 상
표의 사용을 하는 경우에는 그 상품 또는 용역에 대하여 그 상표를
사용할 권리를 가진다. 해당 업무를 승계한 자에 대해서도 같다(일
본 상표법 제32조의2 제1항).

8. 방호표장등록

지역단체상표에 관한 상표권자는 제품에 관한 등록상표가 자기 또는 그 구성원의 업무에 관련된 지정상품을 표시하는 것으로서 수요자 사이에 널리 인식되어 있는 경우에 그 등록상표에 관한 지정상품 및 이와 유사한 상품 이외의 상품 또는 지정상품과 유사한 용역 이외의 용역에 대하여 타인이 등록상표를 사용함으로써 그 상품 또는 용역과 자기 또는 그 구성원의 업무에 관련된 지정상품과 혼동을 일으킬 우려가 있는 때에는 그 우려가 있는 상품 또는 용역에 대하여 그 등록상표와 동일한 표장에 대한 방호표장등록을 받을 수 있다(일본 상표법 제64조 제1항 및 제3항).

9. 절 차

(1) 지역단체상표 등록출원단계
1) 출원서
지역단체상표의 상표등록을 받으려는 경우에는 지역단체상표 등록출원(일본 상표법 시행규칙 제2조 제3항, 양식 3의2)의 출원서를 특허청 장관에게 제출하고 지역단체상표를 받을 조합 등이라는 것을 증명하는 서면과 상표가 '지역의 명칭'(일본 상표법 제7조의2 제2항)을 포함한다는 것을 증명하기 위하여 필요한 서류를 첨부하여야 한다(일본 상표법 제7조의2 제1항 및 제4항). 지역단체상표로 취급하는 것이 불가한 경우에는 거절결정을 하게 된다(일본 상표법 제7조의2, 제15조).

2) 출원의 변경
단체상표의 상표등록출원은 통상의 상표등록출원 또는 지역단체상표의 상표등록출원으로 변경하는 것이 가능하다(일본 상표법 제11조 제1항). 마찬가지로 지역단체상표의 상표등록출원을 통상의 상표등록출원 또는 단체상표의 상표등록출원으로 변경하고(일본 상표법 제11조 제2항), 통상의 상표등록출원을 단체상표의상표등록출원 또는 지역단체상표의 상표등록출원으로 변경하는 것도 가능하다(일본 상표법 제11조 제3항).

지역단체상표 등록출원과 통상의 상표등록출원 또는 단체상표 등록출원 사이에 있어 출원의 변경이 되어도 실질적으로는 동일성이 유지되어 있다는 측면에서 보면 일종의 보정에 지나지 않는다. 하지만 일본 상표법은 출원변경 시점에 구출원과 교환되었다는 의미에서 변경출원을 새로운 출원으로 보아 상표등록출원의 변경이 있는 때에는 원래의 상표등록출원은 취하된 것으로 본다(일본 상표법 제11조 제5항).

(2) 상표등록무효심판

지역단체상표의 상표등록이 된 이후에 그 상표권자가 조합 등에 해당하지 않게 된 때 또는 그 등록상표가 상표권자 또는 그 구성원의 업무에 관련된 상품 또는 용역을 표시하는 것으로서 수요자 사이에 널리 인식되어 있는 것 또는 지역단체상표의 등록요건(제7조의2 제1항 각 호)에 해당하는 것이 아닌 경우에는 상표등록무효심판을 청구할 수 있다(일본 상표법 제46조 제1항 제7호).

제 4 장

우리나라 농수산물품질관리법상
지리적 표시의 보호

제1절 __ 의 의

제2절 __ 현 황

제3절 __ 실체적 등록요건

제4절 __ 거절사유

제5절 __ 이의신청

제6절 __ 지리적 표시권

제7절 __ 무효심판

제8절 __ 취소심판

제9절 __ 보호기간

제10절 __ 소 결

제 1 절   의 의

　농수산물품질관리법에 의한 지리적 표시의 보호는 지리적 특성
을 가진 우수농산물 및 그 가공품의 품질향상과 지역특화산업 육성
에 그 목적이 있다. 상표와 마찬가지로 등록을 통해서 가능하지만,
상표법에서는 지리적 표시가 사용되는 대상을 상품이라고 규정함
으로써 사용대상을 공산품에까지 적용할 수 있도록 하는 반면, 해
당 법에서는 농수산물이나 농수산가공품에 한정하고 있다.

　지리적 표시가 농수산물품질관리법에 의해 보호받기 위해서는
특정지역에서 지리적 특성을 가진 농수산물 또는 농수산가공품을
생산하거나 제조·가공하는 자로 구성된 법인이 농림축산식품부장
관 또는 해양수산부장관이 정한 등록제도에 따라 등록과정을 거쳐
야 한다(동법 제32조).

민원인이 제출해야 하는 서류(농수산물 품질관리법 시행규칙 제56조)

　1. 정관(법인인 경우)
　2. 생산계획서(법인의 경우 각 구성원별 생산계획 포함)
　3. 대상품목·명칭 및 품질의 특성에 관한 설명서
　4. 유명특산품임을 증명할 수 있는 자료
　5. 품질의 특성과 지리적 요인과의 관계에 관한 설명서
　6. 지리적 표시 대상지역의 범위
　7. 자체품질기준
　8. 품질관리계획서

제2절 현 황

지리적 표시 등록제는 1999년 7월 도입되어 2002년 1월 보성녹차가 제1호로 등록을 했다. 제주한라봉은 2014년 2월 제주특별자치도 한라봉연합회가 지리적 표시 등록을 신청해 지리적표시 등록심의 분과위원회의 심의를 거쳐 2015년 7월 8일 최종 등록이 확정됐다. 제주한라봉이 농산물 지리적 표시 100호로 등록되어 제주특별자치도한라봉연합회에 참여한 546 농가가 이 지리적 표시 마크를 부착할 수 있게 되었다.[1] 그리고 2016년 4월 7일 현재, '고흥 굴'이 국립수산물품질관리원의 지리적 표시 등록심의를 거쳐 수산물 지리적 표시 제22호로 등록되었다.[2]

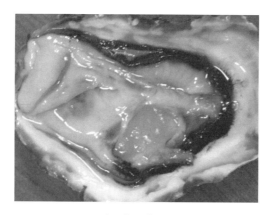

[그림] 고흥 굴

---

1) http://news1.kr/articles/?2318634(방문일자: 2016년 9월 12일).
2) http://blog.naver.com/PostView.nhn?blogId=ipmns&logNo=220366 341830(방문일자: 2016년 9월 12일).

제 **3** 절　실체적 등록요건

I. 주체의 요건

지리적 표시의 등록은 특정지역에서 지리적 특성을 가진 농수산물 또는 농수산가공품을 생산하거나 제조·가공하는 자로 구성된 법인만 신청할 수 있다. 다만, 지리적 특성을 가진 농수산물 또는 농수산가공품의 생산자 또는 가공업자가 1인인 경우에는 법인이 아니라도 등록신청을 할 수 있다(농수산물품질관리법 제32조 제2항).

II. 해당품목의 품질 특성 요건

농림축산식품부 고시 제2015-31호(2015.5.22, 일부개정) 별지서식

농산물의 지리적 표시 등록 및 공고요령

나. 등록 대상품목의 품질 특성
　1) 농산물
　　가) 등록 대상품목의 생산지역
　　나) 지리적 표시 대상지역에서 생산되는 등록 대상품목이 다른 지역에서 생산되는 동일 품목과의 차별되는 지리적 특징
　2) 농산 가공품
　　가) 주원료의 생산지역과 주원료를 가공하여 등록 대상품목을 생산하는 지역

> 나) 지리적 표시 대상지역에서 생산·가공되는 등록 대상품목이
> 다른 지역에서 생산·가공되는 동일 품목과의 차별되는 지리
> 적 특성
> 다) 여러 가지 원료가 혼합·가공되는 경우 주원료의 생산기준
> 등을 자체품질관리기준에 명시
> 다. 등록 명칭: 다음과 같이 지명과 등록 품목명을 결합한 형태로 구성
> 1) 지리적 특성 및 어떤 이름으로 명성을 유지하고 있는가를 감안
> 하여 실질적으로 보호가 필요한 지명을 포함한 명칭을 사용(불필
> 요한 수식어는 사용 불가)
> 2) 등록 명칭은 한글과 영문으로 명기. 이 경우 영문명은 문화체육
> 관광부장관이 정하는 「국어의 로마자 표기법」에 따라 표시하고,
> 필요한 경우 괄호 안에 품목명을 영문으로 번역하여 표시

Ⅲ. 해당 품목의 품질 특성과 특정지역과의 밀접연관성 요건

농수산물품질관리법 제2조 제8호에서는 지리적 표시를 "농수산물 또는 제13호에 따른 농수산가공품의 명성·품질, 그 밖의 특징이 본질적으로 특정 지역의 지리적 특성에 기인하는 경우 해당 농수산물 또는 농수산가공품이 그 특정 지역에서 생산·제조 및 가공되었음을 나타내는 표시를 말한다."라고 규정하고 있다. 그리고 농수산물 품질관리법 시행령 제14조 제3항에서 '품질, 그 밖의 특징과 지리적 요인의 관계'를 공고결정에 포함할 사항으로 둔 것에서도 이 요인이 지리적 표시 등록의 요건임을 알 수 있다. 그리고 농수산물 품질관리법 시행령 제15조 제4호에서는 "해당 품목의 명성·품질 또는 그 밖의 특성이 본질적으로 특정지역의 생산환경적 요인이나 인적 요인에 기인하지 않는 경우"를 등록거절사유로 들고 있다.

> **농림축산식품부 고시 제2015-31호(2015.5. 22, 일부개정) 별지서식**
>
> 가. 해당 품목의 명성·품질 특성이 다음과 같은 지리적 및 인적 요인
> 으로 인해 다른 지역에 비해 독특한 특성이 있다는 사실에 대한 설명
> > 1) 제품 품질에 영향을 미치는 지형·토양 특성
> > 2) 제품 품질에 영향을 미치는 생육단계별 기후(기온, 강수량, 일조
> > 량 등)
> > 3) 품질기준 중 제품 품질과 직접 관련되는 전통적 가공방법 등 재
> > 배·사육·제조 특성
> > 4) 기타 지리적 요인과의 인과관계 자료 등
> 나. 해당 품목에 직접적인 영향을 미치는 지리적 및 인적 요인과 해당
> 품목 특성과의 인과관계에 대한 구체적인 설명

인삼류는 농수산물 품질관리법상 명성·품질 등이 본질적으로 국내 특정 지역의 지리적 특성에 기인하는 농산물로는 취급되지 않고 있다. 이러한 인삼류의 경우에는 「농수산물의 원산지 표시에 관한 법률」과 연관지어 고려할 경우가 발생할 것이다. 대법원 2015.4.9. 선고 2014도14191 판결은 "홍삼절편과 같은 농산물 가공품의 경우 특별한 사정이 없는 한 제조·가공한 지역의 명칭을 제품명에 사용하는 것도 법령상 허용되고 있다. 여기에다 인삼류는 농산물 품질관리법에서 명성·품질 등이 본질적으로 국내 특정 지역의 지리적 특성에 기인하는 농산물로는 취급되지 않고 있다는 점과 형벌법규는 문언에 따라 엄격하게 해석·적용하여야 하고 피고인에게 불리한 방향으로 확장해석하거나 유추해석하여서는 아니 된다는 점까지 더하여 보면, 국내 특정 지역의 수삼과 다른 지역의 수삼으로 만든 홍삼을 주원료로 하여 특정 지역에서 제조한 홍삼절편의 제품명이나 제조·판매자명에 특정 지역의 명칭을 사용하였다고 하더라도 이를 곧바로 '원산지를 혼동하게 할 우려가 있는 표시

를 하는 행위'라고 보기는 어렵다."라고 판시하였다.

IV. 객체 요건

농수산물 또는 농수산가공품3)에 한한다. 그리고 농수산물 품질
관리법 시행령 제15조 제1호에서는 "해당 품목이 지리적 표시 대상
지역에서만 생산된 농수산물이 아니거나 이를 주원료로 하여 해당
지역에서 가공된 품목이 아닌 경우"를 등록거절사유로 열거하고 있
다.

V. 지리적 표시 대상지역의 범위 요건(법률에 규정할 필요가 있음)

지리적 표시 대상지역은 자연환경적 및 인적 요인을 고려하여 다
음 중 어느 하나에 따라 구획하여야 한다. 다만, 「인삼산업법」에 따
른 인삼류의 경우에는 전국을 단위로 하나의 대상지역으로 한다.
(ⅰ) 해당 품목의 특성에 영향을 주는 지리적 특성이 동일한 행정
구역, 산, 강 등에 따를 것, (ⅱ) 해당 품목의 특성에 영향을 주는 지
리적 특성, 서식지 및 어획·채취의 환경이 동일한 연안해역(「연안

---

3) 농수산물 품질관리법 시행령 제2조(수산가공품의 기준) 「농수산물 품질
관리법」(이하 "법"이라 한다) 제2조 제1항 제13호 나목에 따른 수산가공품
은 다음 각 호의 어느 하나에 해당하는 제품으로 한다.
1. 수산물을 원료 또는 재료의 50퍼센트를 넘게 사용하여 가공한 제품
2. 제1호에 해당하는 제품을 원료 또는 재료의 50퍼센트를 넘게 사용하여
2차 이상 가공한 제품
3. 수산물과 그 가공품, 농산물(임산물 및 축산물을 포함한다. 이하 같다)과
그 가공품을 함께 원료·재료로 사용한 가공품인 경우에는 수산물 또는
그 가공품의 함량이 농산물 또는 그 가공품의 함량보다 많은 가공품

관리법」 제2조 제2호에 따른 연안해역을 말한다. 이하 같다)에 따를 것.
이 경우 연안해역은 위도와 경도로 구분하여야 한다(농수산물 품질
관리법 시행령).

농림축산식품부 고시 제2015-31호(2015.5.22, 일부개정) 별지서식

6. 지리적 표시 대상지역의 범위
  가. 해당 품목의 특성에 영향을 주는 지리적 요인과 품질과의 인과
     관계 설명이 가능한 지리적 명칭의 행정구역. 다만, 특성이 같고
     생산기반이 일치하며 해당 품목의 명성을 과거부터 공유하고 있
     는 경우에는 반드시 지리적 명칭과 행정구역이 일치할 필요는
     없다.
  나. 행정구역, 산 또는 강으로 대상지역 범위가 구체적으로 구획되
     어 구분된 지도 등

VI. 해당 품목 우수성의 주지 요건 및 역사성 요건(법률에 규정할 필요가 있음)

농수산물 품질관리법 시행령 제15조 제2호 및 제3호에서는 "해당
품목의 우수성이 국내나 국외에서 널리 알려지지 않은 경우" 및 "해
당 품목이 지리적 표시 대상지역에서 생산된 역사가 깊지 않은 경
우"를 등록거절사유로 규정하고 있다. 그리고 농수산물 품질관리법
시행규칙 제56조 제1항에 따르면, "유명 특산품임을 증명할 수 있는
자료"를 지리적 표시 등록신청서에 기재하여 농산물은 국립농산물
품질관리원장, 임산물은 산림청장, 수산물은 국립수산물품질관리
원장에게 각각 제출하도록 하고 있다.

농림축산식품부 고시 제2015-31호(2015. 5. 22. 일부개정) 별지서식

가. 유명성: 인지도 조사결과 등 해당 품목의 우수성이 주요 소비층이
    나 유통전문인들에게 널리 알려져 있음을 객관적으로 입증할 수 있
    는 자료
나. 역사성: 연구자료, 문헌, 언론보도 등 해당 품목의 명성이 과거로부
    터 축적되어 인지도 등으로 나타난 자료와 그 명성이 지속될 가능
    성이 있음을 나타내는 생산ㆍ판매ㆍ가격 등의 자료

VII. 자체 품질기준 요건(법률에 규정할 필요가 있음)

농림축산식품부 고시 제2015-31호(2015.5. 22, 일부개정) 별지서식

7. 자체 품질기준
지리적 표시품의 품질 특성을 유지하기 위하여 생산ㆍ유통 과정의 다
음 각 목 중 해당하는 모든 과정에 대한 구체적인 설명. 이 경우 각 과
정에 대한 기준 및 방법은 이행가능한 것이어야 한다.
    가. 종자선택: 품종명, 품종획득방법, 종자보관방법, 기타 품종특성
        등
    나. 파종 및 이식방법: 파종적기, 파종방법, 파종시기 등
    다. 재배ㆍ사육방법: 생육관리, 시비관리, 사양관리 등 단계별 관리
        방법 등
    라. 수확ㆍ도축방법: 수확ㆍ도축시기, 수확ㆍ도축방법, 저장방법 등
    마. 유통ㆍ선별ㆍ포장방법: 크기ㆍ색 등 선별기준, 포장재 및 규격,
        로고 표시방법 등
    바. 제조ㆍ가공방법: 제조ㆍ가공과정별 관리 특성을 상세하게 설명
    사. 안전ㆍ환경관리방법: 병해충방제, 농약ㆍ비료 사용기준, 환경기
        준 충족 등

제4절 거절사유

거절사유가 법률, 시행령 및 고시로 분산되어 있어 이를 통합하여 법률에 규정할 필요가 있다.

농수산물 품질관리법 제32조(지리적 표시의 등록) ⑨ 농림축산식품부장관 또는 해양수산부장관은 제3항에 따라 등록 신청된 지리적 표시가 다음 각 호의 어느 하나에 해당하면 등록의 거절을 결정하여 신청자에게 알려야 한다.

1. 제3항에 따라 먼저 등록 신청되었거나, 제7항에 따라 등록된 타인의 지리적 표시와 같거나 비슷한 경우
2. 「상표법」에 따라 먼저 출원되었거나 등록된 타인의 상표와 같거나 비슷한 경우
3. 국내에서 널리 알려진 타인의 상표 또는 지리적 표시와 같거나 비슷한 경우
4. 일반명칭[농수산물 또는 농수산가공품의 명칭이 기원적(起原的)으로 생산지나 판매장소와 관련이 있지만 오래 사용되어 보통명사화된 명칭을 말한다]에 해당되는 경우
5. 제2조 제1항 제8호에 따른 지리적 표시 또는 같은 항 제9호에 따른 동음이의어 지리적 표시의 정의에 맞지 아니하는 경우
6. 지리적 표시의 등록을 신청한 자가 그 지리적 표시를 사용할 수 있는 농수산물 또는 농수산가공품을 생산·제조 또는 가공하는 것을 업(業)으로 하는 자에 대하여 단체의 가입을 금지하거나 가입조건을 어렵게 정하여 실질적으로 허용하지 아니한 경우

⑩ 제1항부터 제9항까지에 따른 지리적 표시 등록 대상품목, 대상지

역, 신청자격, 심의·공고의 절차, 이의신청 절차 및 등록거절 사유의 세부기준 등에 필요한 사항은 대통령령으로 정한다.

농수산물 품질관리법 시행령

제15조(지리적표시의 등록거절 사유의 세부기준) 법 제32조 제9항에 따른 지리적 표시 등록거절 사유의 세부기준은 다음 각 호와 같다.

1. 해당 품목이 지리적 표시 대상지역에서만 생산된 농수산물이 아니거나 이를 주원료로 하여 해당 지역에서 가공된 품목이 아닌 경우
2. 해당 품목의 우수성이 국내나 국외에서 널리 알려지지 않은 경우
3. 해당 품목이 지리적 표시 대상지역에서 생산된 역사가 깊지 않은 경우
4. 해당 품목의 명성·품질 또는 그 밖의 특성이 본질적으로 특정지역의 생산환경적 요인이나 인적 요인에 기인하지 않는 경우
5. 그 밖에 농림축산식품부장관 또는 해양수산부장관이 지리적 표시 등록에 필요하다고 인정하여 고시하는 기준에 적합하지 않은 경우

제5절

이의신청

누구든지 등록신청 공고일로부터 2개월 이내에 지리적 표시 관리 기관장에게 이의신청하는 것이 가능하다. 지리적 표시 관리 기관장은 지리적 표시 등록심의 분과위원회의 심사를 거쳐 처리한다. 지리적 표시품의 사후관리와 관련하여 조사 등 사후관리 결과 위반사례가 발생하면 지리적 표시품에 대하여 시정명령, 표시정지, 등록취소하는 것이 가능하다. 취소사유가 발생한 경우 등록을 취소하며,

등록취소를 공고한다. 취소 등 행정처분에 따르지 아니한 자는 1년 이하의 징역 또는 1천만 원 이하의 벌금에 처한다.

제6절   지리석 표시권

> 농수산물 품질관리법 제34조(지리적 표시권)   ① 제32조 제7항에 따라 지리적 표시 등록을 받은 자(이하 "지리적 표시권자"라 한다)는 등록한 품목에 대하여 지리적 표시권을 갖는다.
>
> ② 지리적 표시권은 다음 각 호의 어느 하나에 해당하면 각 호의 이해당사자 상호간에 대하여는 그 효력이 미치지 아니한다.
>
> 1. 동음이의어 지리적 표시. 다만, 해당 지리적 표시가 특정지역의 상품을 표시하는 것이라고 수요자들이 뚜렷하게 인식하고 있어 해당 상품의 원산지와 다른 지역을 원산지인 것으로 혼동하게 하는 경우는 제외한다.
> 2. 지리적 표시 등록신청서 제출 전에 「상표법」에 따라 등록된 상표 또는 출원심사 중인 상표
> 3. 지리적 표시 등록신청서 제출 전에 「종자산업법」 및 「식물신품종 보호법」에 따라 등록된 품종 명칭 또는 출원심사 중인 품종 명칭
> 4. 제32조 제7항에 따라 지리적 표시 등록을 받은 농수산물 또는 농수산가공품(이하 "지리적 표시품"이라 한다)과 동일한 품목에 사용하는 지리적 명칭으로서 등록 대상지역에서 생산되는 농수산물 또는 농수산가공품에 사용하는 지리적 명칭

③ 지리적 표시권자는 지리적 표시품에 농림축산식품부령 또는 해양수산부령으로 정하는 바에 따라 지리적 표시를 할 수 있다. 다만, 지리적 표시품 중 「인삼산업법」에 따른 인삼류의 경우에는 농림축산식품부령으로 정하는 표시방법 외에 인삼류와 그 용기ㆍ포장 등에 "고려인삼", "고려수삼", "고려홍삼", "고려태극삼" 또는 "고려백삼" 등 "고려"가 들어가는 용어를 사용하여 지리적 표시를 할 수 있다.

제 7 절   무효심판

농수산물품질관리법 제43조(지리적 표시의 무효심판)   ① 지리적 표시에 관한 이해관계인 또는 제3조 제6항에 따른 지리적 표시 등록심의 분과위원회는 지리적 표시가 다음 각 호의 어느 하나에 해당하면 무효심판을 청구할 수 있다.

1. 제32조 제9항에 따른 등록거절 사유에 해당함에도 불구하고 등록된 경우

2. 제32조에 따라 지리적 표시 등록이 된 후에 그 지리적 표시가 원산지 국가에서 보호가 중단되거나 사용되지 아니하게 된 경우

② 제1항에 따른 심판은 청구의 이익이 있으면 언제든지 청구할 수 있다.

③ 제1항 제1호에 따라 지리적 표시를 무효로 한다는 심결이 확정되면 그 지리적 표시권은 처음부터 없었던 것으로 보고, 제1항 제2호에 따라 지리적 표시를 무효로 한다는 심결이 확정되면 그 지리적

표시권은 그 지리적 표시가 제1항 제2호에 해당하게 된 때부터 없었던 것으로 본다.

④ 심판위원회의 위원장은 제1항의 심판이 청구되면 그 취지를 해당 지리적 표시권자에게 알려야 한다.

제45조(등록거절 등에 대한 심판) 제32조 제9항에 따라 지리적 표시 등록의 거절을 통보받은 자 또는 제40조에 따라 등록이 취소된 자는 이익가 있으면 등록거절 또는 등록취소를 통보받은 날부터 30일 이내에 심판을 청구할 수 있다.

제8절 취소심판

제44조(지리적 표시의 취소심판) ① 지리적 표시가 다음 각 호의 어느 하나에 해당하면 그 지리적 표시의 취소심판을 청구할 수 있다.

1. 지리적 표시 등록을 한 후 지리적 표시의 등록을 한 자가 그 지리적 표시를 사용할 수 있는 농수산물 또는 농수산가공품을 생산 또는 제조·가공하는 것을 업으로 하는 자에 대하여 단체의 가입을 금지하거나 어려운 가입조건을 규정하는 등 단체의 가입을 실질적으로 허용하지 아니한 경우 또는 그 지리적 표시를 사용할 수 없는 자에 대하여 등록 단체의 가입을 허용한 경우

2. 지리적 표시 등록 단체 또는 그 소속 단체원이 지리적 표시를 잘못 사용함으로써 수요자로 하여금 상품의 품질에 대하여 오인하게 하거나 지리적 출처에 대하여 혼동하게 한 경우

② 제1항에 따른 취소심판은 취소 사유에 해당하는 사실이 없어진 날부터 3년이 지난 후에는 청구할 수 없다.

③ 제1항에 따라 취소심판을 청구한 경우에는 청구 후 그 심판청구 사유에 해당하는 사실이 없어진 경우에도 취소 사유에 영향을 미치지 아니한다.

④ 제1항에 따른 취소심판은 누구든지 청구할 수 있다.

⑤ 지리적 표시 등록을 취소한다는 심결이 확정된 때에는 그 지리적 표시권은 그때부터 소멸된다.

⑥ 제1항의 심판의 청구에 관하여는 제43조 제4항을 준용한다.

제45조(등록거절 등에 대한 심판)   제32조 제9항에 따라 지리적 표시 등록의 거절을 통보받은 자 또는 제40조에 따라 등록이 취소된 자는 이의가 있으면 등록거절 또는 등록취소를 통보받은 날부터 30일 이내에 심판을 청구할 수 있다.

제9절   보호기간

보호기간에 대한 규정이 없으므로 무효사유 내지 취소사유에 해당하지 않는 한, 영속성을 지닌다고 보아야 할 것이다.

제 **10** 절   소 결

　지리적 표시 심판위원회는 2010년부터 2012년까지 분쟁사건이 없는 관계로 2012년 예산은 1500만 원밖에 편성되지 않았다.[4] 이러한 사실에서 보듯이 농수산물품질관리법상 지리적 표시권에 관한 분쟁사건은 없다고 보아도 무방하다. 지리적 표시 심판위원회가 예산 및 전문인력을 확보하고 농수산물품질관리법상 지리적 표시권 제도의 강점을 부각하지 아니하는 한, 이러한 현상은 지속될 것으로 예상된다. 따라서 예산 및 전문인력을 확보하고 존속기간이 영구적이라는 점, 경우에 따라서 1인 생산업자도 지리적 표시권을 가진다는 점 등 농수산물품질관리법상 지리적 표시권의 강점을 부각하는 노력이 필요할 것이다. 농수산물품질관리법상 수산물에 대한 지리적 표시권을 인정하고 있는 점 및 양자간 협정에 따라 보호받는 지리적 표시가 상표법상 보호받지 못하는 보통명칭상표에 해당하여 상표법상 보호받지 못하더라도 농수산물품질관리법상 지리적 표시권으로 보호받을 수 있다는 점 등을 감안하면 상표법과 농수산물품질관리법상 지리적 표시 관련 규정을 통합하는 것에는 당분간 신중할 필요가 있다.

---

4) 한국일보「농림부의 위원회 ½ 본회의 한번 안 해도 3년간 예산은 배정」 2013. 9. 25(수) 기사 관련 농림부의 해명(http://www.mafra.go.kr/list. jsp?newsid=155444958&section_id=e_sec_1&listcnt=5&pageNo=1&year= &group_id=3&menu_id=1123&link_menu_id=&division=B&board_kind= C&board_skin_id=C3&parent_code=3&link_url=&depth=1)(방문일자: 2016년 9월 1일).

제 5 장

우리나라 상표법상 지명표장제도
(지리적 표시제도 포함)

제1절 __ 의 의

제2절 __ 지명표장(지리적 표시 포함)의 실체적 등록 요건

제3절 __ 법률상 등록을 받을 수 없는 상표(상표의 부등록사유)

제4절 __ 상표권의 효력

제5절 __ 상표법상 지리적 표시제도

제6절 __ 소 결

제 1 절   의 의

　2004년 개정 상표법[1]에서는 지리적 표시 단체표장을 도입하였다. 우리나라는 TRIPs 협정을 충분히 반영하여 지리적 표시로 보호받을 수 있는 상품의 종류를 제한하지 않아 농산물, 수산물 및 그 가공품 외에 수공예품도 지리적 표시로 보호받을 수 있을 것이다.[2] 지리적 표시 단체표장의 경우에는 그 지리적 표시를 사용할 수 있는 상품을 생산, 제조 또는 가공하는 자만으로 구성된 법인에 한하여 자기의 단체표장을 등록받을 수 있다.[3] 그리고 2004년 개정 이전의 상표법에서는 상표로서의 식별력을 갖추지 못한 산지 및 현저한 지리적 명칭 등에 해당하는 상표는 등록을 받을 수 없도록 하였으나, 2004년 개정된 상표법에 따르면 지리적 표시 단체표장의 경우에는 상품의 산지 또는 현저한 지리적 명칭 및 그 약어 또는 지도만으로 된 상표에 해당하는 표장이라도 그 표장이 특정상품에 대한 지리적 표시인 경우에는 그 지리적 표시를 사용한 상품을 지정상품으로 하여 지리적 표시 단체표장등록을 받을 수 있게 되었다.[4]

　그 이후, 2011년 개정된 상표법[5]에서는 한미 자유무역협정을 반영한 결과, 상품이나 서비스업의 품질, 원산지, 생산방법 등의 특성을 증명하는 증명표장제를 도입하여 상표의 품질 보증기능을 강화하고, 소비자에게 상품이나 서비스업에 대한 올바른 정보를 제공하

---

1) [시행 2005.7.1.] [법률 제7290호, 2004.12.31., 일부개정] .

2) 윤선희, 「상표법」, 법문사, 2007, 140면.

3) 상표법 제3조.

4) 상표법 제6조 제3항.

5) [시행 2012.3.15.] [법률 제11113호, 2011.12.2., 일부개정].

고자 하였다. 2011년 개정을 통해 지리적 표시 증명표장제도가 도입된 것이다.

현행 상표법 제33조 제3항에 따르면, 산지(상표법 제33조 제1항 제3호) 또는 현저한 지리적 명칭이나 그 약어 또는 지도만으로 된 상표(상표법 제33조 제1항 제4호)에 해당하여 자타상품식별력이 없더라도 그 표장이 특정 상품에 대한 지리적 표시인 경우에는 그 지리적 표시를 사용한 상품을 지정상품으로 하여 지리적 표시 단체표장등록을 받을 수 있다. 이 규정은 지리적 표시 증명표장에도 적용된다(상표법 제2조 제4항). 따라서 상표법상 지리적 표시를 논하기 위해서는 자타상품식별력과 관련하여 상표법 제33조 제1항 제3호 및 제4호도 같이 분석하여야 할 것이다. 그리고 지리적 표시가 상표법 제33조 제1항 제1호 또는 제2호의 보통명칭상표 내지 관용상표가 되는 경우도 존재할 수 있으므로 이 또한 같이 분석하는 것이 타당할 것이다.

제 **2** 절 지명표장(지리적 표시 포함)의 실체적 등록 요건

Ⅰ. 자타상품식별력이 없는 상표

상표법은 심사의 신속성과 공정성 및 예측가능성 등을 도모하기 위하여 제33조 제1항 각호에서 식별력이 없는 상표들을 열거하고 거기에 해당하면 상표등록을 받지 못하는 것으로 하고 있다.

1. 보통명칭상표

(1) 의   의

[1] 보통명칭: 그 상품을 취급하는 거래계에서 당해업자 또는 일반 수요자 사이에 일반적으로 그 상품을 지칭하는 것으로 실제로 사용되고 인식되어 있는 일반적인 약칭, 속칭 기타의 명칭이다.

〈예   시〉

(지정상품)		(상 표)
① 자동차	:	CAR
② 자동차용 전구	:	Truck Lite (대판 96후-986)
③ 피복	:	청바지
④ 포장용 필름	:	랲 (대판 96후1224)
⑤ 옥수수 건과	:	콘치프 (대판 88후-455, 462) (병합)
⑥ 호도로 만든과자	:	호두과자 (대판 68후31)
⑦ 복사기	:	코피아, COPYER (대판 86후67)
⑧ 가구의 플라스틱 적층판	:	호마이카 (대판 86후93)
⑨ 구레오소드함유 위장약	:	정로환 (대판 92후827)
⑩ 유산균 발효유	:	YOGURT (대판 92후1843)
⑪ 파운데이션 크림	:	Foundation (대판 2001후89)
⑫ 광고업	:	라디오광고업, 텔레비전광고업
⑬ 통신업	:	컴퓨터통신, 전화통신
⑪ 보험업	:	생명보험, 자동차보험
⑫ 요식업	:	레스토랑, 카페, 그릴 (특허법원 99허2068)

* 출처: 상표심사기준 (개정 2007.7.26 특허청 예규 제40호).

[2] 보통명칭은 처음부터 그 상품의 보통명칭이었던 것과 처음에는 자타상품을 식별하는 특정인의 상표이었던 것이 소비자 및 동종업자들이 그 상표를 자유롭게 사용한 결과 그 상품이 보통명칭화되어 자타상품의 식별력을 상실하게 된 것이 있다. 따라서 사용에 의

한 식별력을 취득하여 상표등록이 된 경우를 제외하고, 상표가 등록된 후 식별력이 상실된 상표는 무효심판을 청구할 수 있다(상 제117조 제1항 제6호).

하지만 입법론 내지 판례로는 사후적으로 식별력이 상실되어 보통명칭화되었는지를 판단함에 있어 설문조사를 통해 일반수요자의 표본(응답자)의 50%미만이 해당 표지를 상표로 인식하는 때에도 상표등록제도에 대한 기존의 신뢰를 보호하는 차원에서 최초상표등록과 관련하여 상표등록적격을 유지하는 것이 바람직할 경우도 존재할 것이다. 그렇지 않으면 등록상표의 보호기간이 형해화되거나 등록무효심판이 남용될 가능성도 배제할 수 없을 것이다. 그리고 갱신등록의 거절결정을 통해 보통명칭화된 상표의 등록거절을 할 수 있기 때문에 설문조사를 통해 응답자의 50% 이상이 등록된 상표가 보통명칭화되었다고 인식하더라도 상표등록적격을 최초존속기간 동안은 보호해 주는 것이 적절한 경우도 존재할 것이다. 따라서 상표법 제117조 제1항 제6호에 따라 상표법 제33조 제1항 제2호 내지 제6호에 해당하게 된 경우에도 마찬가지로 적용할 필요가 있다.

[3] 보통명칭상표를 특정인에게 독점배타적인 권리를 부여한다면 소비자들은 오인·혼동을 초래할 뿐만 아니라 상표법의 목적에도 반하게 될 것이다.

[4] 상표법 제33조 제1항 제1호는 "그 상품의 보통명칭을 보통으로 사용하는 방법으로 표시한 표장만으로 된 상표는 상품의 식별력이 없는 상표로서 등록될 수 없다."라고 규정하고 있다.

[5] 종자산업법에 의해 등록된 품종명칭 또는 농수산물의 품종으로 거래업계에서 널리 알려진 명칭과 동일·유사한 상표가 그 품종의 종자, 묘목 또는 이와 유사한 상품을 지정상품으로 한 경우에는 상표법 제33조 제1항 제1호를 적용하며 당해 상표가 성질표시적 표장인 경우에는 상표법 제33조 제1항 제3호를 함께 적용한다.

〈예시〉

o 과일: 홍옥, 신고, 백도, 거봉
o 곡류: 팔금, 농림 6호

[6] '보통으로 사용하는 방법으로 표시한 표장': 상표의 외관은 물론 칭호, 관념을 통하여 상품의 보통명칭, 성질 또는 성이나 명칭을 직감할 수 있는 표시는 이에 해당하는 것으로 본다. 표시된 형태가 외관상 보통으로 사용한 것이라도 지정상품과 관련하여 그 상품의 보통명칭을 직감시키지 않고 단순히 암시하는 데 지나지 않는 경우 또는 보통명칭이 다른 식별력이 있는 표장의 부기적 부분이거나 그에 흡수되어 불가분의 일체를 구성함으로써 상표전체로서 식별력이 인정되는 경우에는 본 호의 규정에 해당하지 않는다. 하지만 식별력을 인정한 경우에도 당해 지정상품과 관련하여 상품에 대한 오인·혼동의 우려가 있을 때에는 지정상품의 범위를 그 보통명칭과 관련된 것에 한정시키기 위해 상표법 제34조 제1항 제12호를 적용한다.

(2) 관용상표와의 비교

[1] 관용표장은 처음에는 특정인의 상표였던 것이 주지·저명의 상표로 되었다가 상표권자가 상표관리를 허술히 함으로써 동종업자 들 사이에 자유롭고 관용적으로 사용하게 된 상표를 의미하는 것인데 반해, 보통명칭은 그 동업자들만이 아니라 실제거래에 있어서 일반 소비자들까지도 지정상품의 보통명칭으로서 그와 같은 명칭을 보통으로 사용하고 있는 것이다.

[2] 관용표장은 문자뿐만 아니라 기호, 도형, 입체적 형상 등 모든 구성요소를 포함하나, 보통명칭은 문자만으로 구성된다.

(3) 보통명칭상표의 판단

[1] 보통명칭 상표 여부의 판단: 그 상품에 관한 일반 수요자 및 거래자의 평균적 지식을 기준으로 판단한다.

[2] 판례에 따르면, "상품의 보통명칭은 그 동업자들만이 아니라 실제거래에 있어서 일반 소비자들까지도 지정상품의 보통명칭으로서 그와 같은 명칭을 보통으로 사용하고 있는 것을 말한다"고 하여 일반 수요자를 기준으로 한다. 그리고 특허청의 상표심사기준[6]에 따르면, 관련 거래업계에서는 보통명칭이지만 일반 소비자에게는 보통명칭이 아닌 것은 보통명칭으로 보지만, 반대의 경우에는 보통명칭이 아닌 것으로 보아 거래업계를 기준으로 하고 있다. 대법원 판례가 타당하다.

[3] 참고로 미국 상표심판원(Trademark Trial and Appeal Board)은 지리적 표시에 해당하는 'COGNAC'이 판례법에 의하여 보호되는 증명표장이라고 판단하였다. 즉, 미국 상표심판원은 'COGNAC'은 미국 소비자들에게 프랑스의 코냑 지방에서 기원한 브랜디의 명칭이고 다른 지역에서 생산된 브랜디와 관련된 명칭이 아니기에 보통명칭이 아니라고 보았고, 아울러 그 지역의 브랜드 생산업자들에 의해 장기간 사용되고 관리되어 왔기 때문에 증명표장에 해당하는 기준에도 부합한다고 판단하였다.[7]

(4) 상표의 보통명칭화

[1] 상표의 보통명칭화: 본래는 자타상품을 식별하게 하는 상표였으나 일반수요자 및 동종업자들이 그 상표를 자유롭게 사용한 결과 그 상품의 보통명칭으로 인식되고 현실로 그렇게 사용됨으로써 자

---

6) 개정 2016.8.29. 2016.9.1. 시행, 특허청 예규 제90호.
7) Institute National Appellations v. Brown-Forman Corp. 사건[47 U.S.P.Q. 2d 1875, 1884(T.T.A.B. 1998)].

타상품의 식별력을 상실하게 되는 경우를 의미한다.

[2] (i) '호치키스': 상표가 신상품과 더불어 유명해져 보통명칭으로 잘못 인식되는 경우; (ii) '호마이카'( ): 상표관리 소홀을 틈타 경업자가 무단사용함으로써 보통명칭화되는 경우(formica), (iii) '나일론', '셀로판': 상품명이 길고 불편하여 수요자가 상표를 상품명으로 사용하는 경우가 이에 해당한다.

(5) 상표법상 취급

[1] 보통명칭상표는 등록요건을 흠결한 것이므로 상표등록거절이유(상 제54조 제3호), 정보제공이유(상 제49조), 이의신청이유(상 제60조 제1항) 등에 해당한다.

[2] 착오로 등록된 경우에도 상표등록무효사유에 해당하며, 상표권의 배타적 효력 역시 제한된다(상 제90조 제1항 제2호).

[3] 적법하게 등록된 상표가 상표등록 후에 보통명칭으로 된 경우: 그때부터 상표권의 효력이 미치지 아니하며, 후발적인 무효사유에 해당하게 된다(상 제117조 제1항 제6호). 또한 갱신등록을 받을 수 없게 된다(상 제83조 제2항). 다만 처음부터 보통명칭이었던 경우와 달리 상표등록 후에 보통명칭화된 상표가 식별력을 다시 회복한 경우에는 상표권의 효력이 제한되지 아니하며 상표등록무효사유에도 해당하지 않는다.

(6) 지리적 표시가 보통명칭상표에 해당하는 경우의 취급

TRIPs에 따르면, '샴페인'과 같이 상품 그 자체를 의미하는 것으로 사용되는 경우에는 지리적 표시를 보호할 필요가 없다. 하지만 양자간 협정에 해당하는 한-EU 자유무역협정(FTA)의 부속서(Annex)에 따르면, '샴페인'이란 지리적 표시를 보호하도록 되어 있다. 이와 관련하여 우리 법제가 국제조약과 정합성이 존재하는지 여부를 살펴보면 다음과 같다.

우리 상표법에 따르면, '샴페인'이란 상표가 국내에서 발포성 백포도주를 의미하는 것으로 사용되어 상표법 제33조 제1항 제1호 내지 제2호에 해당하여 지리적 표시 단체표장 내지 지리적 표시 증명표장 제도에 의해 보호받을 수 없게 된다. 하지만, '샴페인'이란 상표가 보통명칭상표 내지 관용상표에 해당하여 상표법상 보호받지 못하더라도 부정경쟁방지 및 영업비밀보호에 관한 법률 내지 농수산물품질관리법에 따라 보호받을 수 있으므로 '샴페인'이란 지리적 표시를 보호하기로 한 한-EU FTA에 위반하는 것은 아니다.

2. 관용상표

[1] 상표법 제33조 제1항 제2호: 그 상품에 대하여 관용하는 상표는 상품의 식별력이 없는 상표다.

[2] 관용상표: 전국 또는 한 지역의 동업자가 장기간 사용함으로써 동업자의 상품과 타 종류의 상품과의 구별은 가능하나 자타상품의 식별력이 없는 상표이다. 관용상표는 특정종류에 속하는 상품에 관하여 동업자들 사이에 자유롭고 관용적으로 사용되고 있는 표장이므로, 보통명칭상표와는 달리 관용상표에 있어서는 '보통으로 사용하는 방법으로 표시한 표장만'이라는 한정어구가 없다. 하지만 관용어구라는 말 자체가 보통으로 사용하는 방법으로 표시한 표장만을 의미한다고 봄이 통례다.

[3] 관용표장이 포함된 상표라 하더라도 그 관용표장이 부기적 사항으로 상표의 주요 부분으로 볼 수 없고 그 나머지 부분이 식별력이 있어 상표의 구성 전체로서 식별력이 인정되는 경우라면 상표등록을 받을 수 있다.

[4] 특허청의 상표심사기준8): 관용상표가 되려면 (i) 그 상표가

---

8) 2016.8.29. 개정 , 2016.9.1.시행, 특허청 예규 제90호 127-128면.

특정상품에 대해서 그 상품을 취급하는 동업자들 사이에 어떤 상표를 그 상품의 명칭 등으로 일반적으로 자유롭게 사용한 것일 것, (ii) 위 (i)의 결과 그 상표가 출처표시기능 또는 식별력을 상실하였을 것, (iii) 상표권자가 당해 상표의 보호를 위하여 필요한 조치를 취하지 아니할 것이 요구된다고 하며, (iii)의 필요한 조치가 있는 때에는 위 (ii)의 사실이 발생하지 않는 것으로 본다.

3. 기술적 표장(성질표시 표장)

(1) 의 의
[1] 기술적 표장 또는 성질표시 표장: 상품이나 서비스의 특성이나 산지를 나타내는 표지를 의미한다.

[2] 기술적 표장으로만 구성된 상표: 상표등록을 받을 수 없으며, 등록이 되더라도 상표권의 효력이 제한된다.

[3] 상표법 제33조 제1항 제3호: 그 상품의 산지·품질·원재료·효능·용도·수량·형상·가격·생산방법·가공방법·사용방법 또는 시기를 보통으로 사용하는 방법으로 표시한 표장만으로 된 상표는 상품의 식별력이 없는 상표로 등록되지 않는다라고 규정하고 있다.

[4] 논거:

(i) 이는 통상 상품의 유통과정에서 필요한 표시이기 때문에 이를 특정인에게 독점배타적으로 사용하게 할 수 없다는 공익상 요청에 따른 것이다.

(ii) 이러한 기술적 상표는 일반적으로 타인의 동종 상품과의 관계에서 식별이 어렵다는 사실을 그 논거로 한다.

(2) 기술적 표장의 판단
[1] 판단기준:

(i) 어떤 상표가 그 지정상품의 품질, 효능 등을 표시한 것인지 여부는 그 상표가 지니고 있는 관념, 지정상품과의 관계 및 거래사회 실정 등을 감안하여 객관적으로 판단하여야 한다.

(ii) 상품의 특성을 직감하게 하는 것이어야 한다.

(iii) 상표의 구성부분 전체를 기준으로 판단하는 것이 원칙이다.

(iv) 상표의 실제사용 여부는 묻지 않는다.

[2] 판단의 범위:

[i] 기술적 표장은 문자로써 기술되는 것만으로 한정되지 않는다.

[ii] 문자, 도형 또는 기호나 이들이 문자와 결합, 그리고 색채와 결합한 경우에도 해당한다.

[iii] 본 호의 규정은 예시적인 규정이므로 품위, 등급, 색채 등을 나타내는 경우도 포함한다. 다만, 사용에 의한 식별력 취득 인정의 경우 등록을 인정하고 성질표시상표가 과오로 등록된 경우 무효사유에 해당하며 상표권의 효력도 제한받는다(상 제90조 제1항 제2호). 지리적 표시 단체표장권은 (i) 자기의 성명·명칭 또는 상호·초상·서명·인장 또는 저명한 아호·예명·필명과 이들의 저명한 약칭을 상거래 관행에 따라 사용하는 상표, (ii) 등록상표의 지정상품과 동일·유사한 상품의 보통명칭·품질·원재료·효능·용도·수량·형상·가격 또는 생산방법·가공방법·사용방법 또는 시기를 보통으로 사용하는 방법으로 표시하는 상표 또는 (iii) 등록상표의 지정상품 또는 그 지정상품 포장의 기능을 확보하는 데 불가결한 형상, 색채, 색채의 조합, 소리 또는 냄새로 된 상표(상 제90조 제2항 제1호), (iv) 지리적 표시 등록단체표장의 지정상품과 동일하다고 인정되어 있는 상품에 대하여 관용하는 상표(상 제90조 제2항 제2호), (v) 지리적 표시 등록단체표장의 지정상품과 동일하다고 인정되어 있는 상품에 사용하는 지리적 표시로서 해당 지역에서 그 상품을 생산·제조 또는 가공하는 것을 업으로 영위하는 자가 사용

하는 지리적 표시 또는 동음이의어 지리적 표시(상 제90조 제2항 제3
호), (vi) 선출원에 의한 등록상표가 지리적 표시 등록단체표장과 동
일·유사한 지리적 표시(상 제90조 제2항 제4호)를 포함하고 있는 경
우에 상표권자, 전용사용권자 또는 통상사용권자가 지정상품에 사
용하는 등록상표에 해당하는 경우에는 그 효력이 미치지 아니한다.

(3) 기술적 표장의 구체적인 예
1) 산지표시
(i) 의 의   '산지표시'란 해당 지역의 기후, 토양 등의 지리적
조건 등과 관련하여 해당 상품의 특성을 직감할 수 있는 지역을 표
시하는 것으로서 해당 상품이 해당 지방에서 과거에 생산되었거나
현실적으로 생산되고 있는 경우는 물론이고 그 지방에서 생산되고
있는 것으로 일반수요자에게 인식될 수 있는 경우에도 이에 해당한
다.[9] 또한 본 호의 '산지'는 그 상품이 생산되는 지방의 지리적 명칭
이면 족하고, 일반 수요자나 거래자에게 널리 알려진 상품의 주산
지만을 의미하는 것은 아니다.[10]

반면에 상표법 제33조 제1항 제4호의 현저한 지리적 명칭 등은
일반인에게 널리 알려져 있어야 함을 전제로 생산지인지 여부는 불
문한다. 따라서 양자는 서로 중복되는 부분이 발생할 수 있으며, 그
경우 어느 하나의 규정을 적용하거나 또는 두 규정 모두를 다 적용
할 수도 있다.[11]

---

9) 尹宣熙, 앞의 책, 219면.
10) 대법원 1989.9.26.선고 88후1137 판결.
11) 대법원 2003.7.11.선고 2002후2464 판결【등록무효(상)】(등록상표 "일
    동"은 '막걸리'의 산지로서 일반 수요자 및 거래자에게 널리 알려져 있고,
    청계산, 백운산 등 주변의 명산과 계곡, 온천 등이 있는 관광지인 경기 포
    천군 일동면으로 널리 알려져 있으므로, 상표법 제6조 제1항 제4호가 규정
    하는 현저한 지리적 명칭만으로 된 표장에 해당될 뿐 아니라, 그 지정상품
    중 약주에 대하여는 같은 법 제6조 제1항 제3호의 산지를 보통으로 사용하

그리고 상품의 산지 이외에 판매지, 수출항, 원재료의 생산·판매지, 중간제품 가공지 등(이하 '판매지 등')을 표시한 기술적 표장이 본 호에 해당하는지 여부에 대해 긍정설12)과 부정설13)이 있으나, 부정설이 타당하다. 왜냐하면 본 호에서는 '판매지' 등을 규정하지 않고, 같은 항 제4호에 현저한 지리적 명칭만으로 된 상표에 관해 별도로 규정하고 있으며, 같은 항 제1호 내지 제6호 이외에 식별력이 인정되지 아니한 경우에는 보충적 규정으로서 같은 항 제7호를 두고 있는 점에 비추어 보면, 상품의 산지 이외에 판매지 등의 경우에는 상표법 제33조 제1항 제4호 또는 제7호를 적용하는 것이 타당하기 때문이다.14)

지리적 표시 단체표장등록출원의 경우에는 "산지표시"에 해당하는 경우에도 상표법 제33조 제3항의 규정에 따라 본 호를 적용하지 않으며, 포도주 및 증류주의 산지에 관한 지리적 표시에 해당하는 상표등록출원을 한 경우(상 제34조 제1항 제16호의 단서규정에 해당하는 경우를 제외한다)에는 상표법 제34조 제1항 제16호를 적용한다.

한편 특정 상품의 산지를 포함하는 상표로서 지정상품과 관련하여 그 상표를 해당 상품에 사용할 경우 일반수요자로 하여금 지리적 표시에 해당하는 것으로 지리적 출처 또는 상품의 품질을 오인·혼동케 할 우려가 있는 유명산지의 경우에는 다른 식별력있는 부분이 결합되어 있는 경우에도 이를 부기적·보조적인 부분으로 보아

는 표장에 해당되므로 위 등록상표를 경기 포천군 일동면 이외의 지역에서 생산되는 약주에 사용하는 경우 일반 수요자 또는 거래자는 일동면에서 생산되는 약주로 그 품질을 오인할 가능성이 커 같은 법 제7조 제1항 제11호의 규정에도 해당된다).

12) 송영식·이상정·황종환·이대희·김병일·박영규·신재호, 「지적소유권법(하)」, 육법사, 2008, 110면.

13) 문삼섭, 「상표법」, 세창출판사, 2004, 224면; 특허법원 지적재산소송실무연구회, 지적재산소송실무, 박영사, 2010, 504면.

14) 특허법원 지적재산소송실무연구회, 앞의 책, 504면.

산지표시에 해당하는 것으로 한다. 이 경우 상품의 품질을 오인하
게 하거나 수요자를 기만할 염려가 있는 경우에는 상표법 제34조
제1항 제12호를 함께 적용한다.

(ii) 관련 사례   판례에서 산지표시에 해당하는 것으로 인정한
상표로는 'BACCARAT(지정상품: 수정유리제품)',15) '구포국수(지정상
품: 국수)',16) '담양시목단감(지정상품: 감)',17) '안흥(지정상품: 찐빵)'18)
등이 있다.

산지표시에 해당하더라도 지리적 표시에 해당하는 경우에는 상
표법 제33조 제3항에 따라 지리적 표시 단체표장 등록이 가능하다.
예컨대 사단법인 담양떡갈비생산자협회가 특허청을 상대로 제기한
거절결정불복심판청구사건인 '담양떡갈비'사건19)에서 "지정상품인
떡갈비의 품질·명성이 본질적으로 담양 지역에서 비롯되어 담양
에서 가공된 상품임을 나타내는 지리적 표시에 해당한다."라고 설
시하였다.

4. 현저한 지리적 명칭·그 약어 또는 지도만으로 된 상표

(1) 의   의
1) 의   의

상표법 제33조 제1항 제4호에 따르면, 현저한 지리적 명칭·그
약어 또는 지도만으로 된 상표는 상품의 식별력이 없는 상표로 등
록되지 않는다. 왜냐 하면 현저한 지리적 명칭·그 약어 또는 지도
그 자체는 자타상품 식별력이 없어 상표법상 보호가치가 없으며 특

---

15) 대법원 1985.7.9.선고 83후3 판결.
16) 대법원 1989.9.26.선고 88후1137 판결.
17) 대법원 2006.7.28.선고 2004도4420 판결.
18) 특허법원 2000.10.5.선고 2000허4701 판결.
19) 특허심판원 2015.4.1.자 2015원1278 심결(거절결정불복심판청구사건).

정인에게 독점시키는 것은 공익의 견지에서 부당하기 때문이다. 특정 문화재·지형·시설 등이 국내의 일반 수요자들에게 현저하게 알려진 결과 그것이 특정한 지역을 표시하는 것으로 인식되고 있더라도, 그러한 문화재·지형·시설 등은 본호의 현저한 지리적 명칭 등에 해당한다고 볼 수 없다.[20]

2) 개념의 정의

현저한 지리적 명칭이 일반소비자에게 널리 인식된 경우를 말하며 소수의 특정인만이 알고 있는 지리적 명칭은 포함되지 않는다. 판례에 따르면, 현저한 지리적 명칭이라 함은 "단순히 지리적, 지역적 명칭을 말하는 것일 뿐 특정상품과 지리적 명칭을 연관하여 그 지방의 특산물의 산지표시로서의 지리적 명칭임을 요하는 것은 아니라 할 것이며, 따라서 그 지리적 명칭이 현저하기만 하면 여기에 해당하고, 지정상품과의 사이에 특수한 관계가 있음을 인식할 수 있어야만 하는 것은 아니다."라고 판시하였다.[21] 그리고 여기에서 '지도'라 함은 세계지도 또는 국가의 지도 등을 의미하며 정확한 지도는 물론 사회통념상 이러한 지도임을 인식할 수 있는 정도이면 된다.[22] 현저한 지리적 명칭, 그 약어 또는 지도가 포함된 상표라도 그 현저한 지리적 명칭 등이 상표의 주요부분으로 볼 수 없고, 그 나머지 부분에 의하여 식별력이 있는 경우에는 상표로서 등록이 가능하다. 즉 현저한 지리적 명칭·그 약어 또는 지도 이외에 다른 식별력 있는 문자, 기호, 도형 등이 결합되어 있는 상표는 원칙적으로 본호에 해당하지 아니한다.[23]

---

20) 대법원 2003.8.25.선고 2003후1260 판결; 특허법원 2004.11.12.선고 2004허3164 판결 등.

21) 대법원 2000.6.13.선고 98후1273 판결【거절사정(상)】.

22) 상표심사기준 제4부 제4장 1.1.1(ⅱ).

23) 특허법원 지적재산소송실무연구회, 앞의 책, 525면.

특허청의 상표심사기준에 따르면, 국가명, 우리나라의 특별시 ·
광역시 또는 도의 명칭, 특별시 · 광역시 · 도의 시 · 군 · 구의 명칭,
저명한 외국의 수도, 대도시명, 주 또는 이에 상응하는 행정구역의
명칭 그리고 현저하게 알려진 국내외의 고적지, 관광지, 번화가 등
의 명칭과 그 약칭은 이에 해당하는 것으로 본다.[24]

현저한 지리적 명칭의 예로는 천진함흥냉면,[25] 일동,[26] 천마
산,[27] 서울,[28] 핀란디아 및 FINLANDIA,[29] oxford, vienna, line,
heidelberg, 뉴욕, 긴자(은좌),[30] Fifth Avenue,[31] Manhattan,[32]

---

24) 상표심사기준 제4부 제4장 1.1.
25) 대법원 2010.6.24.선고 2009후3916 판결【거절결정(상)】(출원서비스표
  "천진함흥냉면"에서는 '천진'이 '함흥냉면'과 함께 표기되어 있고, '함흥냉
  면'은 이미 그 자체로 냉면의 한 종류를 가리키는 관용표장으로 되었다 할
  것인데, 일반적으로 음식이름을 포함하는 표장에서는 지역 명칭을 함께 표
  기하는 경우가 흔히 있으므로, 비록 중국의 지명을 한글로 표기할 때 원칙
  적으로 중국어 표기법에 따르도록 되어 있는 외래어표기법에 의하면 '천
  진'을 중국식 발음인 '톈진'으로 표기한다 하더라도, 한자문화권인 우리의
  언어관습상 위 출원서비스표의 '천진' 부분은 일반 수요자나 거래자들에게
  현저한 지리적 명칭인 중국의 도시명 '천진'의 한글 표기로 직감될 수 있다
  고 봄이 상당하므로, '함흥냉면' 부분은 위 출원서비스표의 지정서비스업
  과 관련하여 볼 때 식별력이 없고, '천진'과의 결합에 의하여 새로운 관념을
  낳는다거나 전혀 다른 새로운 조어가 되었다고 할 수도 없으므로, 위 출원
  서비스표는 전체적으로 상표법 제6조 제1항 제4호가 규정하는 현저한 지
  리적 명칭만으로 된 표장에 해당한다고 한 사례).
26) 대법원 2003.7.11.선고 2002후2464 판결【등록무효(상)】.
27) 대법원 1998.2.10.선고 97후600 판결【거절사정(상)】(출원서비스표 "천
  마산곰탕" 중 "천마산"은 경기 양주군 화도면과 진건면 사이에 위치한 산으
  로 스키장 등 겨울 레저스포츠 시설이 설치되어 있고, 사시사철 산을 오를
  수 있도록 등산로가 개설되어 있는 등으로 일반 수요자나 거래자에게 널리
  알려져 있으므로, "천마산"은 현저한 지리적 명칭에 해당한다고 판시한 사
  례).
28) 대법원 1994.9.27.선고 94다2213 판결【손해배상(기)】.
29) 대법원 1996.8.23.선고 96후54, 61 판결.
30) 대법원 1992.11.10.선고 92후452 판결【거절사정】[긴자(銀座)는 일본국

Georgia, London Town, BRITISH-AMERICAN,[33] Innsbruck(인스브룩),[34] Halla, JAVA,[35] 장충동,[36] 종로학원,[37] Nippon Express,[38]

동경에 있는 번화가의 이름으로서 출원상표의 지정상품이 향수나 콤팩트 등 화장품인 점을 고려하여 볼 때 그 일반 거래자나 수요자는 유행에 민감한 여성으로 보여지고 그들은 긴자에 대하여 잘 인식하고 있다고 보여지므로 긴자는 일반 수요자나 거래자에 대한 관계에 있어서 현저하게 인식된 지리적 명칭이라 할 수 있다고 판시한 사례].

31) 대법원 1992.11.27.선고 92후728 판결【거절사정】[출원상표 "Fifth Avenue"는 "미국 뉴욕시의 번화한 상점가"로 우리 나라 거래사회의 수요자 간에 널리 인식되어 구 상표법(1990.1.13. 법률 제4210호로 전문 개정되기 전의 것) 제8조 제1항 제4호 소정의 "현저한 지리적 명칭"에 해당한다고 판시한 사례).

32) 대법원 1986.6.24.선고 85후62 판결.

33) 대법원 1997.10.14.선고 96후2456 판결【거절사정(상)】(출원상표 "BRITISH-AMERICAN"의 지정상품은 성냥, 라이터 등인바, 우리 나라 일반 수요자들의 영어이해 수준에 비추어 볼 때 'BRITISH'는 '영국의, 영국인의'라는 뜻으로 'AMERICAN'은 '미국의, 미국인의'라는 뜻으로 직감적으로 이해될 것이므로 출원상표는 영국 및 미국을 일컫는 현저한 지리적 명칭만으로 된 상표라 할 것이어서 식별력이 부족하고, 한편 출원상표가 영국이나 미국에서 제조·생산된 것이 아닌 지정상품에 사용될 경우에는 일반 수요자들이 영국산이나 미국산인 것으로 상품의 출처나 품질을 오인·혼동할 염려가 있다고 한 사례).

34) 대법원 2001.7.27.선고 99후2723 판결【등록무효(상)】["INNSBRUCK"은 인(INN)강을 잇는 다리라는 뜻을 가진 오스트리아 서부 티롤주(州)의 주도(州都)로서 인(INN)강에 면하여 로마시대부터 동부알프스의 교통요지이고, 관광도시로서의 성격이 농후하여 연중 관광객의 발길이 끊이지 않으며, 1964년, 1976년 동계올림픽이 개최된 곳으로서 방송 등 언론매체를 통하여 우리 나라를 비롯한 여러 나라 국민들에게 그 도시의 역사와 풍물 등이 소개되어 널리 알려지고 있고, 더구나 우리 나라에서도 역대 올림픽경기나 그 개최지에 대한 관심이 고조되어 왔으므로, 상표 "INNSBRUCK + 인스브룩"의 'INNSBRUCK' 부분은 적어도 그 등록사정시인 1997.10.31.경에는 우리 나라 거래사회의 수요자 간에 현저하게 알려진 지명이라는 이유로 상표 "INNSBRUCK + 인스브룩"은 현저한 지리적 명칭만으로 된 표장에 해당한다고 본 사례].

35) 대법원 2000.6.13.선고 98후1273 판결【거절사정(상)】.

ENGLAND,39) 베네치아,40) 백암온천,41) FUJI42) 등이 있고, 현저한 지리적 명칭에 해당하지 아니하는 예로는 동아,43) 강남,44) 예천(藝

---

36) 서비스표 "장충동왕족발+의인화된 돼지 도형" 중 '장충동'이 현저한 지리적 명칭에 해당한다고 판시한 사례로는 대법원 2000.6.23.선고 98후1457 판결【권리범위확인(상)】['장충동'은 서울 중구에 속하는 동(洞)의 이름으로서 각종 운동경기 등 여러 행사가 개최됨으로 인하여 텔레비전을 비롯한 각종 신문방송매체 등을 통하여 전국적으로 알려져 있는 '장충체육관'이 위치하고 있는 등으로 일반 수요자나 거래자들에게 널리 알려져 있으므로 '장충동'은 현저한 지리적 명칭에 해당하여 자타(自他)서비스업의 식별력이 없다].

37) 대법원 2001.2.9.선고 98후379판결.

38) 대법원 1996.2.13.선고 95후1296 판결【거절사정】(출원 서비스표 "NIPPON EXPRESS" 중 "NIPPON"은 "일본국"의 영문표기로서 현저한 지리적 명칭에 해당하고, "EXPRESS"는 "급행편, 지급편, 속달편" 등의 의미를 가지고 있어 그 지정서비스업인 자동차운송업, 택시운송업, 화물운송업 등과 관련하여 볼 때 식별력이 없다고 할 것이어서 이 사건 출원서비스표는 이를 전체적으로 관찰할 때 수요자들 사이에 주로 현저한 지리적 명칭인 "NIPPON"으로 인식될 것이므로 상표법 제6조 제1항 제4호에 의하여 그 등록은 거절되어야 한다고 본 원심의 판단을 수긍한 사례).

39) 대법원 1992.2.11.선고 91후1427 판결【거절사정】(출원상표 "OLD ENGLAND"는 전체적으로 관찰할 때 현저한 지리적 명칭인 "ENGLAND"로 인식되어 구 상표법 제8조 제1항 제4호에 해당하므로 등록출원을 허용할 수 없다고 한 사례).

40) 특허법원 2003.4.11.선고 2003허175 판결.

41) 대법원 1986.7.22.선고 85후103 판결.

42) 특허법원 2010.7.16.선고 2010허555 판결[거절결정(상)]('FUJI'는 일본의 최고 높은 산인 후지산의 이름으로서 현저한 지리적 명칭에 해당하고, 'FUJI' 부분이 다른 문자와 결합되어 있다 하더라도 'FUJI' 부분 자체는 자타 상품의 식별력이 없다고 한 사례).

43) 대법원 1994.10.7.선고 94후319 판결【서비스표등록무효】["동아"가 "동부아시아"에서 따온 말이라고 하더라도 "동부아시아"가 일반적으로 "동아"로 약칭된다고 보기 어려울 뿐만 아니라 "동부아시아"도 그 범위가 확정되어 있지 아니한 다소 추상적인 지리적 · 지정학적 관념일 뿐이어서 "동부아시아" 또는 "동아"를 구 상표법(1990.1.13. 법률 제4210호로 전문 개정되기 전의 것) 제8조 제1항 제4호 소정의 현저한 지리적 명칭이나 그 약칭에 해

泉),45) 중동GASTECH,46) PIZZA TO GO,47)   경기도시공사   48) 등이
Gyeonggi Urban Innovation Corporation

당한다고 볼 수 없다고 판시한 사례].

44) 대법원 1990.1.23. 선고 88후1397 판결【상표등록무효】 (등록상표 "강
    남약국" 중 "강남"이 1975.10.1. 서울특별시 성동구로부터 분리된 강남구
    의 명칭과 동일하기는 하나 "강남"은 강의 남부지역, 강의 남방을 이르던
    말로 남쪽의 먼 곳이라는 뜻으로 사용되고 있으므로 위 등록상표는 상표법
    제8조 제4호 소정의 현저한 지리적 명칭으로 된 상표로 볼 수 없다고 판시
    한 사례).

45) 특허법원 2000.12.8.선고 2000허624 판결.

46) 특허법원 2000.4.27.선고 99허9076 판결.

47) 대법원 1997.8.22.선고 96후1682 판결.

48) 특허법원 2009.7.10.선고 2009허2302 판결[거절결정(상)] (확정)에서
    "이 사건 출원서비스표 ' 경기도시공사 '는 '경기도시공사'라는 한글 아
         Gyeonggi Urban Innovation Corporation
    래에 작은 글씨로 'Gyeonggi Urban Innovation Corporation'이라는 영문이
    병기된 표장으로 구성되어 있다. 이 가운데 '경기' 부분 자체는 현저한 지
    리적 명칭에 해당한다는 할 것이나, 그 나머지 부분인 '도시공사' 및 'Urban
    Innovation Corporation'이, 이 사건 출원서비스표의 지정서비스업과 관련
    하여 관용표장이나 기술적 표장에 해당한다고 볼 수는 없고, 또한, '도시공
    사'그 자체는 '도시개발사업을 수행할 목적으로 설립된 공공기업체'라는 의
    미를 갖고 있지만, 이 사건 출원서비스표의 지정서비스업에 관하여 '도시
    공사'가 '업종을 표시하는 표장'이라고 볼 수도 없다. 오히려, '경기도시공
    사'는 불가분적으로 결합되어 그 전체가 '경기도의 도시개발사업을 수행할
    목적으로 설립된 공공기업체'를 인식하게 하므로, 현저한 지리적 명칭인
    '경기'에 결합된 '도시공사' 부분이 단순히 부가적인 것이 아니라 새로운 관
    념을 낳게 하여 '경기도시공사' 전체가 독자적인 식별력을 가지게 되는 경
    우라고 할 것이다."라고 하여 이 표장이 현행 상표법 제33조 제1항 제4호
    의 현저한 지리적 명칭에 해당하지 않는다고 판시하였고, 아울러 이 판결
    은 "'경기도시공사'는 불가분적으로 결합되어 그 전체가 '경기도의 도시개
    발사업을 수행할 목적으로 설립된 공공기업체'를 인식하게 하는 점, 지방
    공사는 지방공기업법에 의하여 지방자치단체가 설립하는 것이고(지방공
    기업법 제2조, 제49조 참조), 공사가 매각되는 경우 매수인이 상법상의 청
    산 절차 없이도 주식회사로의 설립등기를 신청할 수 있지만 이 경우 주식
    회사의 상호에 '공사'라는 명칭은 사용할 수 없으므로(같은 법 제53조, 75
    조의5 참조), '경기도시공사'라는 표장을 일반수요자나 거래업계에서 누구
    나 자유롭게 사용하도록 할 공익적인 필요성은 없는 점 등에 비추어 보면,

있다.

3) 법 제33조 제1항 제3호의 '산지'와의 관계

산지만으로 된 상표를 규정하고 있는 상표법 제33조 제1항 제3호와의 관계에 있어 판단하면, 제3호의 산지는 생산지를 의미하고, 그 산지가 일반인에게 널리 알려질 필요는 없으며 다만 객관적으로 생산지로 인식되는 명칭이면 족하다. 반면에 본 호의 현저한 명칭은 일반인에게 널리 알려져 있어야 함을 전제로 생산지인지 여부는 불문한다. 따라서 양자는 서로 중복되는 부분이 발생할 수 있으며, 그 경우 어느 하나의 규정을 적용하거나 또는 두 규정 모두를 다 적용할 수도 있다.[49] 현저한 지리적 명칭·그 약어 또는 지도가 포함된 상표라 하더라도 지리적 표시 단체표장등록출원의 경우와 그 지리적 명칭 등이 상표의 주요 부분으로 볼 수 없고 그 나머지 부분에 의하여 식별력이 있는 경우에는 본 호를 적용하지 않는다. 다만, 지리적 명칭 등이 포함된 상표로서 그 지리적 명칭 등 이외의 부분이 지리적 명칭 등의 부기적 부분이거나 지리적 명칭 등에 흡수되어 불가분의 일체를 구성하고 있는 때에는 그러하지 아니하다. 지리적 명칭 등(지리적 명칭 등이 부기적인 경우를 포함)이 지정상품과의 관계에서 출처의 혼동을 일으킬 우려가 있다고 인정될 때에는 상표법 제34조 제1항 제12호의 규정도 아울러 같이 적용된다. 본 호가 규정하는 지리적 명칭과 업종명을 결합하여 만든 협회, 조합, 연구소 등 비영리단체와 상법상 회사의 명칭과 이들의 약칭에 대해서는 본 호의 규정은 이를 적용하지 아니한다. 예컨대 ROCHAS PARIS(지정상품: 화장품류)의 경우, ROCHAS가 회사명을 표시하더라도 PARIS가 현저

이 사건 출원서비스표가 자타 상표를 식별할 수 없는 것이라고 할 수 없다." 라고 하여 현행 상표법 제33조 제1항 제7호의 기타 자타 상표를 식별할 수 없는 경우에도 해당하지 않는다고 판시하였다.

49) 대법원 2003.7.11.선고 2002후2464 판결 【등록무효(상)】.

한 지리적 명칭으로 부각되어 지리적 명칭인 표장에 해당한다. 그리고 오거스타(Augusta)(지정상품: 골프용품)의 경우, 오거스타는 미국 메인주의 도시로 골프용품과 관련하여 현저한 지리적 명칭에 해당한다.

(2) 판 단

[1] 시적 기준: 상표등록여부 결정 시가 되며, 국내에서의 거래실정에 따라 판단한다.

[2] 인적 기준: 현저한 지리적 명칭은 산지표시와는 달리 지정상품과의 관계에서 상대적으로 결정되는 것이 아니라는 점에서 통상적인 일반인의 평균적인 인식을 기준으로 현저성 여부를 판단한다.

> **대법원 2015.1.29.선고 2014후2283 판결[거절결정(상)]**

[판시사항]

[1] 상표법 제6조 제1항 제4호의 규정 취지와 현저한 지리적 명칭 등이 다른 식별력 없는 표장과 결합에 의하여 본래의 현저한 지리적 명칭 등을 떠나 새로운 관념을 낳거나 새로운 식별력을 형성하는 경우, 상표법 제6조 제1항 제4호의 적용이 배제되는지 여부(적극) / 출원상표가 상표법 제6조 제1항 각 호의 식별력 요건을 갖추고 있는지에 관한 판단의 기준 시점

[2] 특허청 심사관이 지정상품을 농산물이유식 등으로 하는 "서 울 대 학 교"로 구성된 출원상표가 상표법 제6조 제1항 제4호, 제7호에 해당한다는 이유로 상표등록을 거절하는 결정을 한 사안에서, 위 출원상표는 충분한 식별력을 가지므로 상표등록이 허용되어야 한다고 한 사례

[판결요지]

[1] 상표법 제6조 제1항 제4호는 현저한 지리적 명칭·그 약어 또는 지도만으로 된 상표는 등록을 받을 수 없다고 규정하고 있다. 이와 같은 상표는 현저성과 주지성 때문에 상표의 식별력을 인정할 수 없어 어느 특정 개

인에게만 독점사용권을 부여하지 않으려는 데 규정의 취지가 있다. 이에 비추어 보면, 상표법 제6조 제1항 제4호의 규정은 현저한 지리적 명칭 등이 다른 식별력 없는 표장과 결합되어 있는 경우에도 적용될 수 있기는 하나, 그러한 결합에 의하여 본래의 현저한 지리적 명칭 등을 떠나 새로운 관념을 낳거나 새로운 식별력을 형성하는 경우에는 위 법조항의 적용이 배제된다.

한편 출원상표가 상표법 제6조 제1항 각 호의 식별력 요건을 갖추고 있는지 여부에 관한 판단의 기준 시점은 원칙적으로 상표에 대하여 등록 여부를 결정하는 결정 시이고, 거절결정에 대한 불복 심판에 의하여 등록 허부가 결정되는 경우에는 심결 시이다.

[2] 특허청 심사관이 지정상품을 농산물이유식 등으로 하는 "서 울 대 학 교"로 구성된 출원상표가 상표법 제6조 제1항 제4호, 제7호에 해당한다는 이유로 상표등록을 거절하는 결정을 한 사안에서, 위 출원상표는 현저한 지리적 명칭인 '서울'과 흔히 있는 명칭인 '대학교'가 불가분적으로 결합됨에 따라, 단순히 '서울에 있는 대학교'라는 의미가 아니라 '서울특별시 관악구 등에 소재하고 있는 국립종합대학교'라는 새로운 관념이 일반 수요자나 거래자 사이에 형성되어 충분한 식별력을 가지므로 위 지정상품에 대한 상표등록이 허용되어야 한다고 본 원심판단에 법리오해 등의 위법이 없다고 한 사례.

(3) 상표법상 취급

[1] 현저한 지리적 명칭만으로 된 상표에 해당하는 경우에는 상표로서의 일반적 등록요건을 흠결한 것이므로 상표등록거절이유(상 제54조 제3호), 정보제공이유(상 제49조), 이의신청이유(상 제60조 제1항) 등에 해당한다.

[2] 지리적 명칭이 부기인 경우라도 그것이 지정상품과의 관계에서 출처의 혼동을 일으킬 우려가 있다고 인정되면 상표법 제34조 제1항 제12호의 규정을 함께 적용한다.

[3] 현저한 지리적 명칭이나 그 약어 또는 지도만으로 된 상표는

상표등록을 받은 경우에도 상표권의 소극적 효력이 제한되면, 상표의 유사여부를 판단함에 있어서도 이러한 부분은 자타상품의 식별력이 없어서 이를 제외한 나머지 부분만을 대비하여 관찰함이 일반적이므로 현저한 지리적 명칭만으로 된 상표는 그와 동일·유사한 부분을 포함한 타인의 후출원상표등록을 배제하지 못한다.

(4) 사　례

① 대법원 2012.12.13.선고 2011후958 판결[거절결정(상)][공2013상,193]

[판시사항]

[1] 상표법 제6조 제1항 제4호의 규정 취지와 현저한 지리적 명칭 등이 기술적 표장 등과 결합되어 있는 경우 그 사정만으로 위 법조항의 적용이 배제되는지 여부(원칙적 소극) 및 위 규정에서 말하는 '현저한 지리적 명칭'의 의미

[2] 갑 외국회사가 출원상표 "　GEORGIA　"를 출원하였으나 특허청이 출원상표가 상표법 제6조 제1항 제4호 등에 해당한다는 이유로 등록거절결정을 한 사안에서, 위 출원상표는 현저한 지리적 명칭인 'GEORGIA'로 인식될 것이어서 상표법 제6조 제1항 제4호에 해당된다고 한 사례

[판결요지]

[1] 상표법 제6조 제1항 제4호는 현저한 지리적 명칭·그 약어 또는 지도만으로 된 상표는 등록을 받을 수 없다고 규정하고 있다. 이와 같은 상표는 그 현저성과 주지성 때문에 상표의 식별력을 인정할 수 없어 어느 특정 개인에게만 독점사용권을 부여하지 않으려는 데 그 규정의 취지가 있다. 이에 비추어 보면, 상표법 제6조 제1항 제4호의 규정은 현저한 지리적 명칭, 그 약어 또는 지도만으로 된 표장에만 적용되는 것이 아니고, 현저한 지리적 명칭 등이 식별력 없는 기술적 표장 등과 결합되어 있는 경우라고 하더라도 그 결합에 의하여 본래의 현저한 지리적 명칭이나 기술적 의미 등을 떠나 새로운 관념을 낳는다거나 새로운 식별력을 형성하는 것이 아니

라면 지리적 명칭 등과 기술적 표장 등이 결합된 표장이라는 사정만으로 위 법조항의 적용이 배제된다고 할 수 없다. 한편 위 규정에서 말하는 현저한 지리적 명칭이란 단순히 지리적, 지역적 명칭을 말하는 것일 뿐 특정상품과 지리적 명칭을 연관하여 그 지방 특산물의 산지표시로서의 지리적 명칭임을 요하는 것은 아니라 할 것이다. 따라서 그 지리적 명칭이 현저하기만 하면 여기에 해당하고, 지정상품과 사이에 특수한 관계가 있음을 인식할 수 있어야만 하는 것은 아니다.

  [2] 갑 외국회사가 출원상표 " **GEORGIA** "를 출원하였으나 특허청이 출원상표가 상표법 제6조 제1항 제4호 등에 해당한다는 이유로 등록거절결정을 한 사안에서, 위 표장 중 문자부분 'GEORGIA'는 아시아 북서부에 있는 국가인 그루지야의 영문 명칭 또는 미국 남동부 주의 명칭으로서 일반 수요자들에게 널리 알려져 있으므로 현저한 지리적 명칭에 해당하고, 커피 원두 도형은 커피 원두의 형상과 모양을 그대로 표시한 것에 불과하며, 찻잔 도형은 다소 도안화가 되어 있으나 찻잔 형상의 기본적인 형태를 유지하고 있어 일반 수요자들이 이를 출원상표의 지정상품 중 커피의 원두와 그 음용의 용도에 쓰이는 찻잔의 형상으로 직감할 수 있으므로 이들 도형부분은 커피와 관련하여 볼 때 식별력이 없고, 위 문자부분과 도형부분의 결합에 의하여 출원상표가 본래의 현저한 지리적 명칭이나 기술적 의미를 떠나 새로운 관념을 낳는다거나 새로운 식별력을 형성하는 것도 아니므로, 위 출원상표는 전체적으로 보아 일반 수요자들 사이에 주로 현저한 지리적 명칭인 'GEORGIA'로 인식될 것이어서 상표법 제6조 제1항 제4호가 규정하는 현저한 지리적 명칭만으로 된 표장에 해당된다고 한 사례.

② 대법원 2012.11.15.선고 2011후1982판결

[판시사항]

  [1] 등록상표의 구성 중 오랜 기간 사용으로 식별력을 취득한 부분을 포함함으로써 그 이외 구성 부분과의 결합으로 이미 취득한 식별력이 감쇄되지 않는 경우 등록상표의 식별력 유무(적극) 및 위 법리가 서비스표의 경우에도 적용되는지 여부(적극)

[2] 갑 대학교산학협력단이 등록서비스표 " 경남대학교 "의 등록권리자을

KYUNGNAM UNIVERSIT
慶南大學校

학교법인을 상대로 등록서비스표가 상표법 제6조 제1항 제4호, 제7호 등
에 해당한다는 이유로 등록무효심판청구를 한 사안에서, 등록서비스표는
전체적으로 볼 때 지정서비스업에 대해 자타서비스업의 식별력이 없다고
할 수 없다는 이유로, 이와 달리 본 원심판결에 법리오해의 위법이 있다고
한 사례

[판결요지]

[1] 등록상표의 구성 중 식별력이 없거나 미약한 부분과 동일한 표장이
거래사회에서 오랜 기간 사용된 결과 상표의 등록 전부터 수요자 간에 누
구의 업무에 관련된 상품을 표시하는 것인가 현저하게 인식되어 있는 경우
에는 그 부분은 사용된 상품에 관하여 식별력을 가지게 되므로, 위와 같이
식별력을 취득한 부분을 그대로 포함함으로써 그 이외의 구성 부분과의 결
합으로 인하여 이미 취득한 식별력이 감쇄되지 않는 경우에는 그 등록상표
는 전체적으로 볼 때에도 그 사용된 상품에 관하여는 자타상품의 식별력이
없다고 할 수 없고, 이러한 법리는 상표법 제2조 제3항에 의하여 서비스표의
경우에도 마찬가지로 적용된다고 할 것이다. 경남대학교

[2] 갑 대학교산학협력단이 등록서비스표 " KYUNGNAM UNIVERSIT 慶南大學校 "의 등록 권리자
을 학교법인을 상대로 등록서비스표가 상표법 제6조 제1항 제4호, 제7호
등에 해당한다는 이유로 등록무효심판청구를 한 사안에서, 등록서비스표
의 구성 중 ' 경남대학교 ' 부분은 그 자체로는 현저한 지리적 명칭인 '경
상남도'의 약어인 '경남'과 보통명칭인 '대학교'를 표시한 것에 지나지 않아
식별력이 있다고 할 수 없으나, 오랜 기간 지정서비스업에 사용된 결과 등
록결정일 무렵에는 수요자 사이에 그 표장이 을 학교법인의 업무에 관련된
서비스업을 표시하는 것으로 현저하게 인식되기에 이르렀으므로 그 표장
이 사용된 지정서비스업에 관하여 식별력을 가지게 되었고, 위와 같이 식
별력을 취득한 ' 경남대학교 '부분을 그대로 포함한 등록서비스표는 영문
자 부분인 'KYUNGNAM UNIVERSITY' 및 한자 부분인 ' 慶南大學校 '와
의 결합으로 이미 취득한 식별력이 감쇄된다고 볼 수 없어 전체적으로 볼

때에도 지정서비스업에 대해서 자타서비스업의 식별력이 없다고 할 수 없다는 이유로, 이와 달리 본 원심판결에 법리오해의 위법이 있다고 한 사례.

③ 대법원 2010.6.24.선고 2009후3916 판결 【거절결정(상)】

[판시사항]

출원서비스표 "**천진함흥냉면**"에서는 '천진'이 '함흥냉면'과 함께 표기되어 있고, '함흥냉면'은 이미 그 자체로 냉면의 한 종류를 가리키는 관용표장으로 되었다 할 것인데, 일반적으로 음식이름을 포함하는 표장에서는 지역명칭을 함께 표기하는 경우가 흔히 있으므로, 비록 중국의 지명을 한글로 표기할 때 원칙적으로 중국어 표기법에 따르도록 되어 있는 외래어표기법에 의하면 '천진'을 중국식 발음인 '텐진'으로 표기한다 하더라도, 한자문화권인 우리의 언어관습상 위 출원서비스표의 '천진' 부분은 일반 수요자나 거래자들에게 현저한 지리적 명칭인 중국의 도시명 '천진'의 한글 표기로 직감될 수 있다고 봄이 상당하므로, '함흥냉면' 부분은 위 출원서비스표의 지정서비스업과 관련하여 볼 때 식별력이 없고, '천진'과의 결합에 의하여 새로운 관념을 낳는다거나 전혀 다른 새로운 조어가 되었다고 할 수도 없으므로, 위 출원서비스표는 전체적으로 상표법 제6조 제1항 제4호가 규정하는 현저한 지리적 명칭만으로 된 표장에 해당한다고 한 사례

④ 대법원 2009.5.28.선고 2008후4691 판결 【등록무효(상)】

[판시사항]

[1] 등록상표 " "은 현저한 지리적 명칭인 '경주'와 보통명칭인 '빵'을 표시한 것에 지나지 않아 자타상품의 식별력이 있다고 할 수 없으나, 등록상표를 특정인이 독점적으로 사용하도록 하는 것이 부적절하다고 단정할 수 없으므로, 상표법 제6조 제1항 제7호에서 정한 '수요자가 누구의 업무에 관련된 상품을 표시하는 것인가를 식별할 수 없는 상표'에 해당

한다고 볼 수 없다고 한 사례

[2] 제척기간의 적용을 받지 않는 무효사유에 의해 무효심판을 청구한 후 그 심판 및 심결취소소송 절차에서 제척기간의 적용을 받는 무효사유를 새로 주장하는 것이 허용되는지 여부(소극)

⑤ 대법원 2006.1.26.선고 2004후1175 판결 【등록무효(상)】

[판시사항]

[1] 상표의 구성 중 식별력이 없거나 미약한 부분이 그 부분만으로 요부가 될 수 있는지 여부(한정 소극)

[2] 구 상표법하에서의 상표의 유사 여부를 판단함에 있어서 상표의 구성 중 현저한 지리적 명칭에 해당하는 부분이 자타상품을 식별할 수 있는 요부가 될 수 있는지 여부(소극)

[3] 구 상표법 시행 당시에 출원된 등록상표 "UNIVERSITY OF CAMBRIDGE"와 비교상표 "   "의 유사 여부를 판단함에 있어서 'CAMBRIDGE' 부분을 '사용에 의한 식별력 있는 요부'로 보아 양 상표에 공통으로 포함되어 있는 'CAMBRIDGE' 부분이 동일하다는 이유만으로 양 상표의 표장이 유사하다고 판단한 원심판결을 파기한 사례

[판결요지]

[1] 상표의 구성 중 식별력이 없거나 미약한 부분은 그 부분만으로는 요부가 된다고 할 수 없고, 이는 일체 불가분적으로 결합된 것이 아닌 한 그 부분이 다른 문자 등과 결합되어 있는 경우라도 마찬가지이다.

[2] 구 상표법(2001.2.3. 법률 제6414호로 개정되기 전의 것)하에서의 상표의 유사 여부를 판단함에 있어서는 상표의 구성 중 현저한 지리적 명칭에 해당하는 부분은 사용의 결과 수요자 간에 특정인의 상표로 현저하게 인식되어 있는지의 여부에 관계없이 자타상품을 식별할 수 있는 요부가 된다고 할 수 없다.

[3] 구 상표법(2001.2.3. 법률 제6414호로 개정되기 전의 것) 시행 당시에 출원된 등록상 "UNIVERSITY OF CAMBRIDGE"와 비교상표 "   "의 유사 여부

를 판단함에 있어서 비교상표의 구성 중 현저한 지리적 명칭에 해당하는 'CAMBRIDGE' 부분은 사용의 결과 수요자 간에 특정인의 상표로 현저하게 인식되어 있는지의 여부에 관계없이 식별력 있는 요부로 볼 수 없음에도 불구하고, 'CAMBRIDGE' 부분을 '사용에 의한 식별력 있는 요부'로 보아 양 상표에 공통으로 포함되어 있는 'CAMBRIDGE' 부분이 동일하다는 이유만 으로 양 상표의 표장이 유사하다고 판단한 원심판결을 파기한 사례.

⑥ 대법원 2006.1.26.선고 2003후2379 판결【등록무효(상)】

[판시사항]

[1] 구 상표법하에서 현저한 지리적 명칭 등으로 된 상표가 그 사용의 결과 수요자 간에 특정인의 상표로 현저하게 인식되어 있는 경우, 이를 상표법상의 상표로 등록받을 수 있는지 여부(소극) 및 현저한 지리적 명칭이 다른 문자와 결합되어 있는 경우 지리적 명칭 자체가 자타상품의 식별력이 부여되는 요부가 될 수 있는지 여부(소극)

[2] '개정 상표법 시행 전의 상표등록 출원에 의한 등록상표'와 '선출원에 의한 타인의 등록상표' 사이의 동일·유사 여부를 판단함에 있어서 개정 상표법의 규정을 적용할 수 있는지 여부(소극)

[3] 구 상표법 시행 당시에 출원된 등록상표 " "와 인용상표 " "의 유사 여부를 판단함에 있어서 인용상표의 구성 중 현저한 지리적 명칭에 해당하는 'CAMBRIDGE' 부분은 사용의 결과 수요자 간에 특정인의 상표로 현저하게 인식되어 있는지의 여부에 관계없이 식별력 있는 요부로 볼 수 없음에도 불구하고, 'CAMBRIDGE' 부분을 '사용에 의한 식별력 있는 요부'로 보아 양 상표에 공통으로 포함되어 있는 'CAMBRIDGE' 부분이 동일하다는 이유만으로 양 상표의 표장이 유사하다고 판단한 원심판결을 파기한 사례

⑦ 대법원 2000.6.13.선고 98후1273 판결 【거절사정(상)】

[판시사항]

[1] 상표법 제6조 제1항 제4호 소정의 '현저한 지리적 명칭'의 의미

[2] 상표등록거절사유를 규정한 '공업소유권의 보호를 위한 파리협약' 제6조의5 제2항 (b)의 '당해 상표가 두드러진 특징을 가지지 못할 경우'의 의미 및 판단 기준

[3] 미국에 등록된 출원상표 "JAVA"가 상표법 제6조 제1항 제4호 소정의 '현저한 지리적 명칭'만으로 된 상표로서 특별현저성이 없어 '공업소유권의 보호를 위한 파리협약' 제6조의5 제2항 (b)의 '당해 상표가 두드러진 특징을 가지지 못할 경우'에 해당되어 등록될 수 없다고 한 사례

[판결요지]

[1] 상표법 제6조 제1항 제4호에서 말하는 현저한 지리적 명칭이란 단순히 지리적, 지역적 명칭을 말하는 것일 뿐 특정상품과 지리적 명칭을 연관하여 그 지방의 특산물의 산지표시로서의 지리적 명칭임을 요하는 것은 아니라 할 것이며, 따라서 그 지리적 명칭이 현저하기만 하면 여기에 해당하고, 지정상품과의 사이에 특수한 관계가 있음을 인식할 수 있어야만 하는 것은 아니다.

[2] 공업소유권의 보호를 위한 파리협약 제6조 제1항은 "상표의 출원과 등록 조건은 각 동맹국에서 그 국내법에 따라 정한다."고 규정하고 있고, 제6조의5는 위 제6조 제1항에 대한 예외 내지 특례로서 이른바 외국등록 상표의 보호에 관하여 규정하고 있는바, 제6조의5 제1항 (a)에 의하면 "본국에서 정당하게 등록된 상표는 본조에서 명시된 유보를 따를 것을 조건으로 타 동맹국에 있어서도 그대로 출원이 받아들여지고 보호된다."고 하고 있고, 제2항의 (a)(b)(c)에서는 위 본국에서 정당하게 등록된 상표가 타 동맹국에서 등록받을 수 없는 경우를 각 규정하고 있는바, 위 제6조의5 제1항에서 말하는 '본조에서 명시된 유보'는 위 제6조의5 제2항의 (a)(b)(c)에서 규정하는 각 상표등록거절사유를 의미하는 것이고, 또 위 제2항의 (b)에서 말하는 '당해 상표가 두드러진 특징을 가지지 못할 경우'라 함은 당해

상표가 특별현저성이 없는 경우를 의미하는 것으로 보아야 할 것이며, 이러한 상표의 특별현저성은 각국의 법제, 거래 등 사회실정에 따라 독자적으로 판단하여야 한다.

[3] 출원상표 "JAVA"가 우리 나라에 출원되기 전에 미국에서 정당하게 등록된 사실은 인정되나, 위 출원상표는 현저한 지리적 명칭만으로 된 상표이고, 또 우리 상표법 제6조 제1항 제4호에서 현저한 지리적 명칭만으로 된 상표를 상표등록의 소극적 요건으로 규정한 취지는 이와 같은 상표는 그 현저성과 주지성 때문에 특별현저성을 인정할 수 없어 누구에게나 자유로운 사용을 허용하고 어느 특정인에게 독점사용권을 부여하지 않으려는 데 있다 할 것이므로, 결국 현저한 지리적 명칭만으로 된 위 출원상표는 특별현저성을 인정할 수 없어 '공업소유권의 보호를 위한 파리협약' 제6조의 5 제2항 (b)의 '당해 상표가 두드러진 특징을 가지지 못할 경우'에 해당되어 등록될 수 없다고 보아야 한다고 한 사례.

⑧ 대법원 1999.11.26.선고 98후1518 판결 【권리범위확인(상)】

[판시사항]

[1] 등록서비스표와 동일·유사한 다른 서비스표가 구 상표법 제26조 제3호에 해당하는 경우, 등록서비스표의 효력이 그 유사 서비스표에 미치는지 여부(소극)

[2] 현저한 지리적 명칭 등이 식별력이 없는 관용표장이나 업종표시 또는 기술적(記述的) 표장 등과 결합되어 있는 경우, 구 상표법 제26조 제3호의 적용이 배제되는지 여부(한정 소극)

[3] 등록된 서비스표와 유사한 서비스표가 현저한 지리적 명칭과 관용표장을 보통으로 사용하는 방법과 달리 도안되거나 다른 문자 또는 도형과 결합된 경우, 그 유사서비스표에 대하여 등록서비스표의 효력이 미치는지 여부(한정 소극)

[4] 등록서비스표 "(주)코리아리서치 KOREA RESEARCH CO., LTD"의 효력이 ㈎호 서비스표 "코리아리서치센터 Korea Research Center Ltd. +KRC"에 미치는지 여부(소극)

[판결요지]

[1] 구 상표법(1990.1.13. 법률 제4210호로 개정되기 전의 것) 제26조 제3호에서 등록상표의 지정상품과 동일·유사한 상품에 대하여 관용하는 상표와 현저한 지리적 명칭 등으로 된 상표에 대하여는 등록상표권의 효력이 미치지 아니한다고 규정한 취지는, 특별현저성 내지 식별력이 없는 관용표장이나 현저한 지리적 명칭 등으로 된 표장은 일반의 자유로운 사용을 보장하고자 하는 것으로서 상표 부등록 사유에 관한 규정인 같은 법 제8조 제1항 제2호, 제4호와 그 입법 취지가 일맥상통한다 할 것이나, 같은 법 제26조는 상표권의 효력의 범위가 제한될 등록상표의 요건에 관한 규정이 아니라 등록상표권의 금지적 효력을 받지 않고 자유로이 사용할 수 있는 유사상표의 요건에 관한 규정이라 할 것이고, 위 규정은 같은 법 제2조 제5항에 의하여 서비스표에도 동일하게 적용될 것이므로, 등록서비스표와 동일·유사한 다른 서비스표가 같은 법 제26조 제3호에 해당하는 경우에는 등록서비스표의 등록 경위나 등록무효 사유의 존부 또는 무효심결의 확정 여부에 관계없이 등록서비스표의 효력이 그 유사 서비스표에 미치지 아니한다.

[2] 구 상표법(1990.1.13. 법률 제4210호로 개정되기 전의 것) 제26조 제3호의 규정은 현저한 지리적 명칭, 그 약어 또는 지도만으로 된 표장 또는 관용표장만으로 된 표장에만 적용되는 것이 아니고, 현저한 지리적 명칭 등이 식별력 없는 관용표장이나 업종표시 또는 기술적(記述的) 표장 등과 결합되어 있는 경우라 하더라도 그 결합에 의하여 표장을 구성하고 있는 단어가 본래의 현저한 지리적 명칭이나 관용표장이나 업종표시 또는 기술적 의미를 떠나 새로운 관념을 낳는다거나 전혀 새로운 조어가 된 경우가 아니면, 지리적 명칭 등과 관용표장 등이 결합된 표장이라는 사정만으로 새로운 식별력이 부여된다고 볼 수 없어 같은 법 제26조 제3호의 규정의 적용이 배제된다고 볼 수 없다.

[3] 구 상표법(1990.1.13. 법률 제4210호로 개정되기 전의 것) 제26조 제3호에서는 같은 법 제26조 제1호, 제2호와는 달리 관용표장이나 현저한 지리적 명칭 등이 보통으로 사용하는 방법으로 표시된 표장으로 한정하지 아니하고 있으므로, 등록서비스표와 유사한 서비스표가 현저한 지리적 명칭

과 관용표장을 보통으로 사용하는 방법과 달리 도안되거나 다른 문자 또는 도형과 결합된 것이라 하더라도, 그 도안된 부분이나 추가적으로 결합된 문자나 도형 부분이 특히 일반의 주의를 끌 만한 것이 아니어서 전체적, 객관적, 종합적으로 보아 지리적 명칭이나 관용표장 또는 그 결합표장에 흡수되어 불가분의 일체를 구성하고 있다면, 그 유사 서비스표는 구 상표법 제26조 제3호에서 정한 서비스표에 해당한다 할 것이므로 이에 대하여는 등록서비스표의 효력이 미치지 아니한다.

[4] (개호 서비스표 "코리아리서치센터 Korea Research Center Ltd.+KRC"는 등록 서비스표인 "(주)코리아리서치 KOREA RESEARCH CO., LTD"와 호칭 및 관념이 유사한 서비스표이긴 하나, (개호 서비스표의 구성 중 '코리아' 내지 'KOREA'는 현저한 지리적 명칭에 해당하고, '리서치' 내지 'RESEARCH'는 등록서비스표의 지정 서비스업인 시장조사위탁업이나 시장조사업 등 당업계에서 관용하는 표장에 불과하며, 일반적인 회사 상호나 서비스표에 널리 관용되는 표장에 불과한 '센터' 내지 'CENTER', 주식회사의 영문 약자 표기인 'Ltd' 부분은 식별력이 없고, 다소 도안된 'KRC'라는 문자와 그 주위의 사각형이 결합되어 있으나, 'KRC'는 식별력이 없는 'Korea Research Center'와 함께 사용되는 한 그 약자임을 쉽게 알 수 있어 식별력이 있다 할 수 없고, 주의의 사각형의 도형과 결합되어 있으나 일반의 주위를 끌 만한 특수한 도안이나 태양으로 표시되어 있지 아니하므로, (개호 서비스표는 전체적, 객관적, 종합적으로 보아 외관에 있어 현저한 지리적 명칭인 '코리아' 내지 'KOREA'와 등록서비스표의 지정서비스업과 동일·유사한 서비스업에 대하여 관용하는 표장인 '리서치' 내지 'Research'가 결합된 서비스표에 불과하다 할 것이고, 그 결합에 의하여 '코리아(KOREA)' 및 '리서치(Research)'란 단어가 본래의 의미를 떠나 새로운 관념을 낳는다거나 전혀 새로운 조어가 된 경우라고 할 수 없으므로, (개호 서비스표는 구 상표법(1990.1.13. 법률 제4210호로 개정되기 전의 것) 제26조 제3호의 등록서비스표의 지정서비스업과 동일·유사한 서비스업에 대하여 관용하는 표장과 현저한 지리적 명칭으로 된 서비스표에 해당하여 등록서비스표의 효력은 (개호 표장에 미치지 아니한다.

⑨ 대법원 1994.9.27.선고 94다2213 판결【손해배상(기)】

[판시사항]

가. 서비스표의 등록이 무효인지의 여부와 관계없이 등록서비스표권의 효력이 미치지 않는 경우

나. 등록서비스표 "서울가든"이 현저한 지리적 명칭과 관용표장으로 구성되어 서비스표 "석촌서울가든"에 대하여 등록서비스표권의 효력이 미치지 않는다고 본 사례

다. 상표법 제51조 제3호 소정의 서비스표는 같은 조 제1호 본문 소정의 서비스표에 해당하더라도 부정경쟁의 목적으로 사용하는지 여부에 관계없이 등록서비스표권의 효력이 미칠 수 없는지의 여부

[판결요지]

가. 상표법 제51조는 상표권자가 상표법상 가지는 권리에 대하여 그 각 호에 해당하는 경우에는 상표권자에게 그 권리를 독점적으로 부여하는 것이 적절하지 않다고 인정하여 상표권의 효력이 미치지 않도록 규정한 것이므로 그 상표의 등록이 무효인가의 여부에 관계없이 상표권의 효력이 다른 상표에 미칠 수 없고, 이 법리는 상표법 제2조 제2항에 의하여 서비스표에도 동일하게 적용된다.

나. 도형과 문자로 결합된 등록서비스표의 문자 부분인 "서울가든" 중 "서울"은 대한민국 수도의 명칭으로서 현저한 지리적 명칭이고 "가든"은 현재 일반적, 관용적으로 음식점 특히 갈비집, 불고기집 등에 사용되고 있는 표장이므로, 이는 상표법 제51조 제3호의 규정에 의하여 타인이 사용하는 "석촌서울가든"이라는 문자로 된 서비스표에 대하여는 그 효력이 미치지 아니한다고 본사례.

다. 어느 서비스표가 상표법 제51조 제3호 소정의 관용표장, 현저한 지리적 명칭으로 이루어진 경우에는 비록 그 서비스표가 한편으로 제51조 제1호 본문 소정의 자기의 상호를 보통으로 사용하는 방법으로 표시하는 서비스표에 해당하더라도 부정경쟁의 목적으로 사용하는지 여부에 관계없이 등록서비스표권의 효력이 이에 미칠 수 없다.

⑩ 대법원 1992.11.10.선고 92후452 판결 【거절사정】

[판시사항]

가. 출원상표의 특별 현저성 유무를 판단함에 있어 각 단어를 분리관찰한 조치의 적부(적극)

나. 현저한 지리적 명칭이 다른 문자와 결합된다면 그 지리적 명칭 자체에 자타상품의 식별력이 부여되는지 여부(소극)

다. 위 "가"항의 출원상표에 포함된 "긴자(銀座)"가 일반 수요자나 거래자에 대한 관계에서 현저하게 인식된 지리적 명칭이라 할 수 있는지 여부(적극)

라. 인용상표 "JOY"가 기술적 상표인지 여부(소극)

[판결요지]

가. 출원상표 "**GINZA BOUTIQUE JOY** 銀座 ブティックジョイ"는 영어로 된 "GINZA BOUTIQUE JOY"와 한자 및 일어로 된 '銀座 ブティックジョイ'가 결합된 결합상표로서 이를 구성하는 각 단어가 외관상 분리되어 있을 뿐 아니라 각 단어의 결합에 의하여 이를 구성하는 각 단어의 본래의 의미를 떠나 새로운 관념을 낳는다거나 전혀 다른 새로운 조어가 되었다고 할 수도 없으므로 위 각 단어를 분리관찰함이 부자연스럽다고 할 수 없다.

나. 보통명칭, 관용표장, 기술적 표장, 현저한 지리적 명칭으로 된 상표는 자타상품의 식별력이 약할 뿐 아니라 누구든지 자유롭게 사용할 수 있어야 하는 것이어서 특정인에게 배타적인 독점권을 부여하는 것이 적당하지 아니하므로 상표의 등록이 금지되고, 등록된 상표라 하더라도 그 효력이 미치지 아니하며, 따라서 현저한 지리적 명칭이 다른 문자와 결합되어 있다 하더라도 그 지리적 명칭 자체에 자타상품의 식별력이 부여된다고 볼 수 없다.

다. 긴자(銀座)는 일본국 동경에 있는 번화가의 이름으로서 출원상표의 지정상품이 향수나 콤팩트 등 화장품인 점을 고려하여 볼 때 그 일반 거래자나 수요자는 유행에 민감한 여성으로 보여지고 그들은 긴자에 대하여 잘 인식하고 있다고 보여지므로 긴자는 일반 수요자나 거래자에 대한 관계에 있어서 현저하게 인식된 지리적 명칭이라 할 수 있다.

라. 인용상표 "JOY"는 일반 거래자나 수요자에게 그 지정상품을 사용하면 기쁨을 얻을 수 있다고 암시하는 의미가 전혀 없다고 할 수는 없으나 지정상품의 효능을 보통으로 표시하고 있다고 볼 수는 없다.

⑪ 대법원 1992.2.11.선고 91후1427 판결 【거절사정】

[판시사항]

가. 결합상표에 대한 특별현저성 유무의 판단방법

나. 출원상표 "OLD ENGLAND"는 현저한 지리적 명칭인 "ENGLAND"로 인식되므로 등록출원을 허용할 수 없다고 한 사례

[판결요지]

가. 두 개 이상의 기호, 문자 또는 도형으로 이루어진 결합상표에 있어서는 그 상표를 구성하고 있는 각 구성부분을 하나 하나 떼어서 볼 것이 아니라 구성부분 전체를 하나로 보아서 특별현저성 유무를 판단하여야 한다.

나. 출원상표 "OLD ENGLAND"는 전체적으로 관찰할 때 현저한 지리적 명칭인 "ENGLAND"로 인식되어 구 상표법 제8조 제1항 제4호에 해당하므로 등록출원을 허용할 수 없다고 한 사례.

⑫ 대법원 1989.2.14.선고 86후26 판결 【권리범위확인】

[판시사항]

영문자 "manhattan"이라 표기한 표장이 상표법 제26조 제3호 소정의 현저한 지리적 명칭에 해당하는지 여부(적극)

[판결요지]

영문자 "manhattan"이 미국 뉴욕시의 유명한 번화가로서 대표적인 행정구역의 명칭이라는 사실은 쉽게 인식할 수 있고, 오늘날 우리나라의 영어 보급 수준이나 우리나라와 미국간의 교역증가에 따른 빈번한 상거래와 해

외여행 및 정보화시대, 광역화시대에 살고 있는 오늘의 실정에 비추어 보더라도 현저한 지리적 명칭으로 일반수요자나 거래자에게 쉽게 인식되므로 이는 상표법 제26조 제3호 소정의 현저한 지리적 명칭에 해당한다.

5. 기타 상품의 식별력이 없는 상표(일반규정)

(1) 의 의

[1] 상표법 제33조 제1항 제7호: 상표법 제33조 제1항 제1호 내지 제6호 외에 수요자가 누구의 업무에 관련된 상품을 표시하는 것인가를 식별할 수 없는 상표는 상표로서 등록될 수 없다라고 규정하고 있다.

[2] 상표법은 제33조 제1항 제1호 내지 제6호에는 해당되지 않으나 그 각호의 취지로 보아 거절하는 것이 적당한 것으로 인정되는 상표들에 대하여 등록을 받아주지 아니하도록 한 취지의 보충규정으로서 상표법 제33조 제1항 제7호의 규정을 둔 것이다. 하지만 이 규정은 등록을 받을 수 없는 상표, 즉 상표법 제33조 제1항의 일반규정으로서 제1호에서 제6호까지는 해당하지 않고 또 식별력이 없는 표장이면 모두 본 호에 해당한다.

[3] 예컨대 일반적으로 쓰이는 구호, 표어, 인사말이나 인칭대명사 또는 유행어로 표시한 표장이나 사람, 동식물, 자연물 또는 문화재를 사진, 인쇄 또는 복사하는 등의 형태로 구성된 표장으로 외관상 식별이 곤란한 것 등이 모두 본 호에 해당한다.

[4] 어떤 상표가 상표법 제33조 제1항 제7호에 해당하는지 여부는 그 상표가 가지고 있는 관념, 지정상품과의 관계, 거래사회의 실정, 특정인에게 그 상표를 독점시키는 것이 공익상 적절한지 여부 등을 감안하여 객관적으로 결정한다.

(2) 판단기준

[1] 시적 기준 : 상표등록여부 결정 시를 기준으로 판단한다.

[2] 지역적 기준: 국내주의를 취하여 국내의 거래상황을 기준으로 한다.

[3] 인적 기준: 일반 수요자와 거래의 평균적 인식을 기준으로 한다.

[4] 구체적으로 (i) 외관상으로 보아 사회통념상 식별력을 인정하기 곤란한 경우, (ii) 다수인이 현실적으로 사용하고 있어 식별력이 인정되지 않는 경우, (iii) 공익상 특정인에게 독점시키는 것이 적합하지 않다고 인정되는 경우에 이에 해당한다.

장소적 의미가 있는 표장으로 식별력이 없는 표장: Land, Mart, Club, Plaza, World, Outlet, Depot, 마을, 마당, 촌, Bank, village, House, Town, Park, 나라 등.

6. 식별력이 없는 표장 간의 결합상표

[1] 식별력이 없는 표장으로만 결합된 표장은 식별력이 없어 상표로서 받을 수 없다. 다만, 결합에 의하여 새로운 관념 또는 새로운 식별력을 형성하는 경우에는 그러하지 않다.

예: 지정상품을 일반상품에 SC Spcial 이라 하는 경우

[2] 상표는 표장의 요부만을 가지고 판단하는 것이 아니라 전체적으로 판단하는 것이 원칙이고 전체적으로 판단하기 어려울 때에 요부 등을 나누어 판단한다.

Ⅱ. 사용에 의한 식별력(상 제33조 제2항)

[1] 상표출원 시에는 식별력이 없었으나 계속 사용으로 인하여 식별력을 취득할 수도 있다. 그런 경우 그 표장에 대해 상표등록을 허여하는 것이다.

예: 자동차 포드(인명), 현대자동차외 엑셀 등

[2] 기술적 상표, 현저한 지리적 명칭, 흔히 있는 성이나 명칭, 간단하고 흔한 표장이라도 상표등록출원 전부터 그 상표를 사용한 결과 수요자 간에 특정인의 상품에 관한 출처를 표시하는 것으로 식별할 수 있게 된 경우에는 그 상표를 사용한 상품에 한하여 등록이 가능하도록 하고 있다(상 제33조 제2항). 산지표시 기술적 상표 및 현저한 지리적 명칭만으로 된 상표라도 그 표장이 특정 상품에 대한 지리적 표시인 경우에는 그 지리적 표시를 사용한 상품을 지정상품(제38조 제1항에 따라 지정한 상품 및 제86조 제1항에 따라 추가로 지정한 상품을 말한다. 이하 같다)으로 하여 지리적 표시 단체표장등록을 받을 수 있다(상표법 제33조 제3항).[50)]

구 분	2014년 개정전 상표법	2014년 상표법 당초 개정안
식별력 확보로 등록가능 상표 범위	기술적 상표 (또는 성질표시 상표) 현저한 지리적 명칭 흔히 있는 성이나 명칭 간단하고 흔한 표장	관용상표(추가) (좌동) (좌동) (좌동) (좌동) 기타 식별력 없는 상표(추가)
식별력 인정 요건	상표 사용 결과 수요자 간에 누구의 업무에 관련된 상품을 표시하는 것인가 현저하게 인식되어 있을 것	상표 사용 결과 수요자 간에 특정인의 상품에 관한 출처를 표시하는 것으로 인식된 것

---

50) [시행 2016.9.1.][법률 제14033호, 2016.2.29, 전부개정].

2014년 상표법 당초 개정안은 제6조(현행 제33조) 제1항 제2호의 "그 상품에 대하여 관용하는 상표"와 제7호의 "수요자가 누구의 업무에 관련된 상품을 표시하는 것인가를 식별할 수 없는 상표"를 상표등록출원 전부터 사용한 결과 식별력이 확보될 경우 등록할 수 있는 상표에 포함하고자 하는 것이었다.[51] 이 당초 개정안은 해당 상표 사용자의 조속한 권리확보 및 수요자의 신뢰유지 등에 기여할 수 있다는 점에서 필요성이 있는 규정으로 볼 수 있는데, 이러한 '관용상표'와 '식별력 없는 상표'를 식별력 확보를 전제로 하는 등록가능 상표의 범위에 포함시키는 것은 논리상 상호 부합되지 않는 측면이 있어 보인다고 하여 이 부분을 제외하였다. 즉, 전술한 2014년 상표법 개정안 검토보고서에서는 '관용상표'와 '기타 식별력 없는 상표'가 식별력을 확보할 경우 해당 상표는 이미 '관용상표'와 '식별력 없는 상표'에 해당되지 않기 때문으로 이 경우 해당 상표는 현행법의 체계 내에서도 등록이 가능한 상표가 된다고 하였다.[52] 관용상표는 보통명칭화(generic mark)로 되어 지정상품 내지 지정서비스 자체를 의미하게 되어 지정상품 내지 지정서비스의 출처를 표시하지 못하게 되므로 사용에 의한 식별력을 인정하기 어렵다는 점에서 구 상표법 제6조(현행 상표법 제33조) 제1항 제2호의 '관용상표'에 대해서는 사용에 의한 식별력 취득을 인정하지 않는 것이 구 상표법 제6조(현행 상표법 제33조) 제1항 제1호의 '보통명칭상표'에 대해서 사용에 의한 식별력 취득을 인정하지 않는 논리와 부합된다. 하지만 구 상표법 제6조(현행 상표법 제33조) 제1항 제7호의 '기타 식별력 없는 상표'에 대해서 사용에 의한 식별력을 확보할 경우에는 당연히 등록요건을 충족하는 것이 아니라 그 법적 근거규정이 필요하다는

---

51) 이동근, 상표법 일부개정법률안(김한표의원 대표발의안) 검토보고서, 산업통상자원위원회, 2014년 2월, 5면-6면(이하 "이동근, 상표법 검토보고서"로 표시).

52) 이동근, 상표법 검토보고서, 6면.

점에서 구 상표법 제6조(현행 상표법 제33조) 제2항에서 구 상표법 제 6조(현행 상표법 제33조) 제1항 제7호에 대해 적용하여야 한다. 특히 아래에서 보듯이 대법원 2012.12.27.선고 2012후2951 판결[등록무효(상)]에서 구 상표법 제6조(현행 상표법 제33조) 제2항에서 구 상표법 제6조(현행 상표법 제33조) 제1항 제7호를 적용하고 있다는 점에서 이를 입법에서 반영하는 것이 바람직하였을 것이다.

[3] 2014년 개정 상표법53)에서 식별력 인정 요건을 '수요자 간 현저한 인식'에서 '수요자 간 인식'으로 변경한 것은 개정 전 상표법 제 6조(현행 상표법 제33조) 제2항의 요건이 지나치게 엄격하여 경쟁자의 모방행위에 대한 효과적인 대응을 곤란하게 하고 있다는 점에 기인한다. 2014년 개정 전 실무에서는 식별력이 없어 보이는 표장에 대해 사용에 의한 식별력 취득 요건을 주장하기보다는 해당 상표구성의 외관 및 수용자 실제인식을 고려하여 해당 표장의 식별력이 있다는 주장을 제출하는 방법을 채택하고 있었다고 한다.54) 따라서 식별력 인정 요건이 완화된 만큼 판례의 변화도 주시할 필요가 있다.

[4] 사용에 의한 식별력의 판단기준:55) 사용에 의한 식별력은 원래 식별력이 없는 표장에 대세적인 권리를 부여하는 것이므로 과거에는 그 기준을 엄격하게 해석·적용하여야 한다고 보고 '현저하게 인식'된 경우로 주지상표보다 높은 인식도를 요구하였다. 이는 "외국의 입법례에 비해서 요건이 너무 높고 제3자의 부정경쟁 목적의 사용으로 진정한 상표사용자의 이익 침해는 물론 수요자의 상품 품

---

53) [시행 2014.6.11.] [법률 제12751호, 2014.6.11., 일부개정].
54) 전응준, "상표법상 사용에 의한 식별력 판단기준에 대한 토론문," 중앙법학회 2015년 동계학술대회[2015년 2월 28일, 중앙대학교 법학관(303관) 2층 모의법정], 1면.
55) 李圭鎬, "상표법상 사용에 의한 식별력 판단기준,"「중앙법학」, 제17집 제1호, 2015년 3월, 271-309면.

질 및 출처의 오인·혼동을 초래하여 상거래 질서를 어지럽히는 폐
해가 커 2014.6.11. 시행한 상표법에서 "특정인의 상품에 관한 출처
를 표시하는 것으로 식별할 수 있게 된 경우"로 인식도 요건을 완화
하였다."[56)

현행 상표심사기준[57)에 따르면, "'식별할 수 있게 된 정도'란 상표
법 제34조 제1항 제13호의 특정인의 상품을 표시하는 것이라고 인
식되어 있는 상표의 인식도보다는 높되, 상표법 제34조 제1항 제9
호[58)의 타인의 상품을 표시하는 것이라고 수요자간에 현저하게 인
식되어 있는 상표 즉, 주지상표의 인식도보다는 낮은 단계를 의미
하며, 일부지역에서 일부 거래자나 수요자 간에 특정인의 상품에
관한 출처를 표시하는 것으로 식별할 수 있게 된 경우에도 인정 가
능한 것으로 본다."라고 한다. 상표법 제34조 제1항 제13호에서는
특정출처로서의 인식이면 족하고 수요자가 상품의 제조자가 누구
인지 여부를 구체적으로 인식할 필요는 없다. 따라서 인식된 정도
는 상표법 제34조 제1항 제9호의 주지도보다는 낮은 수준을 의미한
다."라고 기술하고 있다.[59) 상표법 제34조 제1항 제9호의 주지상표

---

56) 상표심사기준(2014년 12월 30일 개정, 2015년 1월 1일 시행) § 2.2.2.
57) 상표심사기준(2016.8.29.개정, 2016.9.1.시행, 특허청 예규 제90호) 제4
    부 제9장 § 2.2.2.
58) 현행 상표법 제34조 제1항 제9호는 "타인의 상품을 표시하는 것이라고 수
    요자들에게 널리 인식되어 있는 상표(지리적 표시는 제외한다)와 동일·
    유사한 상표로서 그 타인의 상품과 동일·유사한 상품에 사용하는 상표"
    를, 현행 상표법 제34조 제1항 제10호는 "특정 지역의 상품을 표시하는 것
    이라고 수요자들에게 널리 인식되어 있는 타인의 지리적 표시와 동일·유
    사한 상표로서 그 지리적 표시를 사용하는 상품과 동일하다고 인정되어 있
    는 상품에 사용하는 상표"를 각각 부등록사유로 규정하고 있다.
59) 국내외에서 특정인의 상품표시로 인식되는 상표와 동일·유사한 상표는
    출원인의 주관적 의사를 불문하고 상표법 제7조 제1항 제9호, 제10호에 의
    해 거절되지만, (i) 국내외에서 특정인의 상품표시로 인식되는 상표와 동일
    또는 유사한 상표를 제3자가 출처혼동의 우려가 없는 비유사한 상품에 출

라 함은 특정인의 업무에 관한 상표를 상품에 사용한 결과 일반거 래자 및 수요자 간에 널리 인식되어 있는 상표를 의미한다. 판례에 따르면, 주지상표라 함은 반드시 수요자 또는 거래자가 그 상표 사 용인이 누구인가를 구체적으로 인식할 필요는 없다고 하더라도 적 어도 그 상표가 특정인의 상품에 사용되는 것임을 수요자 또는 거 래자 간에 널리 인식되어 있음을 필요로 하고, 주지상표인가의 여부 는 그 사용, 공급 또는 영업활동의 기간, 방법, 태양 및 거래범위 등 과 그 거래실정이나 사회통념상 객관적으로 널리 알려졌느냐의 여 부가 일응의 기준이 된다.[60]

상표법 제33조 제2항의 '사용에 의한 식별력'을 취득한 경우에 수 요자의 인식도 수준은 내재적 식별력을 가지는 경우의 수요자의 인 식도 수준과 동일하여야 할 것이다. 하지만 상표법 제34조 제1항 제 13호에서 규정한 수요자의 인식도가 상표법 제33조 제2항의 수요자 인식도보다 낮다면 그 경계선을 어떻게 구별할 수 있을지 의문이 든다.

상표법 제33조 제2항은 "제1항 제3호부터 제6호까지에 해당하는 상표라도 상표등록출원 전부터 그 상표를 사용한 결과 수요자 간에

원하거나, (ii) 외국에서만 특정인의 상품표시로 인식되는 상표를 출원한 경우에는 설사 부정한 목적에 의한 출원인 경우에도 위의 규정을 적용할 수 없으므로 1998년 개정 상표법은 진정한 상표사용자의 신용을 보호하고 수요자의 오인·혼동으로 인한 불이익을 미연에 방지하기 위하여 본 호의 규정을 신설하였다. 그리고 2005년 개정 상표법에서는 국내 또는 외국에 서 특정인의 상품표지로 인식되는 지리적 표시인 경우 적용되는 별도의 규 정을 마련하였다(상 제7조 제1항 제12호의2). 그런데 2007년 개정 이전의 상표법 하에서는 국내 또는 외국의 주지상표 즉 상표법 제7조 제1항 제9호 와 동일한 수준의 주지성을 요구하는 것으로 모방상표에 대한 등록배제의 실효성을 거두기가 곤란하였다. 그래서 2007년 개정을 통해 모방대상상표 의 주지성 정도를 완화하여 등록배제의 범위를 확대하여 모방상표의 등록 차단을 강화하고자 한 것이다.

60) 대법원 1991.11.22.선고 91후301 판결.

특정인의 상품에 관한 출처를 표시하는 것으로 식별할 수 있게 된 경우에는 그 상표를 사용한 상품에 한정하여 상표등록을 받을 수 있다."라고 규정하고 있다. 상표법 제34조 제1항 제13호는 (i) 국내외에서 특정인의 상품표시로 인식되는 상표와 동일 또는 유사한 상표를 제3자가 출처혼동의 우려가 없는 비유사한 상품에 출원하거나, (ii) 외국에서만 특정인의 상품표시로 인식되는 상표를 출원한 경우에도 적용되는 조문임을 감안하고, 상표법 제33조 제2항이 "수요자 간에 특정인의 상품에 관한 출처를 표시하는 것으로 식별할 수 있게 된 경우"라고 규정한 점을 감안할 필요가 있다. 따라서 상표법 제34조 제1항 제13호는 "국내 또는 외국의 수요자 간에 특정인의 상품을 표시하는 것이라고 인식되어 있는 상표(지리적 표시를 제외한다)와 동일 또는 유사한 상표로서 부당한 이익을 얻으려 하거나 그 특정인에게 손해를 가하려고 하는 등 부정한 목적을 가지고 사용하는 상표"를 부등록사유로 규정하면서 식별력 판단의 주체를 외국의 수요자로 확대하고 있어 특정 외국의 수요자 간에 특정인의 상품을 표시하는 것이라고 인식되어 있는 상표이지만 국내 수요자 간에 특정인의 상품을 표시하는 것이라고 인식되어 있지 않는 경우를 상정할 수 있기 때문에 국내 수요자를 기준으로 한다면 상표법 제33조 제2항에서 수요자의 식별력 인식도가 상표법 제33조 제1항 제13호의 수요자의 식별력 인식도에 비해 높다고 할 수 있다. 하지만, 국내외를 막론하고 식별력 인식도만을 기준으로 고려할 때 과연 상표법 제33조 제2항에 따른 수요자의 식별력 인식도가 상표법 제34조 제1항 제13호상 수요자의 식별력 인식도에 대해 높다고 할 수 있는지 의문이다.[61] 물론 두 조문상에는 문구에 차이가 있음을 알 수

---

61) 同旨 전응준, 앞의 토론문, 1면에서는 현행 상표법 "제7조 제1항 제12호도 종전 개정에서 '현저하게'의 요건을 삭제하여 적어도 법문의 표현형식이 [상표]법 제6조 제2항과 동일하게 되었으므로, 위 [상표]심사지침에서 말하는 바와 같이 [상표법 제7조 제1항] 제12호의 인식도보다 높게 '사용에 의한

있지만, 익명의 상품출처에 대해 양자가 허용하는 이상, 두 조문상 수요자의 인식도 수준의 차이를 구별하는 것은 쉽지 않을 뿐만 아니라 무의미한 작업일 수도 있다.

수요자들이 식별할 수 있는지 여부는 (i) 출원전 상당기간 사용한 결과 전국적으로 알려져 있는 경우와 일정지역에서 수요자들이 현저하게 인식하고 있는 경우도 포함한다. 다만 현저하게 인식하고 있는 지역의 범위에 대해서는 지정상품과의 관계를 충분히 고려하여 판단한다. (ii) 실제로 사용한 상표와 상품이 출원한 상표 및 그 지정상품과 동일하여야 하며, (iii) 사용에 의한 식별력을 주장하는 자는 입증자료를 제출하여야 한다.

[5] 판단시기: 등록여부 결정 시

[6] 인정범위: 그 사용에 의해 식별력을 취득한 상표에 한하므로 유사상표에 대한 등록은 불허하고, 해당 상품에 사용된 상표에 의해 식별력이 인정되므로 사용된 상품에만 한정하여 등록을 허용한다.

[7] 상표는 선출원이 원칙이나 사후적 사용에 의해 식별력을 취득한 경우라면 예외적으로 상표등록을 인정하여 독점배타적인 권리를 준다. 위의 사용에 의한 식별력을 취득하여 상표등록이 된 경우를 제외하고, 상표가 등록된 후 식별력이 상실된 상표는 무효심판을 청구할 수 있다(상 제117조 제1항 제6호).

[8] 사용에 의해 식별력이 인정된 경우 제3자가 권원 없이 자기의 상표를 동일 또는 유사한 상품에 사용하는 경우에는 부정경쟁방지법에 의해 보호받을 수 있다.

[9] 상표법 제33조(구 상표법 제6조) 제1항 제7호의 경우에도 사용에 의한 식별력 취득이 가능한지 여부: 대법원 2012.12.27.선고

식별력 취득'의 정도를 요구하여야 하는지 의문이 있다"는 점을 적시하고 있다.

2012후2951 판결[등록무효(상)]에 따르면, "상표법 제6조 제1항 제7호 소정의 '기타 식별력 없는 상표'에 해당하여 상표등록을 받을 수 없는 상표가 그 상표등록결정 또는 지정상품추가등록결정 전에 해당 지정상품에 관하여 수요자 사이에서 누구의 업무에 관련된 상품을 표시하는 것으로 현저하게 인식된 경우에 그 효과는 실제 사용자에게 귀속되는 것이므로, 그러한 상표가 해당 지정상품에 관하여 등록결정 또는 지정상품추가등록결정 당시 사용에 의한 식별력을 구비하였는지는 원칙적으로 출원인의 상표사용실적을 기준으로 판단하여야 한다. 다만 경우에 따라서는 출원인이 출원 전에 실제 사용자로부터 그 상표에 관한 권리를 양수할 수도 있는데, 그러한 경우에는 출원인 이외에 실제 사용자의 상표사용실적도 고려하여 출원상표가 사용에 의한 식별력을 구비하였는지를 판단할 수 있다. 이러한 법리는 상표법 제2조 제3항에 의하여 서비스표의 경우에도 마찬가지로 적용된다."라고 판시하여 현행 상표법 제33조(구 상표법 제6조) 제1항 제7호의 경우에도 사용에 의한 식별력 취득을 인정하고 있다. 따라서 상표법 제33조 제2항에 이 판례를 반영하여 개정할 필요가 있다. 그리고 이 판결은 사용에 의한 식별력 취득 기준을 출원인의 상표사용실적을 원칙으로 하되, 출원인이 출원 전에 실제 사용자로부터 그 상표에 관한 권리를 양수한 경우에는 출원인 뿐만 아니라 실제 사용자의 상표사용실적을 고려한다고 판시하였다.

[10] 실제로 사용에 의한 식별력 취득의 기준으로 고려할 요인을 충분히 설시한 판례로는 대법원 2008.9.25.선고 2006후2288 판결[등록무효(상)]가 있다. 이 판결은 "상표법 제6조 제2항이 상표를 등록출원 전에 사용한 결과 수요자 사이에 그 상표가 누구의 상품을 표시하는 상표인가 현저하게 인식되어 있는 것은 제6조 제1항 제3호 내지 제6호의 규정에 불구하고, 상표등록을 받을 수 있도록 규정한 것은, 원래 식별력이 없는 표장이어서 특정인에게 독점사용토록 하는 것이 적당하지 않은 표장에 대하여 대세적 권리를 부여하는

것이므로 그 기준은 엄격하게 해석·적용되어야 할 것이지만(대법
원 1994.5.24.선고 92후2274 전원합의체 판결 참조), 상표의 사용기간,
사용횟수 및 사용의 계속성, 그 상표가 부착된 상품의 생산·판매량
및 시장점유율, 광고·선전의 방법, 횟수, 내용, 기간 및 그 액수, 상
품품질의 우수성, 상표사용자의 명성과 신용, 상표의 경합적 사용의
정도 및 태양 등을 종합적으로 고려할 때 당해 상표가 사용된 상품
에 관한 거래자 및 수요자의 대다수에게 특정인의 상품을 표시하는
것으로 인식되기에 이르렀다면 사용에 의한 식별력의 취득을 인정
할 수 있다. 그리고 사용에 의한 식별력을 취득하는 상표는 실제로
사용한 상표 그 자체에 한하고 그와 유사한 상표에 대하여까지 식
별력 취득을 인정할 수는 없지만(대법원 2006.5.12.선고 2005후339 판
결 등 참조), 그와 동일성이 인정되는 상표의 장기간의 사용은 위 식
별력 취득에 도움이 되는 요소라 할 것이다."라고 판시하여 "상표의
사용기간, 사용횟수 및 사용의 계속성, 그 상표가 부착된 상품의 생
산·판매량 및 시장점유율, 광고·선전의 방법, 횟수, 내용, 기간 및
그 액수, 상품품질의 우수성, 상표사용자의 명성과 신용, 상표의 경
합적 사용의 정도 및 태양 등"을 사용에 의한 식별력 취득 여부를 판
단하는 고려요인으로 제시하고 있다. 전술한 바와 같이 2014년 개정
상표법 제6조(현행 상표법 제33조) 제2항 및 제3항에서는 사용에 의한
식별력 취득기준을 완화하고 있기 때문에 판례의 변화를 주목할 필
요가 있다. 이와 관련해서는 미국의 판례를 주목할 필요가 있다.

　[11] 미국의 제2순회구 연방항소법원에서는 사용에 의한 식별력
취득을 판단하기 위한 고려요인으로서 (i) 광고비용, (ii) 표장과 출
처와의 연계에 대한 소비자 조사(설문조사 포함), (iii) 상품에 대한 자
발적인 미디어 취재 수준, (iv) 판매의 성패, (v) 표장을 모방하려는
시도 및 (vi) 표장 사용의 기간 및 배타성을 들고 있다.[62] 미국 법원

---

62) Genesee Brewing Co. v. Stroh Brewing Co., 124 F.3d 137, 143 n. 4(2d

은 일반적으로 사용에 의한 식별력 취득을 인정하기 위하여 관련 소비자의 상당수(substantial proportion of the relevant consumer population)가 기술적 상표를 지정상품의 출처로 인식하게 될 것을 요건으로 판시하였다.[63]

미국의 제3순회구 연방항소법원에서는 그 판단기준으로서 (i) 구매자의 연상을 야기하는 판매 및 광고의 정도, (ii) 사용기간, (iii) 사용의 배타성, (iv) 모방한 사실, (v) 소비자 설문조사, (vi) 소비자 증언, (vii) 상업용 저널에서 그 표장의 사용, (viii) 회사의 규모, (ix) 판매량, (x) 수요자의 규모 및 (xi) 실제로 혼동하였는지 여부 등을 예시하였다.[64]

미국의 제7순회구 연방항소법원은 사용에 의한 식별력 취득의 판단기준으로서 (i) 광고의 분량과 방식, (ii) 판매량, (iii) 사용의 기간 및 방식, (iv) 소비자 증언, (v) 소비자 설문조사를 제시하였다.[65]

미국의 제9순회구 연방항소법원은 사용에 의한 식별력 취득의 판단기준의 예시로서 (i) 소비자 증언, (ii) 소비자 설문조사, (iii) 상표 사용의 배타성, 방식 및 기간, (iv) 광고의 분량 및 방식, (v) 판매량 및 소비자의 수, (vi) 시장점유비중, (vii) 피고가 고의로 모방하였는지 여부의 증거 등을 제시하였다.[66]

그런데 이와 관련하여 관련 수요자의 상당수 요건을 충족하는지

Cir. 1997).

63) See, e.g., Coach Leatherware Co. v. AnnTaylo, Inc., 933 F.2d 162, 168(2d Cir. 1991).

64) E.T. Browne Drug Co. v. Cococare Products, Inc., 538 F.3d 185, 199(3d Cir. 2008).

65) Platinum Home Mortgage Corp. v. Platinum Financial Group, Inc., 149 F.3d 722, 728(7th Cir. 1998).

66) Art Attacks Ink, LLC v. MGA Enter., Inc., 581 F.3d 1138, 1145(9th Cir. 2009); Japan Telecom, Inc. v. Japan Telecom Am., Inc., 287 F.3d 866, 62 U.S.P.Q.2d 1593(9th Cir. 2002).

여부를 판단하는 것이 문제될 수 있는데, 소비자 설문조사에 대한 증거가 제출된 경우에 미국 연방법원은 일반적으로 관련 소비자의 50% 이상이 그 기술적 상표의 식별력을 인정하면 사용에 의한 식별력을 취득한 것으로 본다.[67]

Ⅲ. 지리적 표시 단체표장 내지 지리적 표시 증명표장에 관한 실체적 등록요건

그 상품의 산지(産地)를 보통으로 사용하는 방법으로 표시한 표장만으로 된 상표 또는 현저한 지리적 명칭이나 그 약어(略語) 또는 지도만으로 된 상표라도 그 표장이 특정 상품에 대한 지리적 표시인 경우에는 그 지리적 표시를 사용한 상품을 지정상품(제38조 제1항에 따라 지정한 상품 및 제86조 제1항에 따라 추가로 지정한 상품을 말한다.)으로 하여 지리적 표시 단체표장등록을 받을 수 있다(상 제33조 제3항). 이는 지리적 표시 증명표장의 경우에도 마찬가지이다(상 제2조 제4항).

---

67) See, e.g., Harlequin Enterprises, Ltd. v. Gulf & Western Corp., 644 F.2d 946(2d Cir. 1981); Spraying Systems Co. v. Delavan, 975 F.2d 387, 394 (7th Cir. 1992).

제 3 절   법률상 등록을 받을 수 없는 상표(상표의 부등록사유)

I. 의 의

상표법 제33조에 규정된 식별력을 가지고 있는 상표라도 상표법이 규정하는 부등록사유(상 제34조)에 해당하는 경우에는 등록을 받을 수 없다. 부등록사유에 해당하는 경우에는 상표법 제54조의 거절이유에 해당되어 거절이유통지의 대상이 되며, 상표법 제49조에 의한 정보제공이 가능하며, 출원공고가 있는 때에는 상표법 제60조 제1항에 의해 이의신청이 가능하다. 그리고 착오등록 시에는 무효사유가 된다. 다만, 상표법 제34조 제1항 제6호부터 제10호까지 및 제16호의 경우에는 5년의 제척기간이 있다(상 제122조 제1항).

II. 내 용

가. 선출원에 의한 타인의 등록된 지리적 표시 단체표장과 동일·유사한 상표로서 그 지정상품과 동일하다고 인식되어 있는 상품에 사용하는 상표(상표법 제34조 제1항 제8호)

[1] 선출원에 의한 타인의 지리적 표시 등록단체표장과 동일 또는 유사한 상표로서 그 지정상품과 동일하다고 인식되어 있는 상품에 사용하는 상표는 등록을 받을 수 없다(상 제34조 제1항 제8호). 2011년 개정 상표법의 원안은 지리적 표시의 권리보호 범위를 동일상품에서 수요자 간에 동일하다고 인식되어 있는 상품까지 확대하고 있었다. 이는 한-EU FTA 협정문 제10.21조 제1항 나호에서 지리적

한-EU FTA 국문 협정문	한-EU FTA 영문 협정문
제10.21조 보호의 범위	Article 10.21 Scope of Protection
1. 제10.18조 및 제10.19조에 언급된 지리적 표시는 다음의 행위에 대하여 보호된다. 가. 상품의 지리적 근원에 대하여 대중의 오인을 유발하는 방법으로 당해상품이 진정한 원산지가 아닌 지역을 원산지로 한다고 표시하거나 암시하는 상품의 명명 또는 소개수단의 사용 나. 그 상품의 진정한 원산지가 표시되어 있거나 또는 지리적 표시가 번역 또는 음역되어 사용되거나 또는 "종류", "유형", "양식", "모조품" 등의 표현이 수반되어 사용되는 경우에도 당해 지리적 표시에 나타난 장소를 원산지로 하지 않는 유사상품[7]에 상품의 산지를 나타내는 지리적 표시의 사용, 그리고 다. 파리협약 제10조의2의 의미에서 부정경쟁행위를 구성하는 그 밖의 사용 각주 7) 모든 상품에 대하여, "유사상품"이라는 용어는 당해 지리적 표시에 나타난 장소를 원산지로 하지 아니하는 포도주에 대하여 포도주의 산지를 나타내는 지리적 표시 또는 해당 지리적 표시에 나타난 장소를 원산지로 하지 아니하는 증류주에 대하여 증류주의 산지를 나타내는 지리적 표시를 사용하는 것에 관한 무역관련 지적재산권에 관한 협정 제23조 제1항에 맞게 해석된다.	1. Geographical indications referred to in Articles 10.18 and 10.19 shall be protected against: (a) the use of any means in the designation or presentation of a good that indicates or suggests that the good in question originates in a geographical area other than the true place of origin in a manner which misleads the public as to the geographical origin of the good; (b) the use of a geographical indication identifying a good for a like good[7] not originating in the place indicated by the geographical indication in question, even where the true origin of the goods is indicated or the geographical indication is used in translation or transcription or accompanied by expressions such as "kind", "type", "style", "imitation" or the like; and (c) any other use which constitutes an act of unfair competition within the meaning of article 10 bis of the Paris Convention. 각주 7) For all goods, the term "like good" shall be interpreted in line with Article 23.1 of the TRIPs Agreement relating to the use of a geographical indication identifying wines for wines not originating in the place indicated by the geographical indication in question or identifying spirits for spirits not originating in the place indicated by the geographical indication in question.

표시의 보호범위를 동종상품[68](like good)으로 규정함으로써 동일 상품보다는 보호의 범위가 확대된 것으로 보고 이를 반영하고자 한 것으로 보인다.[69]

그런데 한-EU FTA 협정문에서는 동종상품(like good)의 해석과 관련하여 각주에서 "포도주는 포도주", "증류주는 증류주"로 TRIPs 제23조 제1항에 의한 지리적 표시의 보호 상품의 범주에 대한 해석과 같다고 명시하고 있다. 한편, TRIPs 제23조는 포도주 및 증류주에 대한 지리적 표시에 대해서 TRIPS 협정 제22조의 보호에 필요한 공중의 오인을 요건으로 하지 않고도 절대적으로 보호되는 추가적인 보호(additional protection) 사항들을 규정하고 있는데, 제1항에서는 진정한 산지가 아닌 지리적 표시를 사용하는 것을 금지하면서, 더 나아가 설사 진정한 산지가 표시되었다 하더라도 종류(kind), 유형(type), 양식(style), 모조품(imitation) 등의 표시를 "포도주에 포도주", "증류주에 증류주"의 산지를 나타내는 지리적 표시와 함께 사용하는 것도 금지하고 있다. TRIPs에서는 포도주에 포도주, 증류주에 증류주식으로 규정하고 있는바, 이는 동종동일상품(identical goods)의 개념으로 엄격히 해석함이 바른 해석으로 보이며, 이를 다소 넓은 개념인 동종상품(like goods)까지 확대하여서는 아니 될 것으로 보인다. 동종상품은 동일상품보다는 넓은 개념이므로 2011년 개정 상표법 원안은 동종상품까지의 확대 해석이 소지가 있는 "동일하거나 수요자 간에 동일하다고 인식되어 있는 상품"이란 표현을 사용하였는바, 2011년 개정 상표법은 한-EU FTA 협정문에 합치하게 "동일하다고 인식되어 있는 상품"으로 수정하게 되었다.[70] 이 개정내용은 2016년 개정 상표법 제34조 제1항 제10호 및 제14호(2011

---

68) 국문에서는 "유사상품"으로 표기됨.
69) 문병철, 상표법 일부개정법률안 검토보고서, 2011년 3월, 20면.
70) 위의 검토보고서, 2011년 3월, 21-23면.

년 개정된 상표법 제7조 제1항 제8호의2 및 제9호의2)에도 마찬가지로 적용된다.

[2] '타인의 등록상표': 타인의 선출원 등록상표를 의미한다. 따라서 후출원에 의한 선등록상표는 본 호의 적용대상이 아니다.

[3] '타인': 법률상 다른 주체를 의미하므로 동일한 기업 내에 속한다고 하더라도 권리주체가 다른 계열회사는 타인에 해당한다. 또한 인용표장의 권리자가 2인 이상인 경우에 그 구성원의 일부가 일치하지 아니하는 한 타인에 해당한다.

[4] 타인의 등록상표이므로 선등록상표가 본인의 것이라면 본 호가 적용되지 아니한다. 이러한 경우 양 상표가 유사상표이면 등록이 가능하나 동일한 상표로서 그 지정상품이 동일한 경우에는 상표법의 기본취지 및 1상표 1출원의 규정을 위반한 것으로 거절하고 있다.

[5] 타인의 선출원상표가 출원 중이면 상표법 제35조(선출원)의 규정이 적용된다.

[6] 상표의 유사여부 관찰방법 및 판단대상: 관찰방법은 전체적, 객관적, 이격적(離隔的) 관찰을 원칙으로 하되 상표구성 중 인상적인 부분(요부)에 대하여 비교하여 관찰하고, 유사판단은 원칙적으로 상표의 칭호, 외관, 관념 중 어느 하나가 유사하여 거래상 상품출처의 오인, 혼동의 우려가 있는 상표는 유사한 것으로 본다. 다만 전체적으로 현격한 차이가 있어 거래상 상품의 출처오인, 혼동을 일으킬 염려가 없는 때에는 그러하지 아니하다.

[7] 상표의 유사여부 판단을 위한 인적 기준: 그 상표가 사용될 상품의 주된 수요계층과 기타 상품의 거래실정을 고려하여 평균수요자의 주의력을 기준으로 판단하여야 한다.

[8] 결합상표의 유사여부: 그 결합의 강약의 정도를 고려하여 판단하여야 한다.

예:
- 외관유사: 白花 대 百花, HOP 대 HCP
- 관념유사: 임금, 왕, King
- 지리적 명칭이 결합된 상호상표로서 유사한 것: 주식회사 大成 대 대성 또는 대성공업사, 서울전선㈜ 대 서울전기㈜, 삼성중공업주식회사 대 삼성공업사
- 칭호유사: 千年 대 天然, TVC 대 TBC, 光盛 대 광성

[9] 시기적 기준: 이 조문에 해당하는지 여부 및 상표등록출원인이 해당 규정의 타인에 해당하는지 여부는 상표등록여부결정 시(즉, 상표등록거절결정 시 내지 상표등록결정 시)를 기준으로 한다(상제34조 제2항 본문). 이 경우에는 출처혼동의 우려가 없기 때문이다. 그리고 상표등록출원인이 타인의 선등록 상표에 대하여 불사용을 이유로 취소심판을 청구한 경우에는 출원상표와 타인의 선등록 상표의 동일·유사 여부 판단시점을 현행 출원 시에서 상표등록여부 결정 시로 변경함으로써 상표등록출원인의 상표권 취득기간을 단축하였다.

나. 특정 지역의 상품을 표시하는 것이라고 수요자들에게 널리 인식되어 있는 타인의 지리적 표시와 동일·유사한 상표로서 그 지리적 표시를 사용하는 상품과 동일하다고 인정되어 있는 상품에 사용하는 상표(상 제34조 제1항 제10호)

다. 국내 또는 외국의 수요자들에게 특정 지역의 상품을 표시하는 것이라고 인식되어 있는 지리적 표시와 동일·유사한 상표로서 부당한 이익을 얻으려 하거나 그 지리적 표시의 정당한 사용자에게 손해를 입히려고 하는 등 부정한 목적으로 사용하는 상표(상 제34조 제1항 제14호)

상표등록을 받을 수 없는 상표 여부의 판단시기는 상표등록출원 시를 기준으로 한다(상 제34조 제2항 단서).

라. 포도주 및 증류주의 산지에 관한 지리적 표시(상 제34조 제1항 제16호)

2016년 개정전 상표법 [시행 2016.4.28.] [법률 제13848호, 2016.1.27, 일부개정]	현행 상표법 [시행 2016.9.1.] [법률 제14033호, 2016.2.29, 전부개정]
제7조 ② 제1항 제6호・제7호・제7호의2・제8호・제8호의2・제9호・제9호의2 및 제10호는 상표등록출원 시에 이에 해당하는 것에 대하여 적용한다. 다만, 상표등록출원인(이하 "출원인"이라 한다)이 해당 규정의 타인에 해당하는지는 상표등록결정 및 상표등록거절결정의 어느 하나에 해당하는 결정(이하 "상표등록여부결정"이라 한다) 시를 기준으로 한다. ③ 제2항 본문에도 불구하고 제73조 제1항 제3호를 이유로 하는 상표등록 취소심판의 청구인과 출원인이 같고 그 취소심판 청구일 이후에 다음 각 호의 어느 하나에 해당하는 경우에 해당 상표등록출원이 제1항제7호・제7호의2・제8호 또는 제8호의2에 해당하는지는 상표등록여부결정 시를 기준으로 한다. 1. 제43조 제2항 단서에 따른 기간이 지난 경우 2. 상표권자가 상표권 전부 또는 제59조에 따른 지정상품의 일부를 포기한 경우 3. 제73조 제1항 제3호에 따른 상표등록 취소의 심결이 확정된 경우	제34조 ② 제1항 및 상표등록출원인(이하 "출원인"이라 한다)이 해당 규정의 타인에 해당하는지는 다음 각 호의 어느 하나에 해당하는 결정(이하 "상표등록여부결정"이라 한다)을 할 때를 기준으로 하여 결정한다. 다만, 제1항 제11호・제13호・제14호・제20호 및 제21호의 경우는 상표등록출원을 한 때를 기준으로 하여 결정한다. 1. 제54조에 따른 상표등록거절결정 2. 제68조에 따른 상표등록결정 ③ 상표권자 또는 그 상표권자의 상표를 사용하는 자는 제119조 제1항 제1호부터 제3호까지 및 제5호부터 제9호까지의 규정에 해당한다는 이유로 상표등록의 취소심판이 청구되고 그 청구일 이후에 다음 각 호의 어느 하나에 해당하게 된 경우 그 상표와 동일・유사한 상표[동일・유사한 상품(지리적 표시 단체표장의 경우에는 동일하다고 인정되는 상품을 말한다)을 지정상품으로 하여 다시 등록받으려는 경우로 한정한다]에 대해서는 그 해당하게 된 날부터 3년이 지난 후에 출원해야만 상표등록을 받을 수 있다. 1. 존속기간이 만료되어 상표권이 소멸한 경우

2. 상표권자가 상표권 또는 지정상품
   의 일부를 포기한 경우
3. 상표등록 취소의 심결(審決)이 확
   정된 경우
④ 동음이의어 지리적 표시 단체표
장 상호 간에는 제1항 제8호 및 제10
호를 적용하지 아니한다.

[1] WTO 회원국 내의 포도주 및 증류주의 산지에 관한 지리적 표시로써 구성되거나 동 표시를 포함하는 상표로서 포도주, 증류주 또는 이와 유사한 상품에 사용하고자 하는 상표는 등록을 받을 수 없다. 다만, 지리적 표시의 정당한 사용자가 그 해당 상품을 지정상품으로 하여 현행 상표법 제36조 제5항(구 상표법 제9조 제3항)의 규정에 따른 지리적 표시 단체표장등록출원을 한 때에는 그러하지 아니하다(상 제34조 제1항 제16호).

[2] 본 호는 우리나라가 WTO에 가입함으로써 TRIPs 협정 제23조 제1항과 제2항에서 규정한 포도주와 증류주에 대한 지리적 표시의 사용금지 및 등록금지 규정을 그대로 1997년 8월 상표법 개정 시에 도입한 규정이다.

[3] WTO/TRIPs협정: 공중에게 원산지의 오인, 혼동을 유발할 염려가 있는 상표의 사용을 금지하고(TRIPs 제22조 제2항), 등록을 거절, 무효(TRIPs 제22조 제3항)로 하도록 요구하고 있다.

[4] '포도주 및 증류주의 산지에 관한 지리적 표시로써 구성되거나 동 표시를 포함하는 상표': 당해 산지를 그 지역의 문자로 표시한 것뿐만 아니라 그에 대한 번역 및 음역을 모두 포함한다.

[5] 상표구성에 해당 지리적 표시가 ○○ 종류, ○○ 유형, ○○풍 등과 같은 표현이 수반된 경우에도 이를 적용한다. 다만, 당해 지리적 표시가 속한 국가에서 보호되지 아니하거나 보호가 중단된 지리적 표시이거나 또는 그 나라에서 사용하지 아니하게 된 지리적 표시에 대하여는 본 호를 적용하지 아니한다.

[6] 지정상품과의 관계에서 상품의 품질이나 출처의 오인, 혼동을 유발할 우려가 있는 경우에는 상표법 제34조 제1항 제12호(구 상표법 제7조 제1항 제11호)를 적용한다.

[7] 본 호에서 규정하는 '포도주 및 증류주'의 범위는 주세법상 주류의 범위를 참고로 하되 이에는 예컨대 알콜강화 포도주, 위스키, 보드카, 브랜드, 럼, 진, 고량주, 배갈, 소주 등이 포함되는 것으로 보며 리큐르는 포함되지 아니하는 것으로 한다.[71]

[8] 문자상으로는 진정한 원산지 표시가 되어 있다 하더라도 수요자가 다른 영토나 지역에서 생산된 것으로 오인케 할 경우, 예컨대 켈리포니아주에서 생산하는 「보르도」포도주에 미국산이라고 표기하는 경우에도 현행 상표법 제34조 제1항 제12호(구 상표법 제7조 제1항 제11호)와 별도로 본호를 적용하는 것으로 한다.[72]

[9] 등록여부결정 시를 기준으로 한다.

마. 농수산물품질관리법상 등록된 타인의 지리적 표시와 동일 또는 유사한 상표로서 그 지리적 표시를 사용하는 상품과 동일하다고 인정되는 상품에 사용하는 상표(상 제34조 제1항 제18호)

「농수산물품질관리법」 제32조에 따라 등록된 타인의 지리적 표시와 동일·유사한 상표로서 그 지리적 표시를 사용하는 상품과 동일하다고 인정되는 상품에 사용하는 상표(상 제34조 제1항 제18호)는 등록받을 수 없다. 농수산물품질관리법에 의하여 등록된 지리적 표시와 출원상표의 동일 내지 유사 여부 판단 및 타인에 해당하는지 여부는 등록여부결정 시로 한다.

바. 자유무역협정에 따라 보호되는 타인의 지리적 표시와 동일하거나 유사한 상표의 경우(상 제34조 제1항 제19호)

---

71) 상표심사기준 제5부 제16장, 267-270면.
72) 상표심사기준 제5부 제16장, 267-270면.

대한민국이 외국과 양자간(兩者間) 또는 다자간(多者間)으로 체결하여 발효된 자유무역협정에 따라 보호하는 타인의 지리적 표시와 동일하거나 유사한 상표 또는 그 지리적 표시로 구성되거나 그 지리적 표시를 포함하는 상표로서 해당 지리적 표시를 사용하는 상품과 동일하다고 인정되는 상품에 사용하는 상표(상 제34조 제1항 제19호)는 등록받을 수 없다. 이는 한-EU FTA 협정문을 반영하기 위해 2011년 6월 30일 개정된 상표법에 신설된 조항이다. 등록여부결정시를 기준으로 판단한다(상 제34조 제2항 본문).

제4절   상표권의 효력

[1] 상표법 제89조: 상표권자는 지정상품에 관하여 그 등록상표를 사용할 권리를 독점한다. 다만, 그 상표권에 관하여 전용사용권을 설정한 때에는 상표법 제95조 제3항의 규정에 의하여 전용사용권자가 등록상표를 사용할 권리를 독점하는 범위 안에서는 그러하지 아니하다. 2011년 개정 상표법[73]은 전용사용권[74]을 등록하지 않더라도 그 효력이 발생되도록 하고 등록을 제3자 대항요건으로 변경하여 상표사용권자의 보호를 강화하고자 하고 있다. 이는 한미 FTA 제18.2조 제13항[75]을 국내법에 반영하기 위한 조문이다. 효력발생

---

73) 법률 제11113호, 2011.12.2., 일부개정, 2012.3.15. 시행.
74) 등록상표를 그 지정상품에 대하여 계약 범위 내에서 독점적으로 사용할 수 있는 권리를 의미
75) 한미 FTA 제18.2조 제13항에 따르면, "어떠한 당사국도 사용권의 효력을

요건으로서의 전용사용권 등록제도를 폐지하게 됨에 따라 전용사용권은 사인 간의 계약으로 효력이 발생하고, 이를 공시하는 방법이 없어 선의의 제3자가 예측할 수 없는 손해를 입을 수 있으므로, 이를 예방하기 위해 등록요건을 제3자에 대한 대항 요건으로 규정한 것이다(상 제100조).

　[2] 상표권의 독점적 효력이 미치는 범위: 등록상표의 지정상품에 한정된다.

　[3] 지역적 범위: 국내에 한한다(속지주의).

　[4] 상표권의 효력: 적극적 효력 + 소극적 효력

　(i) 적극적 효력: 상표권자가 지정상품에 관하여 그 등록상표를 국내에서 상표권의 존속기간 내에 독점적으로 사용할 수 있다(상 제89조).

　(ii) 소극적 효력: 제3자가 동일, 유사한 상표를 지정상품과 동일, 유사한 상품에 사용하는 것을 배제할 수 있다(상 제107조, 제108조).

제90조(상표권의 효력이 미치지 아니하는 범위)　① 상표권(지리적 표시 단체표장권은 제외한다)은 다음 각 호의 어느 하나에 해당하는 경우에는 그 효력이 미치지 아니한다.

1. 자기의 성명 · 명칭 또는 상호 · 초상 · 서명 · 인장 또는 저명한 아호 · 예명 · 필명과 이들의 저명한 약칭을 상거래 관행에 따라 사용하는 상표

2. 등록상표의 지정상품과 동일 · 유사한 상품의 보통명칭 · 산지 · 품질 · 원재료 · 효능 · 용도 · 수량 · 형상 · 가격 또는 생산방법 · 가공방법 · 사용방법 및 시기를 보통으로 사용하는 방법으로 표시하는 상표

발생시키거나, 상표에 대한 권리를 주장하거나, 또는 그 밖의 다른 목적을 위하여 상표 사용권의 등록을 요구할 수 없다."라고 규정하고 있다.

3. 입체적 형상으로 된 등록상표의 경우에는 그 입체적 형상이 누구의 업무에 관련된 상품을 표시하는 것인지 식별할 수 없는 경우에 등록상표의 지정상품과 동일·유사한 상품에 사용하는 등록상표의 입체적 형상과 동일·유사한 형상으로 된 상표

4. 등록상표의 지정상품과 동일·유사한 상품에 대하여 관용하는 상표와 현저한 지리적 명칭 및 그 약어 또는 지도로 된 상표

5. 등록상표의 지정상품 또는 그 지정상품 포장의 기능을 확보하는 데 불가결한 형상, 색채, 색채의 조합, 소리 또는 냄새로 된 상표

② 지리적 표시 단체표장권은 다음 각 호의 어느 하나에 해당하는 경우에는 그 효력이 미치지 아니한다.

1. 제1항 제1호·제2호(산지에 해당하는 경우는 제외한다) 또는 제5호에 해당하는 상표

2. 지리적 표시 등록단체표장의 지정상품과 동일하다고 인정되어 있는 상품에 대하여 관용하는 상표

3. 지리적 표시 등록단체표장의 지정상품과 동일하다고 인정되어 있는 상품에 사용하는 지리적 표시로서 해당 지역에서 그 상품을 생산·제조 또는 가공하는 것을 업으로 영위하는 자가 사용하는 지리적 표시 또는 동음이의어 지리적 표시

4. 선출원에 의한 등록상표가 지리적 표시 등록단체표장과 동일·유사한 지리적 표시를 포함하고 있는 경우에 상표권자, 전용사용권자 또는 는 통상사용권자가 지정상품에 사용하는 등록상표

③ 제1항 제1호는 상표권의 설정등록이 있은 후에 부정경쟁의 목적으로 자기의 성명·명칭 또는 상호·초상·서명·인장 또는 저명한 아호·예명·필명과 이들의 저명한 약칭을 사용하는 경우에는 적용하지 아니한다.

제**5**절   상표법상 지리적 표시제도

I. 도입 배경

국내적으로는 역사적 명성이나, 독특한 품질이 있는 지역특산품의 상품명칭을 권리로 보호하여 지역경제의 활성화 및 특산품 브랜드 개발이 필요하였고, 국제적으로는 지리적 표시의 보호 강화에 대응하면서 국내의 지리적 표시가 외국에서도 보호받을 수 있는 기반을 마련할 필요가 있어 이 제도를 도입하였다.

II. 지리적 표시 단체표장(상 제2조 제1항 제6호)

1. 단체표장의 의의

파리협약 제7조의2에 따르면, 본국의 법령에 반하지 않는 단체에 대해 단체표장의 등록을 허여하도록 하고 있다. 단체표장제도는 우리나라가 1980년 5월 4일 파리협약에 가입한 것을 계기로 1980년 12월 31일 상표법 개정 시에 신설한 규정이다.[76] 2004년 개정전의 상표법[77]에 따르면, 법인의 단체표장권은 권리의 소유와 행사가 분리되어 있어 법인은 단체표장을 소유하고 단체의 구성원이 그 표장을 사용하는 것을 감독할 수만 있도록 되어 있었다.[78] 그 당시 단체

---

76) 상표법 (법률 제3326호, 1980.12.31, 일부개정, 시행 1981.9.1).
77) 상표법 (법률 제3326호, 1980.12.31, 일부개정, 시행 1981.9.1).

표장제도는 일본의 현행상표법상 단체상표제도(일본 상표법 제7조)와 대동소이하였다. 일본 상표법에 따르면, 일반사단법인 그 밖의 사단(법인격 없는 사단 내지 회사를 제외) 또는 사업협동조합 그 밖에 특별법에 의하여 설립된 조합(법인격 없는 조합은 제외) 또는 이에 상당하는 외국의 법인은 그 구성원에게 사용하게 할 상표에 대하여 단체상표의 상표등록을 받을 수 있다(일본 상표법 제7조 제1항). 일본 상표법상 단체상표의 목적은 통일상표하에서 복수의 사업자가 제휴하여 상품의 판매 및 서비스의 제공을 행할 수 있도록 하는 것이다.79) 2004년 상표법 개정80)을 통해 단체표장권자인 법인도 단체표장을 직접 사용할 수 있도록 하였다. 왜냐하면 단체표장권자인 법인이 영업의 전문성 확보, 적극적 마케팅 경영 및 상표권의 보호에 있어 영세한 단체구성원보다는 수월한 위치에 있기 때문이다.81) 단체표장의 실례로는 영농조합법인 농부의 꿈의 '농부의 꿈'82), 금산인삼약초 영농조합법인의 '   '83), 대월농업협동조합 및 그 밖의 9개 농업협동조합의 '청세米'84) 등이 있다.

  단체표장 중 지리적 표시 단체표장이란 지리적 표시를 사용할 수 있는 상품을 생산·제조 또는 가공하는 자가 공동으로 설립한 법인이 직접 사용하거나 그 소속 단체원에게 사용하게 하기 위한 표장을 말한다.85) 2004년 개정법에서는 지리적 표시 단체표장제도를 도입하여 단체표장과 지리적 표시 단체표장을 구별하고 있다. 이에

---

78) 특허청, 앞의 책, 10면.
79) 澁谷達紀, 「知的財産法講義 III」, 第2版, 有斐閣, 2008, 335頁.
80) 상표법(법률 제7290호, 2004.12.31, 일부개정, 2005.7.1 시행).
81) 특허청, 앞의 책, 10면.
82) 상표등록번호 41-0218458-0000(등록결정일: 2011.10.5).
83) 상표등록번호 40-0884807-0000(등록결정일: 2011.10.1).
84) 상표등록번호 40-0761612-0000(등록결정일: 2008.8.18).
85) 상표법 제2조 제1항 제3의4호; Jay(Young-June) Yang and Kate (Sang-Eun) Lee, 2 Trademarks Throughout the World § 89:4(2009).

따르면, '지리적 표시 단체표장'이란 지리적 표시를 사용할 수 있는 상품을 생산·제조 또는 가공하는 것을 업으로 영위하는 자만으로 구성된 법인이 직접 사용하거나 그 감독하에 있는 소속단체원으로 하여금 자기 영업에 관한 상품에 사용하게 하기 위한 단체표장이다 [구 상표법 제2조 제1항 제3호의2(현행 상표법 제2조 제1항 제3호에 상응)]. 여기에서 '지리적 표시'란 상품의 특정 품질·명성 그 밖의 특성이 본질적으로 특정지역에서 비롯된 경우에 그 지역에서 생산·제조 또는 가공된 상품임을 나타내는 표시를 의미한다. 전주농림고축산영농조합법인의 '전주농림고축산영농조합',86) 이천쌀영농조합법인의 '　　',87) 모동명산포도영농조합법인의 '모동명산',88) 장흥무산김생산자협회의 '',89) 유가찹쌀영농조합법인의 '', 90) 사단법인 안동산약(마)연합회의 '',91) 안동사과발전협의회의 ''92) 등이 지리적 표시 단체표장에 해당한다.

2. 단체표장의 구성요건

(1) 상품의 의미

여기에서 말하는 '상품'이란 '그 자체가 교환가치를 가지고 독립된 상거래의 목적물이 되는 물품'93) 내지 '운반가능한 유체물로서

---

86) 상표등록번호 40-0883113-0000(등록결정일: 2011.10.4).
87) 상표등록번호 40-0622877-0000(등록결정일: 2005.4.29).
88) 상표등록번호 40-0458141-0000(등록결정일: 1999.11.8).
89) 상표등록번호 40-0000111-0000(등록결정일: 2011.3.9).
90) 상표등록번호 44-0000101-0000(등록결정일: 2011.1.28).
91) 상표등록번호 44-0000027-0000(등록결정일: 2009.7.6).
92) 상표등록번호 44-0000051-0000(등록결정일: 2010.2.2).
93) 대법원 1999.6.25.선고 98후58 판결; 대법원 2004.5.28.선고 2002후123

반복하여 거래의 대상이 될 수 있는 것'[94]을 의미한다. 따라서 상품의 선전광고나 판매촉진 또는 고객에 대한 서비스 제공 등의 목적으로 그 상품과 함께 또는 이와 별도로 고객에게 무상으로 배부되어 거래시장에서 유통될 가능성이 없는 이른바 '광고매체가 되는 물품'은 비록 그 물품에 상표가 표시되어 있다고 하더라도, 물품에 표시된 상표 이외의 다른 문자나 도형 등에 의하여 광고하고자 하는 상품의 출처표시로 사용된 것으로 인식할 수 있는 등의 특별한 사정이 없는 한, 그 자체가 교환가치를 가지고 독립된 상거래의 목적물이 되는 물품으로는 볼 수 없다.[95] 그리고 등록상표에 표시된 유리병에 든 '보리, 수수, 옥수수' 등이 판매용 물품이 아니라 대리점에서 거래되는 즉석 건조 건강식품을 이루는 일부 성분의 견본에 불과한 경우에는 성분의 구성 및 비율에 특징이 있는 그 즉석 건조 건강식품과 거래통념상 동일성의 범위 내에 있는 상품이 아니어서 상표법상 상품에 해당하지 않는다.[96] 전기, 열, 빛, 향기 및 권리와 같은 무체물, 운반가능성이 없는 부동산, 법적으로 거래가 금지되는 마약, 개인이 소장하고 있는 희귀한 골동품 등도 상표법상 상품에 해당하지 아니한다.[97] 하지만 인터넷상 컴퓨터 네트워크를 통해 다운로드받을 수 있는 컴퓨터프로그램은 상표법상 상품으로 인정되고 있다.[98]

판결.
94) 송영식·이상정·김병일, 「지적재산법(9정판)」, 세창출판사, 2008, 172면; 특허청, 「조문별 상표법해설」, 특허청 행정법무팀, 2007, 8면.
95) 대법원 1999.6.25.선고 98후58 판결.
96) 대법원 2004.5.28.선고 2002후123 판결.
97) 특허법원 지적재산소송실무연구회, 앞의 책, 480면.
98) 특허청, 앞의 책, 8면.

(2) 상품을 생산·제조·가공·판매하는 자

여기에서 '생산'이라 함은 원시산업이든 제조업이든 상관없이 자연물에 인력을 가하여 상품을 만들어 내거나 증가시키는 것을 의미하고, '가공'이라 함은 도장·조각과 같이 원료나 생산물에 노력을 가하여 변화를 주는 행위를 의미하며, '판매'라 함은 상품을 판매하는 행위를 통하여 타인에게 양도하는 행위를 의미한다.[99]

(3) 서비스를 제공하는 자

여기에서 '서비스'라 함은 (i) 서비스의 제공이 독립하여 상거래의 대상이 되며, (ii) 타인의 이익을 위하여 제공되는 서비스이고, (iii) 서비스의 제공이나 또는 상품의 판매에 부수하는 물품 또는 서비스의 제공이 아닌 경우를 의미한다.[100]

(4) 상품을 생산·제조·가공·판매하거나 서비스를 제공하는 자가 '공동으로 설립한 법인'

단체표장은 상품을 생산·제조·가공·판매하거나 서비스를 제공하는 자가 '공동으로 설립한 법인'이 직접 사용하거나 그 소속 단체원에게 사용하게 하기 위한 표장을 의미하므로, 그러한 자가 단독으로 설립한 법인의 경우나 그러한 자가 공동으로 설립한 비법인 사단은 여기에 해당하지 아니한다. 단체표장은 자본력과 영업신용도가 낮은 지방특산물을 생산 내지 판매하는 지방의 중소기업 또는 일반공중에게 서비스를 제공하는 동종업자의 조합 등이 단체의 신용을 이용하여 거래의 상대방이나 소비자에게 그 법인 또는 그 감독 하에 있는 소속단체원의 영업에 관한 상품이나 서비스의 품질을 보증함으로써 고객흡인력을 획득하기 위하여 사용하는 특수한 표장이

---

99) 위의 책, 9면.
100) 위의 책, 10면.

므로[101] '공동으로 설립한 법인'의 구성요건을 충족하여야 한다.

(5) 그 법인이 직접 사용하거나 그 소속 단체원에게 사용하게 하기 위한 표장

단체표장의 경우, 소속 단체원뿐만 아니라 그 단체도 단체표장을 사용할 수 있다. 즉 2004년 개정법에서는 법인도 단체표장을 직접 사용할 수 있도록 하였다. 이는 단체표장제도의 활성화를 위하여 단체표장권자인 법인도 단체원을 위하여 단체표장을 부착한 상품의 광고 등의 행위를 할 수 있도록 하기 위한 것으로서, 법인이 영업의 전문성 확보, 적극적 마케팅경영 및 상표권의 보호강화에 있어서 영세한 개별 소속 단체원보다는 더 유리한 위치에 있다고 할 수 있으므로 법인도 단체표장을 사용할 수 있도록 인정하는 것이 상품의 시장확대에 도움이 될 것으로 보고 개정한 것이었다.

3. 단체표장의 등록

[요약] 지리적 표시 단체표장의 등록 요건

(출원인) 일정 지역에서 지리적표시 상품을 생산 · 제조 또는 가공하는 자만으로 구성된 법인

(보호대상) 농산물 · 수산물 · 그 가공품 등 모든 상품(서비스업 제외) (일본 지역단체상표에서 보듯이 서비스업을 제외할 필요가 있는지 여부는 입법정책상 다시 고려할 필요가 있음)

(상품의 특성) 해당 지역에서 생산 · 제조 또는 가공된 상품이 타 지역의 상품과 차별되는 품질 · 명성 등의 존재

(지리적 환경과 상품 특성 간의 연관성) 자연적 · 인적 요소 등 지리적 환경

---

101) 송영식 · 이상정 · 김병일, 앞의 책, 184면.

중 어느 하나와 상품 특성 간의 연관관계 입증

(대상지역) 지리적 표시 상품의 생산·제조 또는 가공된 지역명칭으로
반드시 행정구역상 명칭으로 제한되지 않음

(자체 관리기준 및 유지관리) 지리적 표시 상품의 품질향상과 다른 상품과
의 차별화를 위한 관리기준과 등록 이후 품질관리·단체원 교육·홍보
등 유지관리 방안 제시 필요

가. 단체표장의 등록을 받을 수 있는 자

[1] 상품을 생산, 제조, 가공, 판매하는 자나 서비스를 제공하는 자
가 공동으로 설립한 법인(지리적 표시 단체표장의 경우에는 그 지리적
표시를 사용할 수 있는 상품을 생산, 제조 또는 가공하는 자만으로 구성된
법인에 한한다)은 자기의 단체표장을 등록받을 수 있다(상 제3조 제2
항). 상품을 판매하는 자만으로 구성된 법인 내지 서비스를 제공하
는 법인은 지리적 표시 단체표장 등록을 받을 수 없다. 현행 상표법
제3조 제2항은 지리적 표시를 사용할 수 있는 상품을 생산·제조
또는 가공하는 자만으로 구성된 법인은 지리적 표시 단체표장의 등
록을 받을 수 있다고 규정하고 있을 뿐, 하나의 법인이 둘 이상의 지
리적 표시 단체표장과 관련된 사업을 영위하는 것을 금지하거나 제
한하는 규정은 찾을 수 없다. 따라서 하나의 법인이 둘 이상의 지리
적 표시 단체표장과 관련된 사업을 영위할 수 있다.[102]

> **제주고등어 사건[지정상품: 상품류 구분 제29류의 고등어(살아 있지 않은 것),
> 간고등어]**
>
> (사)제주수산물수출협회가 특허청의 거절결정에 대한 불복심판을 청구

---

[102] 특허심판원 2015.6.5.자 2014원7088 심결[제주고등어 사건 (지정상품: 상
품류 구분 제29류의 고등어(살아 있지 않은 것), 간고등어)] [(사)제주수산
물수출협회가 특허청의 거절결정에 대한 불복심판을 청구한 사안].

한 사안인 '제주고등어' 사건에서 특허심판원은 "상표법 제3조의2는 지리적 표시를 사용할 수 있는 상품을 생산ㆍ제조 또는 가공하는 것을 업으로 영위하는 자만으로 구성된 법인은 지리적 표시 단체표장의 등록을 받을 수 있다고 규정하고 있을 뿐, 하나의 법인이 둘 이상의 지리적 표시 단체표장과 관련된 사업을 영위하는 것을 금지하거나 제한하는 규정은 찾을 수 없다.

따라서 청구인인 (사)○○○○○○○○○○는 수산물을 생산ㆍ가공하는 것을 업으로 영위하는 자들로만 구성된 법인(제2호증, 생산자단체 구성원 사업자등록증)이므로, 지리적 표시 단체표장의 등록을 받을 수 있는 청구인 적격을 갖추고 있다.

또한 구 상표심사기준(2014.12.30. 특허청 예규 제79호로 개정되기 전의 것, 이하 구 상표심사기준이라 한다) 제50조의3 제3항의 '출원인과 소속 단체원은 지리적 표시 해당상품의 생산ㆍ제조 또는 가공을 업으로 하여야 하나, 반드시 이를 전업으로 하는 것을 필요로 하지 않는다'는 규정에 비추어 보아도, 청구인이 기존의 옥돔 외에 고등어 관련사업을 영위하는 것이 지리적 표시 단체표장의 정의에 합치하지 않는다거나, 지리적 표시 단체표장제도의 입법취지에 반한다고 볼 수 없다."라고 판단하였다.

보성녹차(지정상품: 상품류 구분 제30류의 녹차) 사건[103]

영농조합법인 보성녹차연합회가 특허청을 상대로 제기한 거절결정불복심판청구사건인 '보성녹차'(지정상품: 상품류 구분 제30류의 녹차) 사건에서 특허심판원은 타인의 지리적표시 단체표장 등록출원과의 경합여부와 관련하여 "2005.9.16.자 '영농조합법인 보성녹차연합회'가 출원한 제44-2005-5호, 지리적표시단체표장 출원은 2007.5.25.자 거절결정 이후 불복심판을 청구하지 아니하여 거절결정이 확정되었고, 또한, 위 수정정관 제6조의2(타 단체로의 가입) 및 제54조의2(단체표장관리)에서 두 단체 간의 이해조정사항을 반영한 내용이 포함되어 있음을 알 수 있으므로 동일지

---

103) 특허심판원 2008.6.27.자 2007원7027 심결(거절결정불복심판청구사건).

역(보성군)에서의 지리적 표시 단체표장의 출원적격을 둘러싼 경합문제는 해소된 것으로 판단된다."라고 하였다.

산청군농업협동조합이 특허청을 상대로 제기한 거절결정불복심판청구사건인 ' [지정 지리적 표시 단체표장: 상품류 구분 제29류의 건시(곶감)]'사건104)에서 특허심판원은 이 사건 출원 지리적 표시 단체표장이 현행 상표법 제54조 제1호, 제5호 내지 제6호의 규정에 해당하므로 이 사건 출원지리적표시단체표장의 등록을 거절한 원결정은 타당하고, 이에 반하는 청구인의 주장은 이유 없다고 하여 청구인의 청구를 기각하는 심결을 내렸다.

> **[지정 지리적 표시 단체표장: 상품류 구분 제29류의 건시(곶감)]사건**
>
> 산청군농업협동조합이 특허청을 상대로 제기한 거절결정불복심판청구사건인 ' [지정 지리적 표시 단체표장: 상품류 구분 제29류의 건시(곶감)]'사건에서 특허심판원은 다음과 같이 판단하였다.
>
> "(1) 먼저, 지리적 표시 단체표장을 등록을 받을 수 있는 자는 그 지리적 표시를 사용할 수 있는 상품을 생산·제조 또는 가공하는 것을 업으로 영위하는 자만으로 구성된 법인에 한하도록 규정(상표법 제3조의2)하고 있는데, "산청군농업협동조합"이 이에 해당하는지에 대하여 본다.
>
> 이 사건 출원 지리적 표시 단체표장의 구성은 " "와 같이 산으로 인식되는 도형과 지리적 표시와 곶감이 결합되어 있는 "지리산산청곶감"으로 되어 있는바, 이 사건 출원 지리적 표시 단체표장이 등록되기 위해서는 먼저 "지리산산청곶감"을 생산·제조 또는 가공하는 것을 업으로 영위하는 자만으로 구성된 법인이어야 하는데, 이 사건 출원 지리적 표시 단체표장은 "산청군농업협동조합" 명의로 출원하였고, 지리적 표시의 정

---

104) 특허심판원 2015.1.2.자 2014원262 심결(거절결정불복심판청구사건).

의에 합치함을 입증하는 서류로 "산청군농협 정관" 및 "산청군농협 지리산산청곶감작목연합회 규약"을 함께 제출하였다.

　"산청군농협 정관" 및 "산청군농협 지리산산청곶감작목연합회 규약"을 보면, "산청군농협 정관" 제9조(조합원)에서 알 수 있는 바와 같이 산청지역의 농업인이면 누구나 조합원이 될 수 있어 "지리산산청곶감"을 생업(生業)으로 하는 자도 조합원에 포함되어 있기는 하나, "산청군농협 지리산산청곶감작목연합회 규약" 제4조(회원의 자격)에는 산청군농협 조합원 중에서 산청군 내에서 곶감을 생산하는 작목회원으로 하고 있어 출원인인 "산청군농업협동조합"이 "지리산산청곶감"을 생업(生業)으로 하는 자만으로 구성된 법인이라고 볼 수 없는데다가 더욱이 "산청군농협 정관" 제2조(목적), 제5조(사업의 종류), 제9조(조합원), 제142조(규약 등) 등 그 어디에도 "산청군농협 지리산산청곶감작목연합회 규약" 또는 단체표장과 관련한 사항은 찾을 수 없고, 다만 "산청군농협 지리산산청곶감작목연합회 규약" 제25조(품질관리) 제3항에 "제2항(지리적 표시 단체표장 및 지리적 표시를 사용할 수 있는 산청곶감 상품의 특정 품질 또는 명성, 이러한 특성 등과 연관된 산청군 지역의 지리적 환경요인, 지리적 표시 대상지역, 품질 등에 대한 자체관리기준, 품질 등의 유지관리방안은 규약의 부속서에 기재된 바에 따른다)의 규정에 의한 부속서는 산청군농협 정관의 일부로 보며, 정관과 동일한 효력을 가진다"라고 하고 있을 뿐이어서, "산청군농협 정관"의 위임에 의해 "산청군농협 지리산산청곶감작목연합회 규약"을 별도로 정해진 것도 아니고, 단순히 "산청군농협 지리산산청곶감작목연합회 규약"에서 단체표장에 관한 사항을 정하고 있다는 사실만으로 이를 달리 해석할 여지도 없다. 따라서, 이 사건 출원 지리적 표시 단체표장의 출원은 어느모로 보나 정당한 권리를 가진 자에 의한 출원이라고 할 수는 없다.

　(2) 다음으로, "산청군농협 정관"의 기재사항 중 단체표장의 사용조건에 관한 사항, 사용조건을 위반한 자에 대한 제재사항, 지리적 표시의 정의에 관한 기재사항이 기재되어 있지 않고, 정의에 합치함을 입증하는 서류가 제출되지 않았고, 단체원의 가입을 제한하는 규정이 있으며, 정관과 등기부 등본상 주소가 불일치하고 지리적 표시 단체표장 관련사업에 대한 내용이 없는데, "산청군농협 지리산산청곶감작목연합회 규약" 및 그 부속서에

이러한 사항이 모두 갖추어져 있다고 하여 이를 인정할 수 있는지에 대하여 본다.

이 사건 출원 지리적 표시 단체표장의 출원은 정당한 권리를 가진 자에 의한 출원이라고 할 수 없는데다가 설령 "산청군농협 지리산산청곶감작목연합회 규약" 및 그 부속서에 단체표장의 사용과 관련한 사항들이 모두 갖추어져 있다고 하더라도 "산청군농협 지리산산청곶감작목연합회 규약"이 "산청군농협 정관"을 대신할 수 없는 것으로, 이와 같은 규약이 정관에 못지않을 정도로 해석되기 위해서는 우선 정관에 지리적 표시 단체표장의 사용이 사업범위 등에 언급되어 있어야 하고, 정관 제142조(규약 등)에 "산청군 농협 지리산산청곶감작목연합회 규약"을 따로 정하도록 하여야 할 것이나, 정관 제142조(규약 등) 제1항에는 "1. 대의원회 운영에 관한 사항, 2. 기타 정관의 시행에 관하여 중요한 사항"에 대하여 정관으로 정하는 것을 제외하고 규약으로 정하도록 하고 있을 뿐, "산청군농협 지리산산청곶감작목연합회 규약" 또는 단체표장의 사용에 관한 사항의 언급이 없고, 다만 앞서 살펴본 바와 같이 "산청군농협 지리산산청곶감작목연합회 규약" 제25조(품질관리) 제3항에 "제2항에 의한 부속서가 산청군농협 정관의 일부로 보며, 정관과 동일한 효력을 가진다"라고만 되어 있을 뿐이어서 이 사건 거절이유에서 미비점으로 지적된 사항이 모두 갖추어져 있다고도 볼 수 없다."

[2] 단체표장의 등록을 받고자 하는 자는 상표법 제36조(구 상표법 제9조) 제1항 각호의 사항 이외에 대통령령이 정하는 단체표장의 사용에 관한 사항을 정한 정관을 첨부한 단체표장등록출원서를 제출하여야 한다. 이 경우 단체표장등록을 받으려는 자는 대통령령으로 정하는 단체표장의 사용에 관한 사항을 정한 정관을 단체표장등록출원서에 첨부하여야 한다(상 제36조 제3항). 지리적 표시 단체표장을 등록받고자 하는 자는 대통령령으로 정하는 바에 따라 지리적 표시의 정의에 일치함을 증명할 수 있는 서류를 지리적 표시 단체

표장등록출원서에 첨부하여야 한다(상 제36조 제5항). 상표법 제43조(수정정관의 제출)에 따르면, 단체표장등록출원인은 상표법 제36조 제3항에 규정된 정관의 수정이 필요한 때에는 같은 법 제40조 제1항 각 호 또는 제41조 제1항 각 호의 규정에 의한 기간 이내에 특허청장에게 수정정관을 제출할 수 있다. 이 경우 정관에는 (i) 단체표장을 사용하는 자의 범위에 관한 사항, (ii) 단체표장의 사용조건에 관한 사항, (iii) 단체표장의 사용조건을 위반한 자에 대한 제재에 관한 사항, (iv) 기타 단체표장의 사용에 관하여 필요한 사항 등을 기재하여야 한다(상표법 시행령 제1조).

[3] 예컨대 남해마늘생산자단체협의회 영농조합법인이 특허청을 상대로 제기한 거절결정 불복심판 청구사건인 *남해마늘* 사건105)[지정상품: 상품류 구분 제31류의 마늘(신선한 것)]에서 특허심판원은 "청구인은 2014. 9. 16.자 제출한 보정서를 통하여, 원 결정에서 지적된 수정정관과 정관요약서의 내용을 일치시켰으며, 임시총회의사록 및 수정정관에 대하여 공증을 받아 제출함으로써 수정정관이 원본임이 확인되었다"고 하면서 이 사건 출원 지리적 표시 단체표장은 현행 상표법 제54조 제6호(구 상표법 제23조 제1항 제6호)에 해당하지 아니한다."라고 판단하였다.

남해시금치연합 영농조합법인이 특허청을 상대로 제기한 거절결정 불복심판 청구사건인 *시금치* (지정상품: 상품류 구분 제31류의 신선한 시금치) 사건106)에서 특허심판원은 "이 사건 출원지리적표시단체표장은 수정정관과 정관요약서를 제출함으로써 양 서류의 내용을

---

105) 특허심판원 2015. 11. 30.자 2014원5236 심결(거절결정 불복심판 청구사건).
106) 특허심판원 2015. 9. 22.자 2014원5234 심결(거절결정 불복심판 청구사건).

일치시켰으며, 임시총회의사록 및 수정정관에 대하여 공증을 받아 제출함으로써 수정정관이 원본임이 확인되었다고 하면서 현행 상표법 제54조 제6호(구 상표법 제23조 제1항 제6호)에 해당하지 아니한다고 판단하였다.

 (지정상품: 상품류 구분 제31류의 신선한 시금치) 사건

남해시금치연합 영농조합법인이 특허청을 상대로 제기한 거절결정 불복심판 청구사건인 '남해시금치'사건에서 특허심판원은 "청구인은 이 사건 출원 지리적 표시 단체표장의 조합원의 자격을 규정한 정관 제8조를 2013.10.30자에 임시총회를 개최하여 최초출원 시 조합원의 가입자격을 '남해군 관내에 있는 남해시금치 상품을 생산(재배)하는 자로 구성된 영농조합법인 또는 농업인 5명 이상이 모여 결성한 법인격이 있는 농산물 생산자 단체로 제한하였던 것을 남해군 관내에서 지정상품인 시금치를 생산(제조 또는 가공)하는 자로 구성된 법인으로 개정하여 진입장벽을 제거한 수정정관과, 개정 내용을 반영한 정관요약서를 2014.9.16.에 보정서를 통하여 일치시켰음을 심판이력을 통하여 알 수 있으므로 위 보정요구사항에 대한 거절이유는 해소되었다고 판단된다."라고 하면서 "상표법시행규칙 제26조 제1항은 상표법 제13조부터 제15조까지의 규정에 따라 보정하거나 동법 제17조의2에 따라 수정정관을 제출하려는 자는 보정서에 수정정관과 그 정관의 요약서를 첨부하여 특허청장 또는 특허심판원장에게 제출하도록 규정하고 있다.

이에 대하여 청구인은 2013.10.30.자 임시총회의사록 및 수정정관에 대하여 공증(인증서)을 받아 2014.9.16.에 보정서에 첨부하여 제출하였다. 구체적으로 살펴보면 임시총회의사록은 대표이사를 포함한 조합원이 기명날인되어 있으며, 수정정관은 대표이사, 이사 2명, 감사 1명 및 조합원 3명의 인감증명서를 첨부하여 수정정관이 원본임을 공증을 받았다. 관례적으로 수정정관이 원본임을 증명하는 방법으로는 대표이사 및 조합원들이 정관의 내용이 이상 없음을 확인한 후 수정정관에 날인하거나, 수정정관이 원본임을 공증받는 방법이 사용되고 있음에 비추어 볼 때, 이 사건 출원 지리적 표시 단체표장은 수정정관을 대표이사, 이사 2명, 감사 1명 및 조합원 3명이 본인들의 인감증명서를 첨부하여 수정정관이 원본임을 공증을 받아 제출하였으므로 위 보정요구사항에 대한 거절이유는 해소된 것으로 판단된다."라고 하였다.

합천우리밀 영농조합법인이 특허청을 상대로 제기한 거절결정 불복심판 청구 사건인 (지정상품: 상품류 구분 제30류의 빻은 밀, 밀가루, 상품류 구분 제31류의 미가공 밀) 사건[107]에서 특허심판원은 "청구인은 2014.9.11.자 제출한 보정서를 통하여, 원결정에서 지적된 수정정관과 정관요약서의 내용을 일치시켰으며, 임시총회의사록 및 수정정관에 대하여 공증을 받아 제출함으로써 수정정관이 원본임이 확인되었다"고 하면서 이 사건 출원 지리적 표시 단체표장이 현행 상표법 제54조(구 상표법 제23조 제1항)에서 규정하고 있는 다른 거절이유에 해당하는지 여부는 별론으로 하고 이 사건 출원 지리적 표시 단체표장은 현행 상표법 제54조 제6호(구 상표법 제23조 제1항 제6호)에 해당하지 아니한다고 판단하였다.

제주고등어 사건[108][지정상품: 상품류 구분 제29류의 고등어(살아 있지 않은 것), 간고등어]

(사)제주수산물수출협회가 특허청의 거절결정에 대한 불복심판을 청구한 사안인 '제주고등어' 사건에서 특허심판원은 "2014.12.27. 제출한 청구인의 정관의 기재에 의하여 '신입회원의 가입비는 총회가 정하는 바에 따

107) 특허심판원 2015.10.22.자 2014원5057 심결(거절결정 불복심판 청구사건).

108) 특허심판원 2015.6.5.자 2014원7088 심결 (거절결정 불복심판 청구사건).

른다'는 정관 제8조 제2호는 삭제되었음을 확인할 수 있고, 따라서 단체의 가입에 대한 제한이 해소된 것으로 판단된다."라고 하여 "단체의 가입을 제한하는 규정을 삭제하는 정관의 개정을 통하여 진입장벽이 해소되었다."라고 판단하였다.

보령김 사건(상품류 구분 제29류의 조미김)[100]

사단법인 보령김생산자협의회가 특허청을 상대로 제기한 거절결정 불복심판 청구 사건인 '보령김'사건에서 특허심판원은 "회원의 자격에 관한 거절이유도 해소되었으므로, 이 사건 출원 지리적 표시 단체표장은 상표법 제2조, 같은 법 제23조 제1항 제4호부터 제6호에 해당하지 아니하게 되었고, 원결정은 더 이상 타당하지 아니하다."라고 판단하였다.

특허법원 2011.11.23.선고 2011허6628 판결 [등록무효(상)]

[판시사항]

지정상품을 찐빵으로 하는 '안흥찐빵'이라는 구성의 지리적 표시 단체표장과 관련하여, 지리적 표시 단체표장의 유무효 여부는 특허청에 제출된 정관의 민사상 효력 유무와 무관하고, '정관에 의하여 단체의 가입을 금지하거나 정관에 충족하기 어려운 가입조건을 규정하는 등 단체의 가입을 실질적으로 허용하지 아니한 경우'에 해당하지 아니한다고 판시한 사례.

[판결요지]

1. 구 상표법은 제71조 제1항에 상표등록의 무효심판을 청구할 수 있는 사유를 규정하고 있는데, 위 조항은 상표등록 무효사유를 제한열거적으로

---

109) 특허심판원 2016.2.29.자 2014원6492 심결(거절결정 불복심판 청구사건).

규정하는 것으로서 설령 상표가 일부 법규정에 위배되어 등록되었다 하더라도 상표법상 무효사유로 규정되어 있지 않는 한 그러한 사정만으로 상표등록이 무효로 되지는 아니한다 할 것인바, 원고들이 주장하는 바와 같은 특허청에 제출된 정관의 유무효 여부 내지 구 상표법 제9조 제3항, 제17조의2 위반 등은 상표법상 무효사유로 규정되어 있지 아니하다. 뿐만 아니라 상표법상 수정정관제출에 대하여는 각하가 인정되지 않는 등 단체표장등록과 관련하여 특허청심사관은 제출된 정관의 유무효 등 정관에 대한 실체적 심사를 하지 아니하고 형식적 심사권만을 가지므로 지리적 표시 단체표장의 유무효 여부는 특허청에 제출된 정관의 민사상 효력 유무와 무관하다 할 것이다.

　2. 인정사실에 의하면, 찐빵을 손으로 성형하는 것과 강원도산 팥 사용은 이 사건 단체표장의 출원시 정관에도 포함되어 있었던 것으로서, 피고 정관의 내용은 위 사항들에 관하여 실질적으로 변경되었다고 볼 수 없을 뿐만 아니라, 찐빵을 손으로 성형하는 것과 강원도산 팥 사용은 안흥찐빵의 품질적 특성과 역사적 명성의 중요한 요소로서 지리적 표시 단체표장으로서의 안흥찐빵의 품질과 명성을 유지하기 위하여 필요하다 할 것이고, 위와 같은 조건이 특별히 충족하기 어렵다고 볼 수는 없으므로, 위와 같은 정관의 규정은 '정관에 의하여 단체의 가입을 금지하거나 정관에 충족하기 어려운 가입조건을 규정하는 등 단체의 가입을 실질적으로 허용하지 아니한 경우'에 해당하지 아니한다.

[참조 조문] 구 상표법 제9조 제3항, 구 상표법 제17조의2, 구 상표법 제71조 제1항, 구 상표법 제23조 제1항 제5호

　'대구'사건[상품류 구분 제29류의 대구(살아 있지 않은 것)][110] 에서 특허심판원은 "출원 지리적 표시 단체표장의 정관 제7조 제1

---

110) 특허심판원 2015.12.23.자 2014원6191 심결(거절결정 불복심판 청구사건).

항은 다음과 같이 규정하고 있다.

제7조(조합원의 자격)   ① 본 조합법인의 개인 조합원이 될 수 있는
자는 거제시에 주소를 두고 대구를 어획 · 가공하여 판매 또는 수
출하는 자로 다음 각 호의 1의 요건을 갖춘 자로 한다.
  1. 어업경영을 통한 수산물의 연간 판매액이 120만원 이상이거나
     1년 중 60일 이상 어업에 종사한 자
  2. 어업인 중 영어조합법인 또는 어업회사법인의 수산물 출하 ·
     유통 · 가공 · 수출활동에 1년 이상 계속하여 고용된 사람

  동 규정은 제7조 제1항 각 호의 모든 조건을 만족하는 자만이 조
합원이 될 수 있는 것이 아니라, 동조 동항 각 호의 어느 하나만 만
족하는 자도 조합원이 될 수 있으므로, 동조 동항 제2호의 요건을
갖추지 못한 자라도 제1호의 요건만을 만족하는 자도 조합원 가입
이 가능하므로, 제7조 제1항 제2호의 규정은 조합원의 가입을 제한
하는 규정이 아니다."라고 인정하면서 이 사건 출원 지리적 표시 단
체표장은 그 정관이 조합원의 가입을 제한하고 있지 않다고 판단하
였다.

  김제연연합 영농조합법인이 특허청을 상대로 제기한 거절결정
불복심판 청구사건인 ' ~~기시이~~ '[지정상품: 상품류 구분 제31류
의 연(蓮)(신선한 것)] 사건111)에서 특허심판원은 "2014.9.1. 제출한
청구인의 수정 정관의 기재에 의하면, 청구인은 2014.7.16. 임시총
회를 개최하여 단체원의 가입자격 등을 금지 또는 제한하는 규정인
정관 제9조 및 제10조의 준조합원의 자격에 관한 규정을 삭제하였

---

111) 특허심판원 2015.10.15.자 2014원4857 심결(거절결정 불복심판 청구사
    건).

고, 제8조 제2항의 단체조합원에 대한 규정은 가입제한을 완화하는
규정으로 개정하였음이 인정되므로 단체원 가입 제한에 대한 규정
은 해소된 것으로 판단된다."라고 판단하였다.

나. 등록요건

(1) 상표등록요건(상 제33조 제1항 각호, 제34조 제1항 각호)을 구비
하여야 한다.

(2) 전술한 단체표장의 구성요건을 충족하여야 한다.

(3) 지리적 표시 단체표장의 경우:

1) 전술한 요건 이외에 (i) 상품의 산지 또는 현저한 지리적 명칭
및 그 약어 또는 지도만으로 된 상표에 해당하는 표장이라도 그 표
장이 특정상품에 대한 지리적 표시인 경우에는 그 지리적 표시를
사용한 상품을 지정상품으로 하여 지리적 표시 단체표장등록을 받
을 수 있다(상 제33조 제3항).[112]

---

112) 상표법 제33조 제3항에 따른 지리적 표시 단체표장등록출원 또는 지리적
표시 증명표장등록출원의 경우에는 산지표시에 해당하는 경우에도 법 제
33조 제3항에 따라 제33조 제1항 제3호를 적용하지 않으며, 세계무역기구
회원국 내의 포도주 및 증류주의 산지에 관한 지리적 표시로서 구성되거나
동 표시를 포함하는 상표로서 포도주·증류주 또는 이와 유사한 상품에 사
용하려는 상표의 경우에는 상표법 제34조 제1항 제16호를 적용한다[단서
규정에 해당하는 경우는 제외한다(상표심사기준(제5부 제16장), 267-269
면]. 산지표시 및 현저한 지리적 명칭에 해당하여 자타상품식별력에 없더
라도 상표법 제33조 제3항에 따라 지리적 표시 단체표장등록이 가능할 것
이고, 이는 동법 제2조 제4항의 준용규정에 따라 지리적 표시 증명표장등
록의 경우에도 마찬가지일 것이다. 그런데 상표법 제33조 제2항에 따라 지
리적 표시가 상표등록출원 전부터 그 상표를 사용한 결과 특정인의 상품
에 관한 출처를 표시하는 것으로 식별할 수 있게 된 경우에는 사용에 의
한 식별력이 생긴 것으로 보아 그 지리적 표시를 사용한 상품에 한정하
여 상표등록을 받을 수 있을 것이다(상표법 제6조 제2항). 따라서 상표
법 제33조 제3항 및 제2조 제4항에 의거하여 지리적 표시 단체표장 내지
지리적 표시 증명표장으로 등록출원하는 경우에는 자타상품식별력이 없

상표심사기준(2015년 6월 9일 시행, 개정 2016.8.29. 특허청 예규 제
90호) 제7부 제4장 4.5.1에 따르면, "기후, 토양, 지형 등의 자연적
요소와 해당지역에 고유한 전통적인 생산비법이나 특유한 가공방
법, 포장방법 등의 인적 요소를 포함하는 지리적 환경이 당해 상품
의 품질 또는 특성 등에 미친 적극적인 영향을 판단요소로 한다."
동 심사기준 제7부 제4장 4.5.2에서는 "사회경험칙상 자연적 요소
나 인적 요소 중의 어느 하나 이상의 요인이 없으면 지리적 표시 해
당 상품의 품질, 명성이나 그 밖의 특성 중의 어느 하나 이상의 중요
한 결과가 나타나기 어렵다고 판단되는 관계가 성립될 경우 지리적
환경과 상품의 특성 등 간에 본질적 연관성이 있다고 본다."라고 규
정하고, 동 심사기준 제7부 제4장 4.5.4에서는 "상품의 품질 또는
그 밖의 특성에 대한 심사는 제출된 상품의 품질 또는 그 밖의 특성
에 관한 기재 내용의 신뢰성[113] 여부를 확인한 다음 지리적 표시의

더라도 등록이 가능하다. 'Champange'의 예에서 보듯이 이것이 프랑스 샹
파뉴(Champange) 지역에서 생산된 브랜디를 의미하는 것이 아니라 브랜
디(발포성 백포도주)란 제품 그 자체를 의미하게 된 경우, 즉 특정 지리적
표시가 상표법 제33조 제1항 제1호 내지 제2호의 '보통명칭상표' 내지 '관
용상표'가 된 경우에는 상표법 제33조 제2항 및 제3항이 적용되지 않을 것
이고, 농수산물품질관리법 및 부정경쟁방지법에 따른 보호를 받게 될 따름
이다. 참고로 미국에서 'Champange'은 발포성 백포도주를 의미하므로, 일
반명칭(generic term)으로 되었다.

113) 상표심사기준 제7부 제4장 4.5.5에서는 "상품의 품질 또는 그 밖의 특성에
관한 기재 내용이 다음에 해당하는 자료를 근거로 작성된 경우에는 신뢰성
이 있는 것으로 본다.
  (i) 전문적이고 중립적인 대학 등의 학술기관·연구기관 또는 시험·검사
     기관 등의 자료
  (ii) 관련 분야에 대한 석·박사 등의 논문이나 전문분야의 교과서나 잡지
     등에 게재된 자료
  (iii) 국가나 지방자치단체 등의 공공기관에서 발간한 정책 또는 업무관련
     자료나 연구용역보고서 등의 자료
  (iv) 주요 신문이나 방송의 기사나 프로그램으로 소개된 자료로서 관련 전

정의에 합치하는 특성 등을 구비하고 있는지 여부로 판단한다."라
고 규정하고 있다. 그리고 동 심사기준 제7부 제4장 4.5.6에서는
"상품의 품질 또는 그 밖의 특성이 지리적 표시의 정의에 합치하는
특성을 구비하고 있는지 여부에 대한 심사는, 당해 상품의 품질이
나 그 밖의 특성이 동종 상품 일반 또는 비교대상이 되는 특정 지역
의 동종 상품의 품질이나 그 밖의 특성과 대비하여 유의미한 차이
를 나타내는 자타상품식별력(특별현저성)을 구비하고 있는지 여부
를 판단하는 것으로 한다."라고 규정하고 있다.

그 밖에 동 심사기준 제7부 제4장 4.5.7에서는 "상품의 명성에 대
한 심사는 상품의 유명성에 관한 역사적인 증빙자료, 국내외 인지
도, 수상경력, 품질·규격 등의 국내외 인증 취득 등의 자료 및 소비
자 인지도에 대한 설문조사 등의 자료를 토대로 하되, 상표법 해당
여부에 대한 판단기준을 준용한다."라고 규정하고, 동 심사기준 제7
부 제4장 4.5.8에서는 "상품의 품질이나 그 밖의 특성은 자연히 명
성을 수반하고, 명성은 또 품질이나 그 밖의 특성에 주로 기인하므
로, 상품의 품질이나 그 밖의 특성에 관한 서류 및 그 입증서류와 명
성에 관한 서류 및 그 입증서류는 함께 제출되고 함께 심사하는 것
을 원칙으로 한다."라고 규정하고 있다.

(ii) 선출원에 의한 타인의 등록된 지리적 표시 등록단체표장과
동일·유사한 상표로서 그 지정상품과 동일하거나 인정되는 상품
에 사용하는 상표(상표법 제34조 제1항 제8호), (iii) 특정 지역의 상품
을 표시하는 것이라고 수요자들에게 널리 인식되어 있는 타인의 지
리적 표시와 동일·유사한 상표로서 그 지리적 표시를 사용하는 상
품과 동일하다고 인정되어 있는 상품에 사용하는 상표(상표법 제34

문가나 전문기관 등의 평가가 포함되어 있는 자료
(v) 기타 사회통념상 일반적으로 신뢰성이 있다고 인정되는 자료"라고 규정
하고 있다.

조 제1항 제10호), (iv) 국내 또는 외국의 수요자들에게 특정 지역의 상품을 표시하는 것이라고 인식되어 있는 지리적 표시와 동일·유사한 상표로서 부당한 이익을 얻으려 하거나 그 지리적 표시의 정당한 사용자에게 손해를 입히려고 하는 등 부정한 목적으로 사용하는 상표(상표법 제34조 제1항 제14호), (v) 세계무역기구 회원국 내의 포도주 또는 증류주의 산지에 관한 지리적 표시로서 구성되거나 그 지리적 표시를 포함하는 상표로서 포도주 또는 증류주에 사용하려는 상표(상표법 제34조 제1항 제16호)(다만 지리적 표시의 정당한 사용자가 그 해당 상품을 지정상품으로 하여 상표법 제36조 제5항에 따른 지리적 표시 단체표장등록출원을 한 때에는 그러하지 아니하다.)의 경우에는 상표등록을 받을 수 없다. (vi) 상표법 제34조 제1항 제8호 및 제10호는 동음이의어 지리적 표시 단체표장 상호 간에는 이를 적용하지 아니한다(상표법 제34조 제4항).

   2) 지리적 표시 단체표장인 경우에는 선출원이 적용되지 않는다. 즉 상표법 제35조 제5항에서는 (i) 동일(동일하다고 인정되는 경우를 포함한다)하지 아니한 상품에 대하여 동일·유사한 표장으로 둘 이상의 지리적 표시 단체표장등록출원 또는 지리적 표시 단체표장등록출원과 상표등록출원이 있는 경우와 (ii) 서로 동음이의어 지리적 표시에 해당하는 표장으로 둘 이상의 지리적 표시 단체표장등록출원이 있는 경우에는 선출원(상 제35조 제1항 및 제2항)이 적용받지 아니하고(상 제35조 제5항).

   3) 불사용취소심판(상 제119조 제1항 제3호)은 ⅰ) 소멸된 지리적 표시 등록단체표장과 동일 또는 유사한 표장으로 그 지정상품과 동일(동일하다고 인식되어 있는 경우를 포함한다)하지 아니한 상품에 대하여 상표등록출원을 한 경우와 ⅱ) 소멸된 지리적 표시 등록단체표장과 서로 동음이의어 지리적 표시에 해당하는 표장으로 지리적 표시 단체표장 등록출원을 한 경우에는 이를 적용하지 아니한다(상 제35조 제5항).

* 본질적으로 특정 지역(군산 지역)에서 그 품질, 명성 등의 특성이 비롯된 것인지 여부의 판단

군산꽃게장 사건[114](지정상품: 간장꽃게장, 양념꽃게장)

사단법인 군산시꽃게장협회가 특허청의 거절결정에 대하여 특허청을 상대로 제기한 불복심판청구사건인 '군산꽃게장' 사건에서 "군산 연안의 해안지역은 그 지리적 환경 특성이 꽃게가 서식하기 좋은 최적의 지리적 환경 조건을 갖추고 있으며, 군산꽃게장은 꽃게의 선별 및 보관과 게장소스를 제조 시 차별화된 제조방법을 사용하고 있고, 군산꽃게장은 업계 최초로 전 공정 식품안전인증 HACCP(위해요소 중점관리) 인증을 받는 등 안전한 먹거리로서의 품질특성을 보유하고 있으며, 나아가 년간 200억 원 이상에 달하는 매출액, '세계한식요리경연'에서 황금무궁화외식산업대상, 대통령 산업포장 수상 등 다수의 수상경력과 신문, 잡지, TV 등 다양한 수단에 의한 광고·홍보의 정도 등에 비추어 볼 때, 군산꽃게장은 그 지정상품인 '간장꽃게장, 양념꽃게장'의 품질, 명성 또는 그 밖의 특성이 다른 지역의 '간장꽃게장, 양념꽃게장'과 유의미한 차이를 나타내는 자타상품식별력(특별현저성)이 있어 본질적으로 특정 지역(군산 지역)에서 그 품질, 명성 등의 특성이 비롯된 것임을 알 수 있으므로, 이 사건 출원 지리적 표시 단체표장의 지정상품인 '간장꽃게장, 양념꽃게장'은 타 지역 '간장꽃게장, 양념꽃게장'과의 차별성과 품질, 명성 등의 특성을 갖춘 것이라고 보지 않을 수 없다 할 것이다."라고 설시하였다.

사단법인 담양떡갈비생산자협회가 특허청을 상대로 제기한 거절결정불복심판청구사건인 '담양떡갈비'사건[115]에서 특허심판원은 "담양떡갈비는 담양에서 생산되는 우수한 원료육(한우)을 다른 지역

---

114) 특허심판원 2016.6.15.자 2015원3777 심결(거절결정불복심판청구에 대한 심결).
115) 특허심판원 2015.4.1.자 2015원1278 심결(거절결정불복심판청구사건).

과 차별되는 고유한 방법으로 조리하여 그 맛과 외관이 다른 지역 떡갈비에 비하여 특이하고, 이러한 사실이 이 사건 지리적 표시 단체표장등록출원 이전에 담양군의 홍보활동과 국내 TV 및 신문 등 언론매체의 보도에 의해 일반 수요자들 사이에 널리 알려진 결과 담양 지역에서 가공된 상품임을 나타내는 지리적 표시가 충분히 되었다고 판단된다."라고 하였다.

⊖떡갈비 (지정상품: 상품류 구분 제29류의 떡갈비)

사단법인 담양떡갈비생산자협회가 특허청을 상대로 제기한 거절결정불복심판청구사건인 '담양떡갈비'사건에서 특허심판원은"청구인이 이 사건 출원 지리적 표시 단체표장의 출원 시 제출한 정관 및 부속서 등을 종합하여 살펴보면 아래와 같은 사실을 인정할 수 있다.

(가) 담양군의 총면적 중 임야면적이 61.2%를 차지하고 있으며, 전국 죽림의 25.5%를 차지하여 대표적인 대나무 생산지이며 영산강의 시원지인 용소의 맑은 물과 구릉성 산지를 낀 천혜의 청정한 자연환경으로 옛날부터 한우비육단지로 유명하며, 담양군의 전체 면적 중 24.3%가 개발제한구역으로서 오염원이 적고, 청정한 자연환경에서 얻은 조사료를 한우농가에 충분히 공급할 수 있어 고품질의 한우 생산이 가능하고, 이러한 담양 한우의 품질에 의해 특허청에 지리적 표시 단체표장등록(등록 제44-159호)을 받았다(정관 부속서 11쪽).

(나) 농림축산식품부와 한식재단이 전국의 오래된 한식당을 조사하여 펴낸 '한국인이 사랑하는 오래된 한식당'에 '담양떡갈비'를 생산하는 '신식당'(1932년 개업, 전라남도 담양군 담양읍 소재)이 기록되는 등 담양지역에서는 오래전부터 떡갈비가 생산되어 왔다(2013.6.19. 중앙일보).

(다) 담양떡갈비는 담양지역의 전통적인 생산방식으로 인하여 타 지역(광주 송정, 해남 등)과 구분되는 품질특성을 가지고 있는데, 일반적으로 대부분의 지역에서는 뼈에 붙어 있는 고기만을 발라내어 분쇄하거나 다소 큰 간격으로 칼집을 내는 방법으로 떡갈비를 생산하고 있으나, 담양지역에

서는 담양한우의 갈비만을 이용하여 갈비뼈가 붙어 있는 상태에서 다수의 잔칼집(갈비 한 대당 50~60회 내외)을 낸 후 갈비대 채로 조리하는 특성을 가지고 있다. 즉, 일반적으로 타 지역에서는 갈비대에 있는 고기를 발라내어 살코기만을 가지고 모양을 내는 특성으로 떡갈비가 넓고 얇은데, 담양 떡갈비는 갈비대 채로 조리하는 특성으로 갈비대 크기의 원형에 가까운 정사각형의 두꺼운 외형을 가지고 있는 등 타 지역과 현저히 구별되는 특성을 가지고 있다(정관부속서 1쪽).

(라) 담양떡갈비는 뼈에 붙어 있는 갈비에 채를 썰 듯 잔 칼집을 내서 조리하는 특성으로 구이 시 육즙이 나와 차지고 떡갈비의 부드러운 식감이 우수한 품질 특성을 가지고 있는 등 타 지역산 떡갈비와 구별되는 품질특성을 가지고 있는 것으로 분석되었다('국내 각 지역별 떡갈비 및 담양떡갈비의 품질특성, 전문 맛 컬럼니스트 황교익 2013', '향토음식 및 음식점 메뉴의 중요성이 운영관리에 미치는 영향에 관한 분석, 우송대학교 2013')

(마) 전문기관(포커스 컴퍼니)이 2013.9.23.부터 10.24.까지 전국의 만 30세 이상부터 만 70세 남녀를 대상으로 담양떡갈비 인지도에 대하여 전화 조사를 실시한 결과 총 응답자의 41.8%가 담양떡갈비를 인지하고 있는 것으로 나타났고 연령대별로는 40대의 인지도가 45.3%로 가장 높았으며, 지역별로는 담양지역과 광주지역의 인지도가 50.3%로 가장 높게 나타났다.

(바) 담양군은 2010년 지역적 특색을 담은 대표 음식 '담양 10미(味)'를 선정하였는데('담양 10味선정 결과 보고', 담양군청), 여기에 담양떡갈비가 포함되었으며, 담양군은 선정된 음식을 관광 안내물 등을 통해 홍보하여 소비자들에게 알리고 있다.

(사) 국내 TV 및 신문보도 등의 언론매체에서 알려진 담양떡갈비의 기사자료는 다음과 같다(정관부속서 36쪽 ~ 41쪽)

① TV 보도: '최지우의 딜리셔스 코리아'(올리브 TV 2012.12.7.), '천년의 밥상 담양떡갈비 편'(EBS 캠페인 2012.12.4.), '가사문학과 떡갈비의 고장 담양'(YTN뉴스 2009.9.11.), '담양 맛집 탐방'(쿠기 TV 2011.4. 12.), '갈비의 참맛! 담양떡갈비'(NTD TV 2009.9.30.), 'MBC 드라마넷 식신 원정대 전라남도 담양편'(2009.9.25.), '담양떡갈비, 숨겨진 비밀이 밝혀지다'(KBS

스펀지제로 2011.2.15.)

② 신문 및 잡지 보도: '제일 숯불갈비 담양떡갈비'(경향신문 1996.9.
4.), '생각만해도 군침도는 명품 담양떡갈비'(뉴시스 2005.10.23.), '갤러리
로 변한 떡갈비집'(연합뉴스 2005.2.2.), '100년 떡갈비 대령이오'(한국일보
2008.8.23.), '담양떡갈비 상차림 경영개선 교육'(연합뉴스 2009. 11.20.),
'직접 만들어본 떡갈비, 되게 쉽구만!'(오마이뉴스 2009.10. 18.), '손으로
빚어낸 담양 명품떡갈비'(데일리안 2010.2.24.), '떡갈비 등 담양 10味선
징'(뉴시스 2010.11.29.), '국내산 소갈비실로 직접 만든 담양떡갈비'(내일
신문 2011.6.25.), '떡갈비도 인정도 함께 나눌 때 참맛'(동아일보 2012.
7.17.) 등"이라고 인정하면서 "담양떡갈비는 담양에서 생산되는 우수한 원
료육(한우)을 다른 지역과 차별되는 고유한 방법으로 조리하여 그 맛과 외
관이 다른 지역 떡갈비에 비하여 특이하고, 이러한 사실이 이 사건 지리적
표시 단체표장등록출원 이전에 담양군의 홍보활동과 국내 TV 및 신문 등
언론매체의 보도에 의해 일반 수요자들 사이에 널리 알려진 결과 담양 지
역에서 가공된 상품임을 나타내는 지리적 표시가 충분히 되었다고 판단된
다."라고 설시하였다.

사단법인 장성편백생산자협회가 특허청을 상대로 제기한 거절결
정불복심판청구사건인 '장성편백'사건[116]에서 특허심판원은 "장성
편백은 우리나라 전체 편백 조림지역의 약 70%를 차지하는 우리나
라 최대 편백나무 주산지로서, 기후, 토양 등 지리적 환경과 편백원
목의 건조방법 등 인적 요소를 종합하여 볼 때, 타 지역보다 상품의
품질이 우수한 편백원목이 생산되고 있다고 판단되며, 상표법상의
상품이란 '그 자체가 교환가치를 가지고 독립된 상거래의 목적물이
되는 물품을 의미'하고, 지리적 표시란(상표법 제2조 제1항 제3호의 2)
'상품의 특정 품질·명성 또는 그 밖의 특성이 본질적으로 특정지역

---

116) 특허심판원 2016.3.9.자 2015원4398 심결(거절결정불복심판청구사건).

에서 비롯된 경우에 그 지역에서 생산·제조 또는 가공된 상품임을 말한다' 라고 규정하는 점을 고려할 때, 편백원목에서 가공된 지정상품인 '편백(건축용 목재)'은 장성지역에서 생산되고 독립거래가 가능한 가공된 상품으로 볼 수 있다고 할 것이다."라고 하여 장성편백을 지리적 표시 단체표장으로 보았다.

장성편백[지정상품: 상품류 구분 제19류의 편백(건축용 목재)]

사단법인 장성편백생산자협회가 특허청을 상대로 제기한 거절결정불복 심판청구사건인 '장성편백'사건에서 특허심판원은 "청구인이 이 사건 출원 지리적 표시 단체표장의 출원 시 제출한 정관 및 부속서 등을 종합하여 살펴보면, 아래와 같은 사실을 인정할 수 있다.

(가) 장성편백은 1950년대부터 북일 서삼면 일대 6백 정보의 산에 편백을 심어 제일의 조림왕이 된 임종국 씨(장성 영천리)는 '인촌선생이 40년 전 장성읍 덕진리 뒷산 40여 정보에 편백을 심어 후세에 물려준 데 자극받아 나무를 심기 시작했다.'고 술회했다.」라고 보도된 것을 확인할 수 있다 (1979년 5월 22일 동아일보).

(나) 장성군 소재 축령산(621.6m)은 전라남도 지역의 명산으로 삼서·북일면 일대에 소재하고 있으며, 우리나라 전체 편백 조림지역의 약 68.8%를 차지하는 등 우리나라 최대 편백나무 주산지로 품질이 우수한 편백원목이 생산되고 있으며, 예로부터 향이 짙고 결이 곧은 편백나무의 생산지로 널리 알려져 있다.

(다) 장성지역은 깊은 유효토심, 풍부한 연 강수량 등의 입지 및 환경특성 영향으로 타 편백조림지역에 비하여 편백생육에 다소 알맞은 특성을 가지고 있다(2014.「편백 조림목의 입지 특성에 따른 지역별 초기 생육 특성」, 국립산림과학원 산림생산기술연구소 보고서).

(라) 장성 편백림의 피톤치드 함량농도는 타 지역(강원도)에 비하여 53% 이상 높은 것으로 분석되는 등 편백나무 특유의 향이 진한 것으로 나타났다(「편백나무숲 공기, 천식치료에 효과 높다」, 2010, 국립산림과학원, 중 제10호증).

(마) 전라남도 장성지역과 해남지역의 지리적 특성(토양, 입지 등의 지리적 특성)에 따른 편백나무 생육 특성 차이에 따르면, 장성지역은 타 편백림 비교지역에 비하여 편백나무의 생장이 우수하고, 생육에 매우 알맞은 지역으로서, 이는 타 지역에 비하여 깊은 유효토심, 풍부한 연 강수량 등에서 구별되는 입지 및 환경특성을 가지고 있다(「편백 조림목의 입지특성에 따른 지역별 초기 생육 특성」, 2014, 국립산림과학원).

(바) 일반적으로 편백나무 등의 목본식물 생육에는 배수성이 양호한 양토가 알맞은 것으로 알려져 있는데, 장성지역(매우 양호한 토양배수성이 전체 토양의 82.0% 차지)은 전체 토양의 76.4%가 양토로 구성되어 있는 등 타 편백 생산지 전주(18.0%), 울산(50.3%), 보령(34.2%)보다 월등히 많은 특성으로 편백나무의 왕성한 뿌리생육이 가능함에 따라 보다 품질이 우수한 원료목의 생산되고 있다(「농업토양정보시스템(ASIS)」, 2013, 농촌진흥청).

(사) 장성편백의 편백원목은 장성지역 관내에서 생육·생산된 편백 성목(成木)만을 사용하여 원목의 엄격한 품질관리가 이루어지고 있으며, 편백나무 본연의 품질을 보존하기 위하여 노동력이 많이 들고 건조하는 시간이 오래 걸리는 단점이 있는 인공적인 건조방법이 아닌, 원료 목 본연의 향과 조직을 유지·보존할 수 있는 특성을 가지고 있는 자연 건조방법으로 편백원목을 생산하고 있다(「최신 목재건조학」, 서울대학교).

(아) 장성지역 청정 편백림에서 생산되는 편백 및 편백 부산물은 건축용 목재를 비롯한 다양한 상품으로 이용되고 있으며, 건축용 목재로서 이용되는 편백은 본연의 향이 진하고 곧은 나무결과 함께 견고한 내구성의 품질특성으로 인하여 건축자재뿐만 아니라 침대 등의 가구생산에 주로 이용되는 등 소비자 선호도가 높은 품질특성을 가지고 있다.”라고 인정하면서, “장성편백은 우리나라 전체 편백 조림지역의 약 70%를 차지하는 우리나라 최대 편백나무 주산지로서 기후, 토양 등 지리적 환경과 편백원목의 건조방법 등 인적 요소를 종합하여 볼 때, 타 지역보다 상품의 품질이 우수한 편백원목이 생산되고 있다고 판단되며, 상표법상의 상품이란 ‘그 자체가 교환가치를 가지고 독립된 상거래의 목적물이 되는 물품을 의미’하고, 지리적 표시란(상표법 제2조 제1항 제3호의 2) “상품의 특정 품질·명성 또

는 그 밖의 특성이 본질적으로 특정지역에서 비롯된 경우에 그 지역에서 생산·제조 또는 가공된 상품임을 말한다"라고 규정하는 점을 고려할 때, 편백원목에서 가공된 지정상품인 '편백(건축용 목재)'은 장성지역에서 생산되고 독립거래가 가능한 가공된 상품으로 볼 수 있다고 할 것이다."라고 하여 장성편백을 지리적 표시 단체표장으로 보았다.

서산어리굴젓(상품류 구분 제29류의 어리굴젓) 사건[117]에서 특허심판원은 "서산어리굴젓은 지리적 특성으로 인하여 그 품질 및 맛이 다른 지역 굴젓보다 뛰어나며, 지자체 및 관련 단체의 홍보활동 등에 힘입어 국내의 수요자들 사이에 널리 알려져 있다고 판단된다. 따라서 이 사건 출원 지리적 표시 단체표장의 지정상품인 서산어리굴젓은 타 지역 굴젓과 차별성과 품질특성을 갖춘 것이라고 보지 않을 수 없다 할 것이다."라고 설시하였다.

서산어리굴젓(상품류 구분 제29류의 어리굴젓) 사건

사단법인 서산어리굴젓사업단이 특허청을 상대로 제기한 거절결정 불복심판 청구사건에서

"가. 서산어리굴젓은 충청도 향토 음식의 하나로 생굴에 소금과 고춧가루 등 양념을 버무려 담근 젓갈로, '어리'라는 접두어는 '덜된, 모자란'이라는 뜻을 지닌 단어로 어리굴젓은 '짜지 않게 담근 굴젓'을 지칭한다.

나. 서산어리굴젓은 아래와 같이 원재료가 우수하고 고유한 제조 및 가공방법으로 생산되어 다른 지역산보다 품질이 뛰어나다.

① 서산어리굴젓의 원재료인 '서산 간월도 굴'은 조수간만의 차가 큰 천연 갯벌과 알맞은 일조권, 높은 수온, 적은 염도가 유지되는 지역에서 생산되는 것으로 다른 지역 '굴'보다 생존력이 높고 육질이 단단한 특성을 갖고

---

117) 특허심판원 2016.1.15.자 2014원8174 심결(거절결정 불복심판 청구사건).

있다.

② 서산어리굴젓의 제조방법은 굴과 양념을 함께 숙성시키는 일반 젓갈의 제조방식과 달리 먼저 굴을 천일염으로 담가 숙성 발효시킨 다음 최종 판매직전에 고춧가루 및 양념을 하는 방식이다.

③ 서산어리굴젓에 사용하는 천일염은 전통항아리에 넣어 2년 이상 묵혀 간수가 완전히 빠진 천일염이고, 천일염 사용량도 일반젓갈보다 훨씬 적은 20% 정도의 적은 양의 소금을 사용한다. 이러한 저염(低鹽)방식이 가능한 이유는 보통의 굴은 소식이 연하기 때문에 이 성도의 소금을 넣으년 물러버리지만, 서산 간월도에서 채취한 굴은 육질이 단단하기 때문에 굴의 원형을 간직한 채 발효가 가능하다.

④ 서산어리굴젓은 굴을 발효시켜 걸러낸 후, 안면도의 고추를 햇볕에 말린 태양초로만 갠 고추 물을 버무려 만든다. 이는 태양초에 함유되어 있는 캡사이신(Capsaicin) 성분이 젓갈의 산패(酸敗)를 막아주고 젖산균의 발육을 돕는 기능을 하게 되어 굴 자체의 비릿한 맛이 상쇄되고 단맛이 돌며 톡 쏘는 듯한 서산어리굴젓 특유의 감칠맛을 내는 효과가 있다.

다. 서산어리굴젓은 미국 식품의약국(FDA) 등록연구소 검사결과, 단백질, 비타민 A/C, 칼슘 등 영양성분을 포함하고 있으며, 인체에 유해(有害)한 중금속, 살모넬라균 등은 검출되지 않은 건강식품으로 인정받았다(FDA 등록연구소인 '마이크로백 연구소(Microbac Laboratories, Inc.), 서산어리굴젓 성분분석).

라. 서산어리굴젓은 다른 어리굴젓과 비교하여서도, 당류는 적게 함유되어 있으나 비타민 A와 미량원소(微量元素)의 함량이 상대적으로 높은 것으로 분석되었다(한국식품연구원, 시험성적서, 2008)

마. 서산어리굴젓에 대한 홍보와 관련하여, 매년 '간월도 굴 부르기 군왕제'를 개최하고 있으며, 서산어리굴젓이 'MBC, KBS, SBS' 등 공중파 방송에 소개되었고 대전일보, 아시아투데이, 중앙일보 등에 서산어리굴젓에 관한 내용이 지속적으로 언론보도 되었다.

바. 서산시는 서산어리굴젓의 홍보 및 품질향상을 위하여, 1990년 12월에 '어리굴젓 기념탑'을 건립하였으며, '서산어리굴젓사업단' 구성 및 '향토산업육성사업'을 추진하여 고품격의 상품개발, 어리굴젓 가공 · 유통센터

건립 등을 추진하였으며, 서산문화원에서는 1984년부터 지역특산물 보존 사업의 일환으로 간월도 어리굴젓 맛에 대한 연구와 교육을 실시하고 있 다.

　사. 서산어리굴젓은 2007년 'HACCP'인증을 획득하였으며, 2008년 '농수 산물 수출탑 수상', 2011년 '자율관리어업 우수브랜드 선정' 등 그 품질을 인정받았다.

　아. 서산어리굴젓은 품질의 우수성을 인정받아 미국·유럽·동남아 등 세계 각국에 매년 20여 톤을 수출하고 있다."라고 인정하면서 "서산어리굴 젓은 지리적 특성으로 인하여 그 품질 및 맛이 다른 지역 굴젓보다 뛰어나 며, 지자체 및 관련 단체의 홍보활동 등에 힘입어 국내의 수요자들 사이에 널리 알려져 있다고 판단된다. 따라서 이 사건 출원 지리적 표시 단체표장 의 지정상품인 서산어리굴젓은 타 지역 굴젓과 차별성과 품질특성을 갖춘 것이라고 보지 않을 수 없다 할 것이다."라고 설시하였다.

　(사)제주수산물수출협회가 특허청의 거절결정에 대한 불복심판 을 청구한 사안인 '제주고등어' 사건[118]에서 특허심판원은　청구인 이 이 사건 출원 지리적 표시 단체표장의 출원 시 제출한 '연구용역 최종보고서' 및 2012.3.15.자, 2014.8.21.자 의견서, 그리고 이 사건 심판청구 후 제출한 2014.12.17.자 보정서 및 해양수산부의 통계자 료 등을 종합하여 살펴본 다음, "이 사건 출원 지리적 표시 단체표장 은 지정상품인 제주고등어의 명성, 품질특성 및 타 지역과 차별화된 자연적 조건이나 독특한 생산기법이 모두 입증되었으므로 등록이 되어야 한다."라고 판단하였다.

---

118) 특허심판원 2015.6.5.자 2014원7088 심결(거절결정 불복심판 청구사건).

제주고등어 사건[지정상품: 상품류 구분 제29류의 고등어(살아 있지 않은 것), 간고등어]

(사)제주수산물수출협회가 특허청의 거절결정에 대한 불복심판을 청구한 사안인 '제주고등어' 사건에서 특허심판원은 청구인이 이 사건 출원 지리적 표시 단체표장의 출원 시 제출한 '연구용역 최종보고서' 및 2012.3.15.자, 2014.8.21.자 의견서, 그리고 이 사건 심판청구 후 제출한 2014.12.17.자 보정서 및 해양수산부의 통계자료 등을 종합하여 살펴본 다음,

"① 제주도는 지리적 위치상 고온, 고염의 특징을 지닌 대마 난류가 남안과 동안에 영향을 미치기 때문에, 따뜻한 해역을 따라 회유하는 고등어의 특성상 주로 제주해역에서 고등어 어장이 형성된다.

② 고등어의 주 어획지는 제주도 근해이며, 1년 중 가장 맛이 좋은 시기는 가을부터이며 이때부터 겨울에 걸쳐 지질 함량이 최대가 된다. 즉 이 시기의 대형 고등어(35cm 이상)는 가식부의 지질 함량이 20%가 넘고, 수분은 반대로 60% 이하로 된다.

③ 고등어의 최대 산지는 제주도의 마라도를 중심으로 하여 대마도까지 띠를 형성한 지역으로 이 지역에서 잡히는 양이 한반도 전체 고등어 어획량의 60~70%를 차지하고 있다. 고등어는 계절에 따라 제주 주위를 중심으로 회유하며, 가장 큰 어장과 산란장이 형성되어 있다. 제주해협에서의 고등어 주 어획 시기는 10월에서 다음해 3월로 바다 수온 7~25℃ 사이, 서식층수 10~100m(주간:70~150m, 야간:20~50m)에서 주로 서식한다. 특히 12월에서 3월은 고등어의 주 산란시기로 제주도의 동쪽 근해에 가장 큰 산란장을 형성하고 있다.

④ 고등어는 수온이 10~22℃인 따뜻한 바다를 좋아하는 회유성 어종으로, 우리나라에서는 2~3월경에 제주도 연안에 출현하여 차츰 북쪽으로 이동하며, 남해안에서 여름을 지내고 찬바람이 불기 시작하는 늦가을이면 월동을 위하여 남쪽으로 다시 이동해 간다. 제주도 남안은 수온이 따뜻하고 청정지역이어서 해초가 풍부하고, 그에 따라 고등어의 먹이인 부유성 갑각류, 오징어류, 작은 어류 등이 많이 서식하고 있다. 또한 어린 고등어의 먹이인 플랑크톤도 다른 지역보다 풍부하여 살이 고소하고 타 수역 고

등어보다 살의 탄력이 더 살아 있다. 특히 겨울철에는 마라도를 중심으로 새우나 멸치 등 고등어의 먹이가 매우 풍부하여 이때에 고등어가 살이 가장 통통하게 많이 찐다.

⑤ 해양수산부의 연안수질현황 통계(제8호증)에 따르면 오염된 물의 수질을 나타내는 'COD(화학적 산소요구량)'의 값이 제주연안(0.753mg/ l)과 서귀포연안(0.868mg/l)의 수치는 다른 49개 연안의 평균(1.079mg/ l)에 비해 상당히 낮은 수준의 청정지역으로서, 수산물 소비자에게 긍정적으로 작용하여 제주 고등어의 소비자 선호도를 높이는 데 기여하고 있다. 또한 고등어는 낚아 올리는 순간부터 상하기 시작하므로 제주도 근해에서 잡아 부산 등 육지로 가서 처리하는 것과 제주도에서 곧바로 처리하는 것과는 신선도에서 차이가 있을 수밖에 없어 제주고등어가 맛으로 유명한 이유이기도 하며, 이 점에서 고등어 어획수역과 최단거리에 있는 제주도가 고등어의 신선도를 유지하기 위한 최적의 지리적 환경을 갖추고 있다.

⑥ 제주지역의 고등어가 경남 통영을 비롯한 타 지역의 고등어에 비하여 상대적으로 수분함량은 높은 반면 회분이나 조지방함량은 낮으며, 콜레스테롤 저하, 혈전 예방 및 두뇌작용을 활성화시키는 건뇌효과가 있는 DHA는 26.4%로서 국내 고등어의 평균 24.5%보다 높다. 또한 단백질 화학가 및 무기질 중 아연의 함량이 타 지역의 고등어에 비하여 월등하게 높은 것으로 나타났다(제13호증).

⑦ 제주도의 수산업은 1970년대 이후 급속도로 발전하여 지금은 한국 수산업에서 매우 중요한 위치를 차지하고 있고, 이러한 제주 어업의 발전에 따라 제주고등어의 어획 및 품질유지 방법과 관련하여 충분한 경험과 노하우가 축적되어 있다. 또한 제주특별자치도의 예산 및 시설지원을 비롯하여, 제주 수산물 페스티벌 개최, 식품박람회 참가, 정보화마을 조성 등 유관기관의 적극적인 노력으로 제주고등어는 최상의 품질을 유지하고 있다(제14, 15호증).

위 인정사실에 나타난 제주도의 해류, 수온, 수질 등 지리적인 특성과 제주고등어와 타 지역 고등어의 성분의 차이, 제주지역 생산자의 장기간 축적된 경험 및 유관기관의 지원실태 등을 종합적으로 고려하면, 이 사건 출원 지리적 표시 단체표장의 지정상품인 제주고등어와 타 지역 고등어와의 차별성과 품질특성에 대한 과학적 입증은 물론, 타 지역과 차별화된 자연적 조건이나 독특한 생산기법 등 인적 조건을 포함하는 통계적인 유의성 역시 입증된다고 할 것이다."라고 판단하였다.

보령김 사건(상품류 구분 제29류의 조미김)[119])에서 특허심판원은 "보령김은 원초가 생산되는 서해 연안의 갯벌 환경 등에 따른 우수한 원재료, 별도의 건조단계 없이 마른김을 직접 조미하거나, 원적외선 히터를 사용하여 복사열선으로 김을 구이하는 등의 차별화된 제조방법, 1980년대부터 보령시에 위치한 건 외 '(주)대천김, 신진수산맛김(주)' 등 대형 김 제조업체들의 연구개발 노력과 보령김의 판매량, 수출액, 다수의 수상경력 등의 사실에 비추어 볼 때, 보령김은 그 지정상품인 '조미김'의 품질, 명성 또는 그 밖의 특성이 다른 지역의 '조미김'과 유의미한 차이를 나타내는 자타상품식별력(특별현저성)이 있어 본질적으로 특정 지역(보령 지역)에서 그 품질, 명성 등의 특성이 비롯된 것임을 알 수 있으므로, 이 사건 출원 지리적 표시 단체표장의 지정상품인 '조미김'은 타 지역 조미김과의 차별성과 품질, 명성 등의 특성을 갖춘 것이라고 보지 않을 수 없다 할 것이다."라고 판단하였다.

보령김 사건(상품류 구분 제29류의 조미김)

사단법인 보령김생산자협의회가 특허청을 상대로 제기한 거절결정 불복심판 청구 사건인 '보령김'사건에서 특허심판원은 "(가) 보령김은 모두 영양분이 풍부한 서해안 김을 원초로 사용하고 있는데, 보령김은 조수간만

119) 특허심판원 2016.2.29.자 2014원6492 심결(거절결정 불복심판 청구사건).

이 심한 서해의 열악한 환경에서 자라기 때문에 생존하기 위해 체내에 더 많은 영양분을 품어 맛과 품질이 우수하고, 특히 단백질과 식이섬유 함량이 많아 담백하고 향과 맛이 진한 것이 특징이다.

(나) 보령지방은 최대 조차 지역인 인천만과 목포의 중간정도의 조차를 나타낸다. 보령 김의 원초가 생산되는 서해 연안은 조수나 파랑의 흐름에 의한 입자이동이 활발하여 침식 및 퇴적작용에 의한 연안 퇴적환경을 이루고 있고, 이러한 갯벌 환경은 수산물 양식의 최적지로 손꼽히며, 보령연안의 김 생육시기인 겨울철(11월~3월) 수온은 4~15℃ 사이로 김 포자의 발아와 생장에 적합한 온도일 뿐만 아니라 겨울철의 온도가 낮아 온화한 날씨로 인한 갯병 발생의 우려도 적어 김 양식에 적합하다.

(다) 일반 조미김은 구울때 김 모양이 뒤틀리는 것을 막기 위해 마른김을 열풍건조기 등으로 수시간 건조함에 반하여, 보령김은 별도의 건조단계 없이 마른김을 직접 조미하는 것과, 원적외선 히터를 사용하여 복사열선으로 김을 구이하는 것과, 또한 가열온도와 히터 간격을 달리하여 3차에 걸쳐 점차적으로 김을 굽는 등의 차별화된 방법으로 제조되고 있어, 일반 조미김에 비해 김 특유의 향미와 맛을 그대로 유지하였으며, 또한 별도의 건조단계를 거치지 않더라도 구울때 김 모양이 변형되지 않는 것은 물론, 김 겉면이 타지 않고 전체적으로 균일하게 구워져 장기 보관이 용이하고 소비자의 다양한 기호에 부응할 수 있으며, 건강기능성과 품질보장성을 높여 조미김의 상품가치를 증진시켰다.

(라) 보령시에는 1980년대부터 (주)대천김, 신진수산맛김(주) 등 대형 김 제조업체가 등장하여 서해안에서 수확한 원초로 조미김을 제조해 왔으며, 보령시에 소재한 김가공업체는 서해안에서 수확한 원초 중 색택이 좋고 단맛이 나며 두께가 고르고 구멍이 없는 우수 원초만을 선별하여 들여와 매일 직접 짠 참기름을 이용하여 조미김을 제조하며, 첨단 이물질 선별기 등 첨단기기를 도입하여 제품을 생산하고 있고, 조미김 제조방법에 관련된 연구로 특허를 등록하거나[(주)대천김, 2002년] HACCP(위해요소 중점관리기준)에 따른 관리 시스템을 운영(대천청정맛김, 어머니김)하는 등 보령시 조미김의 품질명성 유지를 위한 노력을 지속하고 있다.

(마) 보령에서는 1980년대부터 (주)대천김, 신진수산맛김(주) 등 대형

김 제조업체가 등장하여 소비자 인식이 부족했던 대천김의 우수성을 전국에 알리기 시작하였으며 (현재는 대천시가 보령시에 통합되어 대천김 또는 보령김으로 알려져 있다), 그 결과 '보령김'은 우체국 쇼핑의 대표상품으로 우체국 쇼핑 명절기간에 단일품목으로는 최초로 100만 건을 돌파하였고, 전국 우체국 쇼핑의 36.8%를 점유하고 있으며, 우체국 쇼핑 전국 특산물 매출 톱 10업체 중 보령김업체가 6개가 있고, 그중 3개 업체가 1, 2, 3위를 기록하였으며, 주요수출국인 일본을 비롯하여 미국, 대만, 브라질 등 해외 15개국으로 수출하고 있고, 그 수출액은 매년 크게 승가하여 2012년에는 1천 41만달러를 기록하여 조미김 판매액으로는 처음으로 1천만 달러를 돌파하였다.

(바) 보령김은 2011년 한경닷컴 주최의 중소기업브랜드 특산품부분 대상, 2011년 소비자가 직접 선정한 '2011년 하반기 E-BIZ 브랜드 대상' 식품부문 수상, 한국전통식품 품질인증, 우수기업인상 및 보건복지부 장관 표창 등 다수의 인증과 수상경력이 있다."라고 인정하면서 "보령김은 원초가 생산되는 서해 연안의 갯벌 환경 등에 따른 우수한 원재료, 별도의 건조단계 없이 마른김을 직접 조미하거나, 원적외선 히터를 사용하여 복사열선으로 김을 구이하는 등의 차별화된 제조방법, 1980년대부터 보령시에 위치한 건 외 '(주)대천김, 신진수산맛김(주)' 등 대형 김 제조업체들의 연구개발 노력과 보령김의 판매량, 수출액, 다수의 수상경력 등의 사실에 비추어 볼 때, 보령김은 그 지정상품인 '조미김'의 품질, 명성 또는 그 밖의 특성이 다른 지역의 '조미김'과 유의미한 차이를 나타내는 자타상품식별력(특별현저성)이 있어 본질적으로 특정 지역(보령 지역)에서 그 품질, 명성 등의 특성이 비롯된 것임을 알 수 있으므로, 이 사건 출원 지리적 표시 단체표장의 지정상품인 '조미김'은 타 지역 조미김과의 차별성과 품질, 명성 등의 특성을 갖춘 것이라고 보지 않을 수 없다 할 것이다."라고 판단하였다.

　　남해새고막 영어조합법인이 특허청을 상대로 제기한 거절결정 불복심판 청구사건인 '남해 새고막' 사건[120]에서 특허심판원은 "남해새고막은 지리적 특성으로 인하여 그 품질 및 맛이 다른 지역 꼬

막보다 뛰어나며, 지자체 및 관련 단체의 홍보활동 등에 힘입어 국
내의 수요자들 사이에 널리 알려져 있다고 판단된다. 따라서 이 사
건 출원 지리적 표시 단체표장의 지정상품인 남해새고막은 타 지역
꼬막 또는 고막과 차별성과 품질특성을 갖춘 것이라고 보지 않을
수 없다 할 것이다."라고 판단하였다.

새고막 사건 (지정상품: 상품류 구분 제31류의 살아 있는 새고막)

남해새고막 영어조합법인이 특허청을 상대로 제기한 거절결정 불복심
판 청구사건인 '남해 새고막' 사건에서 특허심판원은 "㉮ 고막은 연체동물
사새목 고막조개과에 속하며 크게 참고막, 새고막, 피고막으로 구분되며
꼬막, 고막조개 등 다른 이름으로 불리기도 한다. 남해새고막은 남해 강진
만에서 채취되는 것으로, 갯벌에서 자라는 참꼬막과는 달리 새고막은
3~5m정도 얕은 수심의 갯벌에서 자란다.

㉯ 남해새고막의 주생산지인 강진만은 간석지가 잘 발달돼 있어서 전통
적으로 꼬막, 새고막, 바지락, 굴 등의 패류양식이 이루어져 왔고, 어장이
협소함에도 불구하고 다양한 종류의 수산생물이 서식하고 있어 연간 수산
물 생산량이 약 25,000톤에 이르는 연안어장의 보고이다. 강진만은 조류의
소통이 완만하고 간조 시 절반 이상이 바닥을 드러내는 조간대 지역으로
뻘, 모래, 자갈로 구성돼 있어 새고막 양식에 적합한 자연조건을 갖추고 있
다.

㉰ 남해지역은 전남 벌교, 충남 서산 등 다른 지역과 비교해 볼 때, 새고
막이 채취되는 시기인 12월부터 5월까지 평균기온이 높은 반면 일교차가
작아 동절기 작업시간 확보가 가능하고, 남해지역의 평균 습도는 45-60%
로 전남 벌교지역과 충남 서산지역의 평균 습도인 55-70%보다 낮아 제품
의 변질 및 부패 방지가 상대적으로 유리하는 등 기후조건이 뛰어나 다른

---

120) 특허심판원 2015.12.23.자 2014원6365 심결(거절결정 불복심판 청구사
건).

지역 고막(꼬막)에 비해 품질과 맛이 뛰어나다.

㉩ 남해새고막은 타 지역산인 참꼬막 및 보성벌교 새고막과 비교하여 영양이 탁월하다('농촌자원개발연구소: 식품성분표 I , 농촌진흥청, 2006', '(주)엔텍분석연구원 검사성적서: 남해새고막과 보성벌교산새고막).

① 남해새고막이 참꼬막보다 단백질, 비타민 등 영양성분을 더 많이 포함하고 있으며 아미노산 함량 분석결과에서도 남해새고막과 참꼬막이 비슷하게 나타났지만, 간해독에 탁월한 타우린 성분은 참꼬막에서 검출되지 않았지만, 남해새고막에서 다량으로 검출되었다.

② 남해새고막은 보성벌교새고막과 비교하여 볼 때, 비타민 C가 1.5배 정도, 마그네슘이 1.13배, 칼슘은 1.25배, 철 성분은 2배 높게 나타나는 등 성분분석에서 전반적으로 우월한 것으로 나타났다.

㉪ 남해새고막에 대한 홍보와 관련하여, 남해새고막 종묘생산 첫 성공이 진주 MBC TV를 통하여 전국에 방송되었고, 2009년도부터 2012년까지 남해새고막의 효능, 다른 지역산과의 차이, 남해새고막 생산어가의 소득증대 등에 관한 내용이 '경남일보, 남해신문, 경향신문' 등에 지속적으로 언론보도 되었다.

㉫ 남해 강진만 권역은 2007년 해양수산부 '어촌종합개발사업' 대상자로 선정되어 어항시설과 도로정비, 어업지원 관광기반 조성 등 6개 부문 38개 사업이 추진되었으며, 남해군은 새고막 생산 지원을 위하여 2012년에 '농어촌체험관' 준공, '새고막선별기 및 바지선 제작' 지원, 양식어장 정화사업, 마을어장개발사업보조금 지원 등을 시행하였으며, '수산업경영인교육', '자율관리업 성공정착 및 확산을 위한 집합교육', '어촌지도자협의회교육' 등 고품질의 남해새고막 생산을 위한 교육프로그램을 운영하고 있다.

㉬ 남해새고막은 그 상품성이 우수하여 매년 100억 원 이상의 어가수입을 올리고 있으며 새고막은 양식이 활성화 되고 있는 품종으로 피조개에 비해 환경저항력이 강해 성장이 빠르고 생존율이 높아 피조개 양식장의 대체품종으로 주목받고 있다.

㉭ 남해새고막에 대한 인지도 조사에서, 전체 응답자 391명 가운데 298명인 76.2%가 남해새고막에 대해 알고 있었다(남해새고막에 대한 인지도

조사, 한국국제대학교 경영혁신센터, 2013)라고 인정하면서 "남해새고막은 지리적 특성으로 인하여 그 품질 및 맛이 다른 지역 꼬막보다 뛰어나며, 지자체 및 관련 단체의 홍보활동 등에 힘입어 국내의 수요자들 사이에 널리 알려져 있다고 판단된다. 따라서 이 사건 출원 지리적 표시 단체표장의 지정상품인 남해새고막은 타 지역 꼬막 또는 고막과 차별성과 품질특성을 갖춘 것이라고 보지 않을 수 없다 할 것이다."라고 판단하였다.

거제대구영어조합법인이 특허청을 상대로 제기한 거절결정 불복심판 청구 사건인 ' 거제대구 '사건[상품류 구분 제29류의 대구(살아 있지 않은 것)][121]에서 특허심판원은 "거제대구는 지리적 특성으로 인하여 그 품질 및 맛이 다른 지역 대구보다 뛰어나며, 지자체 및 관련 단체의 홍보활동 등에 힘입어 국내의 수요자들 사이에 널리 알려져 있다고 판단된다. 따라서 이 사건 출원 지리적 표시 단체표장의 지정상품인 거제대구는 타 지역 대구와 차별성과 품질특성을 갖춘 것이라고 보지 않을 수 없다 할 것이다. 또한, 진해만에서 어획된 대구가 육지인 '거제'에 집하되어 가공·유통·판매가 이루어지고 있으므로 행정구역단위인 '거제'를 지리적 표시의 대상지역으로 기재한 것은 등록에 장애가 되지 아니한다."라고 판단하였다.

거제대구 사건[상품류 구분 제29류의 대구(살아 있지 않은 것)]

거제대구영어조합법인이 특허청을 상대로 제기한 거절결정 불복심판 청구 사건인 '거제대구'사건[상품류 구분 제29류의 대구(살아 있지 않은 것)]에서 특허심판원은 "① '거제대구'는 시베리아 연해에서 함경남북도, 강원·경북연해에 분포하다가 12월-2월 사이에 진해만으로 모여들어 산란

---

121) 특허심판원 2015.12.23.자 2014원6191 심결(거절결정 불복심판 청구사건).

하며, 산란이 끝나면 다시 북쪽의 심해로 이동하는 동해계군에 속하는 대구를 지칭한다.

② 거제대구는 진해만 해역에서 어획된다. 진해만은 우리나라 남동부, 거제도의 상부에 위치한 연안 해역으로 마산만・행암만, 진동만・원문만 및 고현성만 등의 작은 만으로 구성되어 남북방향의 길이가 약 35km, 동서방향의 폭이 약 25km인 만(灣)으로서 굴, 홍합, 피조개 등의 패류와 해조류 등의 수산활동이 활발한 우리나라 대표적인 양식어장으로서 멸치, 대구 등의 산란상 및 치어의 성육장으로서 가치가 큰 해역이고, 진해만에서 어획된 대구는 육지인 '거제'에 집하되어 가공・유통・판매가 이루어지고 있다.

③ 거제대구는 다른 지역산 대구보다 '월평균 기온, 일교차, 일조시간, 강수량, 바람, 습도' 등 기후조건 및 '수온, 염분, 수소이온농도, 용존산소, 부유 물질' 등 해양조건이 탁월하여 대구 관련 어획 및 제품생산에 가장 좋은 자연환경을 가지고 있다.

④ 거제대구는 어획시기가 대부분 산란을 앞둔 상태이기 때문에 체내의 영양분 축적이 가장 좋은 상태로 '동해산 대구'보다 맛과 영양이 우수하다 (한국수산물성분표/국립수산과학원 2009, 농촌자원개발연구소-식품성분표 I, II, 농촌진흥청, 2006).

㉮ 거제대구는 동해산 대구보다 에너지 함량이 높고, 지방이 적어 담백하며, 단백질 함량이 높은 대신 지방함량이 낮다.

㉯ 거제대구는 필수 아미노산인 이소류신, 라이신, 페닐알라닌, 트리오닌, 발린의 함량이 동해산 대구보다 높아 영양학적으로 우수하다.

㉰ 거제대구는 생리활성물질을 함유하고 혈행을 개선시켜주는 불포화지방산함량 특히, 중성지방과 총 콜레스테롤 수치를 감소시키는 에이코펜타엔산(EPA)과 뇌망막 인지질 내에서 작용하는 도코사헥사엔산(DHA) 등 어유에 많이 포함되어 있는 중요 불포화지방산의 함량이 동해산 대구보다 높다

⑤ 거제대구에 대한 홍보를 위하여 '거제대구수산물축제'를 개최하고 있으며, 동 행사는 TV 및 신문에 보도되었다. 방송 및 언론보도 실적을 보면, 2008년 'KBS 1TV 6시 내고향' 프로그램에 거제대구 관련 내용이 방영되었

으며, 2008년도부터 2012년까지 거제대구에 관한 내용이 '경남일보, 거제신문, 중앙일보' 등에 언론보도 되었다.

⑥ 거제대구 보존 및 명품화를 위하여 경상남도, 거제시, 국립수산과학원, 거재수협 등이 협력하여 '거제대구 회유경로 추적사업, 인공수정란 방류사업, 외포 위판장 신축공사 지원, 거제대구 & 수산물 축제 지원, 거제 시어 캐릭터 디자인 개발, 대구호망 어업인 간담회 개최' 등을 개최하였다.

⑦ 거제대구에 대한 인지도 조사에서, 전체 응답자 392명 가운데 259명인 66.1%가 거제대구에 대해 알고 있었다(거제대구에 대한 인지도 조사, 한국국제대학교 경영혁신센터, 2012)."라고 인정한 다음, "거제대구는 지리적 특성으로 인하여 그 품질 및 맛이 다른 지역 대구보다 뛰어나며, 지자체 및 관련 단체의 홍보활동 등에 힘입어 국내의 수요자들 사이에 널리 알려져 있다고 판단된다. 따라서 이 사건 출원 지리적 표시 단체표장의 지정상품인 거제대구는 타 지역 대구와 차별성과 품질특성을 갖춘 것이라고 보지 않을 수 없다 할 것이다. 또한, 진해만에서 어획된 대구가 육지인 '거제'에 집하되어 가공 · 유통 · 판매가 이루어지고 있으므로 행정구역단위인 '거제'를 지리적 표시의 대상지역으로 기재한 것은 등록에 장애가 되지 아니한다."라고 판단하였다.

김제연연합 영농조합법인이 특허청을 상대로 제기한 거절결정 불복심판 청구사건인 [지정상품: 상품류 구분 제31류의 연(蓮)(신선한 것)] 사건122)에서 특허심판원은 "김제연은 조선시대 초기부터 조선임금들의 진상품으로 사용된 사실, 2002년부터 백련축제를 개최한 사실, 김제연의 재배면적, 생산량, 점유율 및 언론보도 등에 비추어 볼 때, 이 사건 출원 지리적 표시 단체표장은 국내의 수요자들 사이에 주지상표에 해당할 정도로 현저하게 알려져 있다고 판단된다. 또한, 김제연의 일반적인 품종특성 및 생태적 특성은 물

---

122) 특허심판원 2015.10.15.자 2014원4857 심결(거절결정 불복심판 청구사건).

론 타 지역산 연(무안연, 나주연 등)과의 성분함량의 차이점 등을 종합해 볼 때, 이 사건 출원 지리적 표시 단체표장의 지정상품인 김제연과 타지역 연과의 차별성과 품질특성을 갖춘 것이라고 보지 않을 수 없다 할 것이다."라고 판단하였다.

[지정상품: 상품류 구분 제31류의 연(蓮)(신선한 것)] 사건

 김제연연합 영농조합법인이 특허청을 상대로 제기한 거절결정 불복심판 청구사건인 [지정상품: 상품류 구분 제31류의 연(蓮)(신선한 것)] 사건에서 특허심판원은 "청구인이 이 사건 출원 지리적 표시 단체표장의 이 사건 심판청구 후 제출한 2014.9. 1. 및 2015. 8. 20. 보정서의 수정정관 및 부속서를 종합하여 살펴보면, 아래와 같은 사실을 인정할 수 있다.

 ① 연은 '연과의 수생식물'로서 국내의 재배연 품종으로는 크게 홍련, 백련, 수련으로 구분하고, 세부적으로는 '함안법수홍련', '자생홍련', '청양백련', '금당지백련', '초의 홍련', '온양백련', '가담백련', '무안상동홍백련'등 총 10개의 종으로 나뉘며, 이 중 김제연은 순백색의 꽃이 피는 '온양백련' 종에 속한다(무안군이야기, 2009년 출간).

 ② 1423년 조선 성종때 편찬된 동국여지승람에 따르면, '전라도 김제군 만경현에서 연, 마름, 순채가 많이 생산되며 임금님 진상품으로 올려졌다'는 기록이 있고, 조선 영조때의 신증 동국여지승람 및 호남읍지에 따르면, '조선조의 전북 특산 농산물 중 연은 김제가 주산지라는 기록이 있다.

 ③ 김제연은 다른 지역에 있는 백련과는 달리 순수하게 청백색만을 나타내는 백련으로서, 김제산 백련과 무안산 백련 및 일반 연의 무기질 및 비타민 성분을 비교분석한 결과, 김제연이 타 지역 연에 비해 칼륨, 마그네슘의 함량이 상대적으로 높았으며, 김제산 백련과 나주산 홍련의 성분을 비교 분석한 결과, 김제산 백련이 나주산 홍련보다 칼슘, 칼륨, 마그네슘의 함량이 상대적으로 높게 나타났다(갑 제4호증 검사성적서 ㈜에스푸드가디언스, 갑 제5호증 한국식품과학회지 백련과 홍련의 부위별 영양성분, 2007, 갑 제6호증 2011 식품성분표 농촌진흥청 국립농업과학원).

④ 김제백련사업이 활성화되기 시작한 시점은 2000년부터로 청운사의 도운스님이 김제지역에서 연재배를 확산시켜 청운사 주변의 연을 집단 재배하여 연차, 연밥 등으로 상품화시켰으며, 이후 2002년부터 백련축제를 매년 개최해 왔으며, 2009년부터는 소규모로 연을 재배하던 농업인들을 중심으로 '365영농법인'을 설립하고 백련을 집중 재배하여 현재 '하소백련'과 '365영농법인'을 중심으로 김제연을 재배, 가공, 유통하고 있다. 이후, 2011년 8월에는 이 두 단체가 연합하여 김제 지평선 백련 연합 향토사업단을 창단하였다(갑 제2호증 정관부속서).

⑤ 김제지역의 연 재배면적은 2005년 7ha에서 2011년 42.2ha로 크게 증가하였으며, 생산량 또한 6배 이상 늘어났으며, 2011년 기준으로 김제의 연 생산량은 전국의 27.5%, 전북의 74.3%를 차지하고 있으며, 전국 최고의 백련재배단지로 손꼽히고 있다. 2011년 8월 현재 연 재배면적은 총 44.6ha이며, 연간 생산액은 약 25억 원으로 추정된다(갑 제2호증 정관부속서, 김제시 김제백련 가공산업 육성 사업계획서, 2011).

⑥ '하소백련'은 2006년 30,529㎡에 대해 유기재배인증을 획득하였으며, 2004년에는 백련 향차 및 제조방법(특허 제419502호) 등 4건에 대한 특허권과 상표권 등을 등록하였고, 우수디자인상품으로 선정되어 산업자원부장관상을 수상하였으며, 2006년에는 명차로 선정되어 청와대에 10,000개의 연잎차를 납품한 바 있다. 2007년 이후에는 삼성에버랜드와 연차를 개발·출시하였으며, 최근에는 김제연을 이용한 전통된장, 연과자, 연근국수, 연근도너츠, 연근아이스크림, 연잎차, 연근차, 연비차 등 제품을 다양화하고 있으며, 2011년에는 한국 조리마이스터 협회 및 한국 조리기능인 협회와 연음식 연구협약을 체결한 바 있다.

⑦ '김제 청운사서 두달간 백련축제(한국일보, 2004.7.20.)', '전북 김제시 청운사에서 열리는 백련축제는 3만여 평에 달하는 연못에 연꽃이 화사하게 피어났다(문화일보 2006.6.28.)', '전북 김제 하소백련축제 2만평 장관(부산일보 2007.7.12)', '김제시는 연근 등을 특화작물로 육성하기로 했다(연합뉴스 2009.9.1)', '전북 김제시 진봉면에서 수확하고 있는 백련은 겨울철 해양성 기후의 해풍 등으로 상품의 우수성이 입증되면서 전국적인 인기를 끌고 있다(뉴시스 2010.3.30)', '전북 김제의 하소백련지의 하얀 연꽃

은 다른 곳에 있는 백련과 달리 순수하게 청백색만을 띠고 있고 특히 백련 자체가 독성이 없고 다른 연과는 비할 수 없는 맛과 향을 자랑한다(전북일보 2011.7.7)', '김제 하소백련축제, 18개국 국내 외교관 찾아(뉴시스 2011.8.1.)', '오늘부터 열흘간 김제 하소백련(白蓮)축제(광주일보 2012.7.13.)'등의 각종 언론기관의 보도가 있었다.

⑧ 인터넷 포털사이트 DAUM에서는 '김제 연 또는 김제 연꽃' 관련 11,400건의 블로그, 9,430건의 카페글, 333건의 뉴스, 1,302건의 이미지검색, 8,320건의 웹문서가 검색되고 있으며, NAVER에서는 1,065건의 블로그, 682건의 이미지검색, 576건의 카페글, 260건의 지식iN, 60건의 동영상, 347건의 뉴스, 11,186건의 웹문서 등이 검색되고 있으며, 또한 '하소백련'과 '365영농법인'에서는 자체 홈페이지를 통해 김제연의 우수성을 홍보하고 있으며, 온라인 주문 코너를 통해 김제에서 생산되는 연과 가공품을 판매하고 있다."라고 인정하였다. 그런 다음, 이 사건에서 특허심판원은 "위 인정사실에 의하면, 김제연은 조선시대 초기부터 조선임금들의 진상품으로 사용된 사실, 2002년부터 백련축제를 개최한 사실, 김제연의 재배면적, 생산량, 점유율 및 언론보도 등에 비추어 볼 때, 이 사건 출원지리적표시단체표장은 국내의 수요자들 사이에 주지상표에 해당할 정도로 현저하게 알려져 있다고 판단된다. 또한 김제연의 일반적인 품종특성 및 생태적 특성은 물론 타 지역산 연(무안연, 나주연 등)과의 성분함량의 차이점 등을 종합해 볼 때, 이 사건 출원 지리적 표시 단체표장의 지정상품인 김제연과 타 지역 연과의 차별성과 품질특성을 갖춘 것이라고 보지 않을 수 없다 할 것이다."라고 판단하였다.

하동녹차참숭어영어조합법인이 특허청을 상대로 제기한 거절결정불복심판청구사건인 '녹차참숭어'[지정상품: 상품류 구분 제29류의 참숭어(살아 있지 않은 것/녹차 성분이 함유된 사료를 먹여 키운 양식참숭어에 한함), 상품류 구분 제31류의 살아 있는 참숭어(녹차 성분이 함유된 사료를 먹여 키운 양식참숭어에 한함)] 사건[123)]에서 특허심판원은 "섬진강 하구 노량해역(하동군 금남면 일원)의 조류, 수온, 염분 등 지리적인 특성과 하동녹차참숭어의 특성 등을 종합적으로 고려하면, 이 사건 출원 지리적 표시 단체표장의 지정상품인 녹차참숭어와 본질적인 연관성이 있음은 물론, 타지역과 차별화된 자연적 조건이나 독특한 생산기법 등 인적 조건 등이 입증된다고 할 것이다. 또한, 하동군은 2007년부터 녹차사료를 먹여 키운 '녹차참숭어'를 생산·판매한 이후, '하동녹차참숭어'를 브랜드로 하여 특허·상표·디자인 등 다수의 지적재산권을 확보하여 2007년부터 현재까지 지속적으로 사용해 왔음은 물론 각종 언론 매체를 통하여 적극적으로 홍보하여 왔으며, '하동녹차 참숭어'를 축제명칭으로 사용함으로써 이 사건 출원 지리적 표시 단체표장 '하동녹차참숭어'는 표장 전체로서 국내에서의 입지 및 그 유명성이 널리 알려져 있다 할 것이어서, 이미 관용명칭 내지 보통명칭화된 것으로 보이므로 일반 소비자들에게는 '하동참숭어'로 인식되기보다 '하동녹차참숭어'로 자연스럽게 인식되고 있다 할 것이며, 일반 소비자의 경우 '하동녹차참숭어'는 녹차를 사료첨가제로 사용한 것으로 인식하는 반면 '하동참숭어'는 일반 사료만을 사용한 것으로 인식하고 있어 이 사건 출원 지리적 표시 단체표장을 '하동참숭어'로 사용할 경우에는 오히려 일반소비자들에게 상품의 품질을 오인 혼동케 할 우려가 있어 상표법 질서에도 반하는 결과를 초래케 할 것이다.

아울러, 유황성분이 함유된 사료를 먹이로 하여 사육한 '오리'를 일반오리와 구분하여 '유황오리'라고 사용되고 있는 점, 녹차 먹인 돼지고기인 '녹차삼겹살'도 일반적으로 사용되고 있는 점 및 이 사건 출원 지리적 표시 단체표장과 유사하게 지정상품의 가공방법 또는 생산환경 등을 직접적으로 나타내는 용어를 지정상품앞에 결합하여 구성한 선등록 지리적 표시 단체표장인 '거문도해풍쑥(지리적

---

123) 특허심판원 2015.10.15.자 2014원4855 심결(거절결정불복심판청구사건).

표시단체표장등록 제174호, 2013.3.8 등록)', '광천토굴새우젓(지리적표
시단체표장등록 제190호, 2013.5.28 등록)', '당진황토감자(지리적표시단
체표장등록 제224호, 2013.12.5 등록)' 등이 이미 지리적 표시 단체표
장으로 등록되어 있다는 점까지 더하여 보면, 이 사건 출원 지리적
표시 단체표장이 지리적 표시의 정의에 위배된다고 할 수도 없을
것이다."라고 판단하였다.

 [지정상품: 상품류 구분 제29류의 참숭어(살아 있지 않은 것/
녹차 성분이 함유된 사료를 먹여 키운 양식참숭어에 한함),
상품류 구분 제31류의 살아 있는 참숭어(녹차 성분이 함유된
사료를 먹여 키운 양식참숭어에 한함)] 사건

　　하동녹차참숭어영어조합법인이 특허청을 상대로 제기한 거절결정불복
심판청구사건인 ' [지정상품: 상품류 구분 제29류의 참숭어(살아
있지 않은 것/녹차 성분이 함유된 사료를 먹여 키운 양식참숭어에 한함),
상품류 구분 제31류의 살아있는 참숭어(녹차 성분이 함유된 사료를 먹여
키운 양식참숭어에 한함)]사건에서 특허심판원은 "(1) 우리나라에서 숭어
과 어류는 숭어속(숭어, 참숭어), 등줄숭어속(등줄숭어, 가숭어)의 2속 4종
이 존재하고 있으며, 숭어와 가숭어는 우리나라 전 연안에서 서식하지만
참숭어와 등줄숭어는 우리나라 남부지역에만 서식한다. 하절기에 높은 수
온 때문에 먼 외해로 나가는 참숭어의 습성에 따라 낮은 수온이 유리한데
하동연안이 다른 연안보다 평균 수온이 낮아 참숭어 생육에 유리한 수온을
가지고 있으며, 반대로 동절기의 수온은 하동연안이 다른 연안보다 다소
높아 품질 좋은 참숭어 어획이 가능하다(갑 제2호증, 정관부속서 제2장).
　　(2) 하동녹차참숭어는 섬진강 하구 노량해역(하동군 금남면 일원)의 조
류가 빠르고 거센 가두리 양식장에서 양식되고 있는데, 이는 빠른 유속과
수온 등 자연조건과 거의 유사하기 때문이며, 또한 참숭어는 염분의 변화
에 잘 적응하는 어종으로 하동연안이 다른 연안보다 연중 고른 평균을 보
이고 있으므로 참숭어의 기본먹이인 식물 플랑크톤과 해조류 등의 안정적
인 공급에 우월하다(갑 제2호증, 정관부속서 제2장).
　　(3) 하동녹차연구소가 하동 녹차 분말 1%를 사료에 혼합한 녹차 사료를

개발하여 하동군 금남면 가두리 양식장의 참숭어 6만 마리에게 약 2개월 간 투여한 후 물성과 성분 분석을 실시한 결과, 그 참숭어의 탄력성이 일반 사료를 급여한 참숭어보다 뛰어나다는 것을 확인하고, 하동군 수산업협동 조합과 하동녹차연구소가 연계하여 2007년부터 녹차 배합사료를 하동군 내 참숭어 양식어가에 전량 지원함으로써 녹차사료를 먹여 키운 하동녹차 참숭어를 생산·판매하여 왔으며, 이후 '하동녹차참숭어'는 국내 최초로 녹차사료를 먹여 키운 참숭어로 알려지기 시작하면서 판매량이 급격하게 늘어나 2007년부터 2014년까지의 누적매출액이 1,150억 원에 이르고 있다 (갑 제6호증, 연도별 녹차사료 구매량 및 녹차참숭어 판매량, 2006년~2014 년 결산보고서, 하동군수산업협동조합).

(4) 녹차는 생체 내 스트레스의 주범인 활성산소를 감소시켜 체내 면역 력을 높이고 활력을 증가시키는 항산화물질인 폴리페놀(카테킨, 탄닌 등) 과 비타민류를 다량 함유하고 있다. 따라서 녹차를 급여한 하동녹차참숭 어는 체내 면역력을 높여 병원성 세균이나 곰팡이 등에 대한 저항력이 증 가되는 효과가 탁월하며, 그 결과 하동녹차참숭어의 성장개선으로 이어져 실제로 참숭어의 체중변화를 측정한 결과 하동녹차참숭어의 평균체중이 대조어류보다 5% 이상 증가함을 알 수 있다(갑 제2호증, 조경환, 제7회 하 동 녹차참숭어 축제와 연계한 하동야생녹차를 이용한 참숭어 개발).

(5) 하동군 수산업협동조합은 2001년 12월에 콜레라 비브리오 등의 여 파로 인한 수산물 소비의 급격한 감소 현상 등으로 어려움을 겪고 있는 어 업인들을 위하여, 홍보를 통한 수산물 소비 촉진으로 판로를 넓히기 위하 여 하동군 수산업협동조합과 해수어류양식어업인 주관으로 '제1회 참숭어 축제'를 하동군 금남면의 노량포구에서 처음 개최하고, 이후 매년 정례적 으로 하동참숭어 축제를 개최함으로써 전국적인 홍보에 의한 소비촉진과 판로개척으로 하동참숭어를 지역특산품화하여 왔으며(갑 제4호증, 제1~6 회 '하동참숭어' 축제 팜플렛 및 언론보도), 또한 하동군은 2007년부터 녹 차양식 어류사료로 양식된 '하동참숭어'를 자연산 또는 일반양식된 참숭어 와 구분하기 위하여 '하동녹차참숭어'라 명명하고 '하동 녹차 참숭어 축제' 로 축제 명칭을 변경하여 현재까지 정례적으로 축제를 개최해 오고 있다 (갑 제5호증, 제7~11회 '하동녹차참숭어' 축제 팜플렛 및 언론보도)

(6) 하동군은 제7회~제10회 하동녹차참숭어 축제 기간동안 TV, 라디오, 신문광고, 보도기사 및 홍보물 제작배포 등으로 총 1억 6천만 원을 광고 및 홍보비로 사용해 왔으며(갑 제8호증, 2007~2014년 하동녹차참숭어 축제 사업실적보고서, 하동군 수산업협동조합), 동 축제에는 전국적으로 매년 2만 명 이상이 방문했으며, 동 기간동안 누적 방문객수는 총 12만 명에 이르고 있다(갑 제8호증, 2007~2014년 하동녹차참숭어 축제 사업실적 보고서, 하동군 수산업협동조합).

(7) 상표(상표등록 제804197호, '　　　', 2009.10.22.등록) 및 '녹차를 유효성분으로 함유하는 양식어류 육질개선 및 어병예방용 녹차양식 어류사료'를 특허출원(출원번호 제10-2009-84040호)을 하는 등 '하동녹차참숭어'를 브랜드로 하여 지속적으로 판매 및 사용해 왔다(갑 제2호증, 정관부속서 제2장).

(8) '물살이 센 청정해역에서 자란 녹차참숭어는 육질이 단단하고 뻘 냄새가 나지 않아 하동 주민들이 가을 전어에 견줄 만하다고 자랑하는 특산물이다(동아일보, 2007.11.9.)', '하동녹차연구소와 하동수협은 하동녹차참숭어에 대해 2건의 상표등록을 출원하고 본격적인 연구와 마케팅에 돌입했다. 하동녹차를 이용한 고기능성, 고급횟감을 지향하는 겨울철 별미로 알려진 하동녹차참숭어는 현재 금남면 노량리 일대 가두리 양식장에서 연간 140여 톤을 양식하고 있다(경남매일 2007.12.14.)', '하동군의 전략품목인 하동녹차참숭어(경남매일 2009.12.1)', '녹차로 키운 참숭어 맛 보세요(서울신문 2008.11.13.)', '섬진강과 천년녹차, 노량앞바다가 만들어내는 달콤한 마술(헤럴드 경제 2010.11.10.)', '녹차먹고 자란 참숭어 맛 보세요(중앙일보 2011.11.2., 서울경제 2011.11.3.)', '하동 참숭어 맛 보세요(연합뉴스 2011.11.11.)' 등의 각종 언론기관의 보도가 있었다."라고 인정하였다. 그런 다음, 이 사건을 담당한 특허심판원은 "위 인정사실에 나타난 섬진강 하구 노량해역(하동군 금남면 일원)의 조류, 수온, 염분 등 지리적인 특성과 하동녹차참숭어의 특성 등을 종합적으로 고려하면, 이 사건 출원 지리적 표시 단체표장의 지정상품인 녹차참숭어와 본질적인 연관성이 있음은 물론, 타 지역과 차별화된 자연적 조건이나 독특한 생산기법 등 인적 조건 등이 입증된다고 할 것이다.

또한, 하동군은 2007년부터 녹차사료를 먹여 키운 '녹차참숭어'를 생산·판매한 이후, '하동녹차참숭어'를 브랜드로 하여 특허·상표·디자인 등 다수의 지적재산권을 확보하여 2007년부터 현재까지 지속적으로 사용해 왔음은 물론 각종 언론 매체를 통하여 적극적으로 홍보하여 왔으며, '하동녹차 참숭어'를 축제명칭으로 사용함으로써 이 사건 출원 지리적 표시 단체표장 '하동녹차참숭어'는 표장 전체로서 국내에서의 입지 및 그 유명성이 널리 알려져 있다 할 것이어서, 이미 관용명칭 내지 보통명칭화된 것으로 보이므로 일반 소비자들에게는 '하동참숭어'로 인식되기보다 '하동녹차참숭어'로 자연스럽게 인식되고 있다 할 것이며, 일반 소비자의 경우 '하동녹차참숭어'는 녹차를 사료첨가제로 사용한 것으로 인식하는 반면 '하동참숭어'는 일반 사료만을 사용한 것으로 인식하고 있어 이 사건 출원 지리적 표시 단체표장을 '하동참숭어'로 사용할 경우에는 오히려 일반소비자들에게 상품의 품질을 오인 혼동케 할 우려가 있어 상표법 질서에도 반하는 결과를 초래케 할 것이다.

아울러, 유황성분이 함유된 사료를 먹이로 하여 사육한 '오리'를 일반오리와 구분하여 '유황오리'라고 사용되고 있는 점, 녹차 먹인 돼지고기인 '녹차삼겹살'도 일반적으로 사용되고 있는 점 및 이 사건 출원지리적표시단체표장과 유사하게 지정상품의 가공방법 또는 생산환경 등을 직접적으로 나타내는 용어를 지정상품앞에 결합하여 구성한 선등록지리적표시단체표장인 '거문도해풍쑥(지리적표시단체표장등록 제174호, 2013.3.8 등록)', '광천토굴새우젓(지리적표시단체표장등록 제190호, 2013.5.28 등록)', '당진황토감자(지리적표시단체표장등록 제224호, 2013.12.5 등록)' 등이 이미 지리적 표시 단체표장으로 등록되어 있다는 점까지 더하여 보면, 이 사건 출원 지리적 표시 단체표장이 지리적 표시의 정의에 위배된다고 할 수도 없을 것이다."라고 판단하였다.

다. 특 성

[1] 단체표장은 원칙적으로 사용주체와 권리주체가 분리된다. 하지만 2004년 개정법에서는 법인도 단체표장을 직접 사용할 수 있도록 하고 있다. 이는 단체표장제도의 활성화를 위하여 단체표장권자인 법인도 단체원을 위하여 단체표장을 부착한 상품의 광고 등의 행위를 할 수 있도록 하기 위한 것으로서, 법인이 영업의 전문성 확보, 적극적 마케팅경영 및 상표권의 보호강화에 있어서 영세한 개별 소속 단체원보다는 더 유리한 위치에 있다고 할 수 있으므로 법인도 단체표장을 사용할 수 있도록 인정하는 것이 상품의 시장확대에 도움이 될 것으로 보고 개정하였다.

[2] 단체표장등록출원은 이전할 수 없다. 다만 법인의 합병의 경우에는 특허청장의 허가를 받아 이전할 수 있다(상 제48조 제7항).

[3] 상표, 단체표장, 증명표장 상호 간에는 출원의 변경을 할 수 있다. 다만 지리적 표시 단체표장의 경우에는 그러하지 아니하다(상 제44조 제1항).

[4] 단체표장권은 이전할 수 없다. 다만, 법인의 합병의 경우에는 특허청장의 허가를 받아 이전할 수 있다(상 제93조 제6항). 단체표장권의 경우에 전용사용권과 통상사용권을 설정할 수 없으며(상 제95조 제2항, 상 제97조 제5항), 질권의 설정 역시 인정되지 않는다(상 제93조 제8항).

[5] 단체표장권(지리적 표시 단체표장권 포함)의 존속기간은 설정등록이 있는 날부터 10년으로 하고 존속기간갱신등록신청에 의해 10년씩 갱신할 수 있다(상 제83조 제1항 내지 제2항).

[6] 증명표장과의 구별: 증명표장은 보증기능을 가진 보증표장이나 단체표장은 보증기능보다 출처기능이 강한 표장이다. 그리고 증명표장은 생산업자가 아닌 증명업자가 상품 자체에 관하여 일정한 품질성능을 갖추고 있음을 증명하는 표장이다.

라. 효 력

> (등록의 효력) 지리적 표시 단체표장권자에게 독점배타권 부여, 침해자
> 에 대해 사용금지, 손해배상 등 청구가능(10년 존속, 10년마다 갱신)

[1] 단체표장권의 효력: 상표권의 효력과 본질적으로 동일하나, 단체표장권의 특성상 단체표장권은 법인에게 성립하고, 사용권은 법인 또는 단체의 구성원이 사용한다.

[2] 단체표장권자인 법인도 단체원을 위하여 단체표장을 부착한 상품의 광고 등의 행위는 할 수 있다. 하지만 단체표장권의 소극적 효력인 독점배타적인 사용금지청구권은 단체표장권자인 법인만이 행사할 수 있고, 단체의 구성원이 직접적으로 이러한 권리를 행사할 수 없다.

[3] 침해에 대한 구제로서 손해액은 단체표장의 경우 소속구성원 전체에게 발생된 통상의 손해액으로 해석한다.

마. 효력의 제한

> (효력 제한) 자신의 성명(상호), 성질표시, 동음이의어 지리적 표시 단
> 체표장, 선출원 등록상표 등에는 효력 없음

[1] 단체표장권은 이전할 수 없다. 다만, 법인의 합병의 경우에는 특허청장의 허가를 받아 이전할 수 있다(상 제93조 제6항). 단체표장권의 경우에 전용사용권과 통상사용권을 설정할 수 없으며(상 제95조 제2항, 상 제97조 제5항), 질권의 설정 역시 인정되지 않는다(상 제93조 제8항).

[2] 지리적 표시 단체표장권은 (i) 자기의 성명 · 명칭 또는 상호 ·

초상·서명·인장 또는 저명한 아호·예명·필명과 이들의 저명한
약칭을 상거래 관행에 따라 사용하는 상표, (ii) 등록상표의 지정상
품과 동일·유사한 상품의 보통명칭·산지·품질·원재료·효
능·용도·수량·형상·가격 또는 생산방법·가공방법·사용방법
또는 시기를 보통으로 사용하는 방법으로 표시하는 상표 또는 (iii)
등록상표의 지정상품 또는 그 지정상품 포장의 기능을 확보하는 데
불가결한 형상, 색채, 색채의 조합, 소리 또는 냄새로 된 상표(상 제
90조 제2항 제1호), (iv) 지리적 표시 등록단체표장의 지정상품과 동
일하다고 인정되어 있는 상품에 대하여 관용하는 상표(상 제90조 제
2항 제2호), (v) 지리적 표시 등록단체표장의 지정상품과 동일하다고
인정되어 있는 상품에 사용하는 지리적 표시로서 해당 지역에서 그
상품을 생산·제조 또는 가공하는 것을 업으로 영위하는 자가 사용
하는 지리적 표시 또는 동음이의어 지리적 표시(상 제90조 제2항 제3
호), (vi) 선출원에 의한 등록상표가 지리적 표시 등록단체표장과 동
일·유사한 지리적 표시(상 제90조 제2항 제4호)를 포함하고 있는 경
우에 상표권자, 전용사용권자 또는 통상사용권자가 지정상품에 사
용하는 등록상표에 해당하는 경우에는 그 효력이 미치지 아니한다.

알매안흥찐빵(확인대상표장의 사용상품 및 서비스업: 찐빵, 찐빵판매업,
이 사건 등록 지리적 표시 단체표장의 구성: 안흥찐빵, 이 사건 등록 지리
적 표시 단체표장의 지정상품: 상품류 구분 제30류의 찐빵)사건[124]에서 특
허심판원은 "확인대상표장은 '알매안흥찐빵'과 같이 구성된 표장으로 뒷
부분에 표기되어 있는 '안흥찐빵'은 검은색 바탕에 음영으로 글자가 표현
되어 있는 차이가 있을 뿐 이 사건 등록 지리적 표시 단체표장과 동일한 문
자로 구성되어 있고, 위에서 살펴본 바와 같이 확인대상표장은 청구인이
강원도에서 '안흥식품'을 경영하면서 찐빵에 사용하거나 사용하려는 표장
으로, 이 사건 등록 지리적 표시 단체표장의 대상지역 및 그 상품이 동일하

---

124) 특허심판원 2012.10.9.자 2012당1234 심결(소극적 권리범위확인심판).

다."라고 하면서 "확인대상표장 중 '안홍찐빵'은 이 사건 등록 지리적 표시 단체표장의 지정상품과 동일한 상품에 사용하는 지리적 표시로서 당해 지역에서 그 상품을 생산·제조 또는 가공하는 것을 업으로 영위하는 자가 사용하는 지리적 표시"에 해당하여 "확인대상표장은 상표법 제51조 제2항 제3호의 규정에 의하여 이 사건 등록 지리적 표시 단체표장의 효력이 미치지 않는다고 할 것이므로 더 나아가 살펴볼 필요도 없이 확인대상표장은 이 사건 등록 지리적 표시 단체표장의 권리범위에 속하지 아니한다."라고 판단하였다.

안홍찐빵마을 (확인대상표장의 사용상품 및 서비스업 : 찐빵, 찐빵판매업, 이 사건 등록 지리적 표시 단체표장의 구성: 안홍찐빵, 이 사건 등록 지리적 표시 단체표장의 지정상품: 상품류 구분 제30류의 찐빵)사건125)에서 특허심판원은 "확인대상표장은 ' **안홍찐빵마을** '과 같이 구성된 표장으로 앞부분에 표기되어 있는 '안홍찐빵'은 글자체와 색채만 약간 다를 뿐 이 사건 등록 지리적 표시 단체표장과 동일한 문자로 구성되어 있고, 위에서 살펴본 바와 같이 확인대상표장은 청구인이 강원에서 '안○○○'을 경영하면서 찐빵에 사용하거나 사용하려는 표장으로, 이 사건 등록 지리적 표시 단체표장의 대상지역 및 그 상품이 동일하다. 따라서 확인대상표장 중 '안홍찐빵'은 이 사건 등록 지리적 표시 단체표장의 지정상품과 동일한 상품에 사용하는 지리적 표시로서 당해 지역에서 그 상품을 생산·제조 또는 가공하는 것을 업으로 영위하는 자가 사용하는 지리적 표시에 해당한다."라고 하면서 이 사건 "확인대상표장은 상표법 제51조 제2항 제3호의 규정에 의하여 이 사건 등록 지리적 표시 단체표장의 효력이 미치지 않는다고 할 것이므로 더 나아가 살펴볼 필요도 없이 확인대상표장은 이 사건 등록 지리적 표시 단체표장의 권리범위에 속하지 아니한다."라고 판단하였다.

[3] 지리적 표시의 특성상 지리적 표시 단체표장으로 등록된 지정

---

125) 특허심판원 2012.10.9.자 2012당1235 심결(소극적 권리범위확인심판청구사건).

상품과 동일한 품질, 명성 또는 기타 특성을 가지고 있는 상품을 해
당 특정지역에서 생산, 제조 또는 가공하는 자는 해당법인에 단체
원으로 가입하고 있지 않더라도 지리적 표시를 사용할 수 있어야
하므로 지리적 표시 등록 단체표장의 효력은 미치지 않도록 하는
것은 타당하다.

[4] 선등록 상표권자의 경우 선등록 받은 상표와 동일한 상표를
지정상품에 사용하면 지리적 표시 단체표장권의 효력이 미치지 않
도록 규정하고 있다. 이는 이미 상표를 등록받은 기득권자를 보호
하기 위한 것으로서, TRIPs 제24조도 동일한 취지의 규정을 두고 있
다.

[5] TRIPs 제24조 제5항: 아래 시기에 상표가 선의로 출원 또는 등
록되거나, 또는 선의의 사용에 의하여 상표권이 취득된 경우,

가. 제6부에서 정의된 회원국 내에서의 이 규정의 적용일 이전

나. 원산지국에서 지리적 표시가 보호되기 이전

이 절을 시행하기 위하여 채택되는 조치는 이러한 상표가 지리적
표시와 동일 또는 유사하다는 근거로 상표 등록의 적격성이나 유효
성 또는 상표의 사용권을 저해하지 아니한다.

바. 이의신청

누구든지 출원공고일로부터 2개월 내에 이의신청할 수 있다(상
제60조).

사. 무효심판

지리적 표시 단체표장등록과 관련하여 일반적인 무효사유(상 제
117조 제1항 제1호 내지 제6호)가 있는 경우 이외에 지리적 표시 단체
표장등록이 된 후 그 등록단체표장을 구성하는 지리적 표시가 원산
지 국가에서 보호가 중단되거나 사용되지 아니하게 된 경우에는 이
해관계인 또는 심사관은 무효심판을 청구할 수 있다(상 제117조 제1

항 제7호). 무효심판은 지리적 표시 단체표장권이 소멸된 후에도 청구할 수 있다(상 제117조 제2항). 지리적 표시 단체표장등록을 무효로 한다는 심결이 확정된 경우에는 그 단체표장권은 처음부터 없었던 것으로 보지만, (i) 지리적 표시 단체표장등록된 후 그 지리적 표시 단체표장권자가 지리적 표시 단체표장권을 누릴 수 없는 자로 되거나 그 등록단체표장이 조약에 위반된 경우, (ii) 지리적 표시 단체표장등록이 된 후 그 등록단체표장이 보통명칭상표 내지 관용상표가 된 경우,126) (iii) 지리적 표시 단체표장등록이 된 후 그 등록단체표장을 구성하는 지리적 표시가 원산지 국가에서 보호가 중단되거나 사용되지 아니하게 된 경우에 해당한다고 하여 상표등록을 무효로 한다는 심결이 확정된 경우에는 상표권은 그 등록상표가 그 경우에 해당하게 된 때부터 없었던 것으로 본다(상 제117조 제3항).

아. 단체표장권의 취소사유

(i) 단체표장과 관련하여

i) 소속 단체원이 그 단체의 정관을 위반하여 단체표장을 타인에게 사용하게 한 경우나 소속 단체원이 그 단체의 정관을 위반하여 단체표장을 사용함으로써 수요자에게 상품의 품질 또는

---

126) 산지 내지 현저한 지리적 명칭으로 구성된 지리적 표시 단체표장권은 상표법 제33조 제1항 제3호 내지 제4호에 해당함에도 불구하고 상표법 제33조 제3항에 따라 지리적 표시 단체표장등록이 가능하다. 그러한 점에서 볼 때, 상표법 제117조 제1항 제6호의 "상표등록된 후 그 등록상표가 제33조 제1항 각 호의 어느 하나에 해당하게 된 경우(같은 조 제2항에 해당하게 된 경우는 제외한다.)"에 해당한다고 하여 지리적 표시 단체표장등록의 무효심판청구와 관련해서는 상표법 제33조 제1항 제1호 내지 제2호에 한정하여 지리적 표시 단체표장 등록의 무효심판을 청구할 수 있다고 보는 것이 타당할 것이다. 왜냐 하면 상표법 제33조 제1항 제1호 내지 제2호는 본질적으로 자타상품식별력이 없어 사용에 의한 식별력이 생겨나지 않기 때문이다.

지리적 출처를 오인하게 하거나 타인의 업무와 관련된 상품과 혼동을 불러일으키게 한 경우. 다만, 단체표장권자가 소속 단체원의 감독에 상당한 주의를 한 경우는 제외한다.

ii) 단체표장의 설정등록 후 제36조 제3항에 따른 정관을 변경함으로써 수요자에게 상품의 품질을 오인하게 하거나 타인의 업무와 관련된 상품과 혼동을 불러일으키게 할 염려가 있는 경우 또는

iii) 제3자가 단체표장을 사용하여 수요자에게 상품의 품질이나 지리적 출처를 오인하게 하거나 타인의 업무와 관련된 상품과 혼동을 불러일으키게 하였음에도 단체표장권자가 고의로 적절한 조치를 하지 아니한 경우에는 단체표장등록의 취소심판을 청구할 수 있다(상 제119조 제1항 제7호).

(ii) 지리적 표시 단체표장과 관련하여

i) 지리적 표시 단체표장등록출원의 경우에 그 소속 단체원의 가입에 관하여 정관에 의하여 단체의 가입을 금지하거나 정관에 충족하기 어려운 가입조건을 규정하는 등 단체의 가입을 실질적으로 허용하지 아니하거나 그 지리적 표시를 사용할 수 없는 자에게 단체의 가입을 허용한 경우 또는

ii) 지리적 표시 단체표장권자나 그 소속 단체원이 제223조를 위반하여 단체표장을 사용함으로써 수요자에게 상품의 품질을 오인하게 하거나 지리적 출처에 대한 혼동을 불러일으키게 한 경우에는 지리적 표시 단체표장등록의 취소심판을 청구할 수 있다(상 제119조 제1항 제8호)

자. 단체표장권의 침해 및 구제

[1] 다음의 행위는 지리적 표시 단체표장권을 침해한 것으로 본다.

(i) 타인의 지리적 표시 등록단체표장과 유사한 상표(동음이의어 지리적 표시는 제외한다. 이하 이 항에서 같다)를 그 지정상품과 동일하다고 인정되는 상품에 사용하는 행위

(ii) 타인의 지리적 표시 등록단체표장과 동일·유사한 상표를 그 지정상품과 동일하다고 인정되는 상품에 사용하거나 사용하게 할 목적으로 교부·판매·위조·모조 또는 소지하는 행위

(iii) 타인의 지리적 표시 등록단체표장을 위조 또는 모조하거나 위조 또는 모조하게 할 목적으로 그 용구를 제작·교부·판매 또는 소지하는 행위

(iv) 타인의 지리적 표시 등록단체표장과 동일·유사한 상표가 표시된 지정상품과 동일하다고 인정되는 상품을 양도 또는 인도하기 위하여 소지하는 행위 (상 제108조 제2항)

[2] 단체표장이 침해된 경우: 단체표장권자인 단체(조합 또는 법인)만이 구제를 청구할 수 있다.

차. 파리협약 및 WTO/TRIPs협정상의 규정

[1] 파리협약: 본국의 법령에 반하지 않는 단체에 대해 단체표장의 등록을 허여하도록 하고 있다(파리협약 제7조의2).

[2] TRIPs 제22조: 지리적 표시란 상품의 특정품질, 명성 또는 그 밖의 특성이 본질적으로 지리적 근원에서 비롯되는 경우, 회원국의 영토 또는 회원국의 지역 또는 지방을 원산지로 하는 상품임을 명시하는 표시로 정의하고 있다.

카. 동음이의어 지리적 표시 등록단체표장의 표시

둘 이상의 지리적 표시 등록단체표장이 서로 동음이의어 지리적 표시에 해당하는 경우 각 단체표장권자와 그 소속 단체원은 지리적 출처에 대하여 수요자가 혼동하지 아니하도록 하는 표시를 등록단체표장과 함께 사용하여야 한다(상 제223조).

이 규정은 둘 이상의 동음이의어 지리적 표시 단체표장이 등록될 수 있어 지리적 표시 등록단체표장의 출처에 대한 혼동의 여지가 없도록 하기 위하여 마련된 것이다.

Ⅲ. 지리적 표시 증명표장

1. 증명표장의 등록요건

(1) 의 의

"증명표장"이란 상품의 품질, 원산지, 생산방법 또는 그 밖의 특성을 증명하고 관리하는 것을 업(業)으로 하는 자가 타인의 상품에 대하여 그 상품이 품질, 원산지, 생산방법 또는 그 밖의 특성을 충족한다는 것을 증명하는 데 사용하는 표장을 말한다(상 제2조 제1항 제7호). "지리적 표시 증명표장"이란 지리적 표시를 증명하는 것을 업으로 하는 자가 타인의 상품에 대하여 그 상품이 정해진 지리적 특성을 충족한다는 것을 증명하는 데 사용하는 표장을 말한다(동조 제1항 제8호).

(2) 등록요건

(i) 상표의 적극적 등록요건을 구비하여야 한다(상 제33조 제1항).

(ii) 상표의 소극적 등록요건(=부등록사유)에 해당하지 않아야 한다(상 제34조).

(iii) 상품의 품질, 원산지, 생산방법 또는 그 밖의 특성을 증명하고 관리하는 것을 업으로 할 수 있는 자는 타인의 상품에 대하여 그 상품이 정해진 품질, 원산지, 생산방법 또는 그 밖의 특성을 충족하는 것을 증명하는 데 사용하기 위해서만 증명표장을 등록받을 수 있다. 다만, 자기의 영업에 관한 상품에 사용하려는 경우에는 증명

표장의 등록을 받을 수 없다(상 제3조 제3항). 그럼에도 불구하고 상표·단체표장 또는 업무표장을 출원(出願)하거나 등록을 받은 자는 그 상표 등과 동일·유사한 표장을 증명표장으로 등록받을 수 없다(상 제3조 제4항). 증명표장을 출원하거나 등록을 받은 자는 그 증명표장과 동일·유사한 표장을 상표·단체표장 또는 업무표장으로 등록을 받을 수 없다(상 제3조 제5항).

2. 출원 및 심사 절차

(1) 출원단계

[1] 출원: 지리적 표시 증명표장을 받으려는 자는 지리적 표시 증명표장등록출원서를 특허청장에게 제출하면서 지리적 표시 증명표장등록출원서 이외에 대통령령으로 정하는 지리적 표시 증명표장의 사용에 관한 사항을 정한 서류(법인인 경우에는 정관을 말하고, 법인이 아닌 경우에는 규약을 말하며, 이하 "정관 또는 규약"이라 한다)와 증명하려는 상품의 품질, 원산지, 생산방법이나 그 밖의 특성을 증명하고 관리할 수 있음을 증명하는 서류를 지리적 표시 증명표장등록출원서에 첨부하여야 한다. 아울러 지리적 표시 증명표장등록을 받으려는 자는 대통령령으로 정하는 바에 따라 지리적 표시의 정의에 일치함을 증명할 수 있는 서류를 지리적 표시 증명표장등록출원서에 첨부하여야 한다(상 제36조 제1항, 제4항, 제5항).

[2] 수정정관의 제출: 지리적 표시 증명표장등록을 출원한 출원인은 정관 또는 규약을 수정한 경우에는 상표법 제40조 제1항 각 호 또는 제41조 제1항 각 호에서 정한 기간 내에 특허청장에게 수정된 정관 또는 규약을 제출하여야 한다(상 제43조 제2항).

[3] 출원의 변경: 증명표장등록출원을 한 출원인은 상표등록출원 또는 단체표장등록출원으로 변경할 수 있지만, 지리적 표시 증명표장등록출원을 한 출원인은 그 출원을 상표등록출원 또는 단체표장

등록출원으로 변경할 수 없다(상 제44조 제1항 제3호).

　[4] 출원의 이전: 증명표장등록출원은 이전할 수 없다. 다만, 해당 증명표장에 대하여 상표법 제3조 제3항에 따른 증명표장의 등록을 받을 수 있는 자에게 그 업무와 함께 이전하는 경우에는 특허청장의 허가를 받아 이전할 수 있다(상 제48조 제8항).

　(2) 심사단계

　[1] 증명표장등록거절사유: (i) 지리적 표시 증명표장의 정의에 맞지 아니하는 경우, (ii) 조약에 위반된 경우, (iii) 상표법 제3조, 제27조, 제33조부터 제35조까지, 제38조 제1항, 제48조 제2항 후단, 같은 조 제4항 또는 제6항부터 제8항까지의 규정에 따라 상표등록을 할 수 없는 경우, (iv) 제3조에 따른 증명표장의 등록을 받을 수 있는 자에 해당하지 아니한 경우, (v) 상표법 제36조 제4항에 따른 정관 또는 규약에 대통령령으로 정하는 증명표장의 사용에 관한 사항의 전부 또는 일부를 적지 아니한 경우, (vi) 그 증명표장을 사용할 수 있는 자에 대하여 정당한 사유 없이 정관 또는 규약으로 사용을 허락하지 아니하거나 정관 또는 규약에 충족하기 어려운 사용조건을 규정하는 등 실질적으로 사용을 허락하지 아니한 경우(상 제54조)

　3. 지리적 표시 증명표장권

　[1] 증명표장권은 이전할 수 없다. 다만, 해당 증명표장에 대하여 제3조 제3항에 따라 등록받을 수 있는 자에게 그 업무와 함께 이전할 경우에는 특허청장의 허가를 받아 이전할 수 있다(상 제93조 제7항).

　[2] 증명표장권을 목적으로 하는 질권은 설정할 수 없다(동조 제8항).

[3] 증명표장권에 관하여는 전용사용권을 설정할 수 없다(상 제95조 제2항).

4. 취소심판

증명표장과 관련하여 다음의 경우에는 증명표장등록의 취소심판을 청구할 수 있다.

(i) 증명표장권자가 상표법 제36조 제4항에 따라 제출된 정관 또는 규약을 위반하여 증명표장의 사용을 허락한 경우

(ii) 증명표장권자가 상표법 제3조 제3항 단서를 위반하여 증명표장을 자기의 상품에 대하여 사용하는 경우

(iii) 증명표장의 사용허락을 받은 자가 정관 또는 규약을 위반하여 타인에게 사용하게 한 경우 또는 사용을 허락받은 자가 정관 또는 규약을 위반하여 증명표장을 사용함으로써 수요자에게 상품의 품질, 원산지, 생산방법이나 그 밖의 특성에 관하여 혼동을 불러일으키게 한 경우. 다만, 증명표장권자가 사용을 허락받은 자에 대한 감독에 상당한 주의를 한 경우는 제외한다.

(iv) 증명표장권자가 증명표장의 사용허락을 받지 아니한 제3자가 증명표장을 사용하여 수요자에게 상품의 품질, 원산지, 생산방법이나 그 밖의 상품의 특성에 관한 혼동을 불러일으키게 하였음을 알면서도 적절한 조치를 하지 아니한 경우

(v) 증명표장권자가 그 증명표장을 사용할 수 있는 자에 대하여 정당한 사유 없이 정관 또는 규약으로 사용을 허락하지 아니하거나 정관 또는 규약에 충족하기 어려운 사용조건을 규정하는 등 실질적으로 사용을 허락하지 아니한 경우(상 제119조 제1항 제9호).

제6절   소 결

   지리적 표시 증명표장제도는 품질보증의 기능면에서 보면 농수산물품질관리법에 의한 인증제도와 유사한 측면이 존재한다.[127] 현재 농수산물품질관리법에서는 지리적 표시권을 지식재산권으로 보아 상표법과 대동소이한 규정을 두고 있다. 그런데 상표법은 상품의 표장을 보호하여 사용자의 신용유지와 수요자 보호를 목적으로 하는 반면에 농수산물품질관리법은 우수농산물 내지 우수수산물의 품질향상과 지역특화산업의 육성을 목적으로 하기에 두 법의 목적이 상이하다. 그리고 상표법에 의한 지정상품에는 제한이 없으나 농수산물품질관리법에 의한 등록대상 상품은 농수산물 및 그 가공품에 한정한다. 농수산물품질관리법상 지리적 표시권의 등록요건은 당해 품목의 우수성이 국내 또는 국외에서 널리 알려진 것이어야 하고 지리적 표시의 해당 지역에서 생산된 농수산물이거나 이를 주원료로 하여 해당 지역에서 가공된 것이어야 한다는 것이다. 그렇기 때문에 농수산물품질관리법에 따른 지리적 표시권의 등록요건은 상표법의 그것에 비해 엄격하다고 할 수 있다. 특히 지리적 표시 증명표장권의 출원인적격을 미국의 실태를 반영하여 제한적으로 입법한 우리 상표법의 태도는 타당하다고 생각한다.[128]

---

127) 이규호, "지리적 표시 단체표장과 지리적 표시 증명표장의 보호에 관한 연구," 경원법학, 제2권 제3호, 2009, 180면.

128) 위의 논문, 184-187면 참조.

제 6 장

우리나라 부정경쟁방지법상 지리적 표시의 보호

제1절 __ 의 의
제2절 __ 원산지 허위 표시
제3절 __ 출처지(생산·제조 또는 가공된 지역) 오인유발행위(부정
       경쟁방지법 제2조 제1호 마목)
제4절 __ 자유무역협정에 의한 지리적 표시의 보호

제 **1** 절 　　　　　　　　　　　　　　　　　의 　 의

　2011년 10월 1일 시행된 개정 부정경쟁방지 및 영업비밀보호에 관한 법률은「대한민국과 유럽연합 및 그 회원국 간의 자유무역협정」의 합의사항을 반영하기 위하여 자유무역협정에 따라 보호하는 지리적 표시의 사용 등을 금지하고, 지리적 표시의 침해에 대한 금지예방, 손해배상 등 구제절차를 마련하여 지리적 표시자의 권리를 보호하는 한편, 부정경쟁행위에 대한 조사 등에 관한 업무를 특허청장, 시·도지사 및 시장·군수·구청장의 공동사무로 조정하였다.

제 **2** 절 　　　　　　　　　　　　　　　　원산지 허위 표시

Ⅰ. 의의 및 연혁

　이 조문의 오인유발행위는 특정 영업자 개인의 이익을 침해하는 혼동초래행위와는 달리 경쟁자 전체에 대한 이미지 및 고객획득 가능성을 훼손시키는 행위임과 동시에 시장의 공정경쟁을 해치는 행위로서 일차적으로는 일반 소비자의 이익을 해치는 행위에 해당한다.[1] 따라서 오인유발행위의 금지는 허위·과대광고를 통한 상품

의 판매행위를 규제하여 경쟁자 보호보다는 소비자를 보호하는 데
그 목적이 있으며, 오인유발행위를 초래하는 표지 또는 타인의 상품
이 주지성을 획득해야 하는 것은 그 요건이 아니다.[2]

소비자 보호를 위한 표시·광고행위에 대하여는 「표시·광고의
공정화에 관한 법률」에서도 규정하고 있으나, 「부정경쟁방지 및 영
업비밀보호에 관한 법률」은 사법적 규율에 주안점을 둔 반면, 「표
시·광고의 공정화에 관한 법률」은 공법적 규율에 주안점을 두고
있으며, 오인유발행위는 형법에 의한 사기행위에 해당하여 처벌받
을 수도 있고, 경범죄처벌법에 의한 허위광고 행위로 처벌받을 수
도 있다.[3] 농산물·수산물이나 그 가공품 등에 한정하여 적정하고
합리적인 원산지 표시를 하도록 하여 소비자의 알권리를 보장하고,
공정한 거래를 유도함으로써 생산자와 소비자를 보호하는 것을 목
적으로 한 「농수산물의 원산지 표시에 관한 법률」(약칭: 원산지표시
법)[4]은 공법적 규율에 주안점을 두어 (i) 누구든지 원산지 표시를 거
짓으로 하거나 이를 혼동하게 할 우려가 있는 표시를 하는 행위, 원
산지 표시를 혼동하게 할 목적으로 그 표시를 손상·변경하는 행위
또는 원산지를 위장하여 판매하거나, 원산지 표시를 한 농수산물이
나 그 가공품에 다른 농수산물이나 가공품을 혼합하여 판매하거나
판매할 목적으로 보관이나 진열하는 행위를 한 경우(원산지표시법
제6조 제1항), (ii) 농수산물이나 그 가공품을 조리하여 판매·제공하

---

1) 특허청 산업재산보호팀, 「부정경쟁방지 및 영업비밀 업무해설서」, 2009년
   1월 6일, 46면(http://www.kipo.go.kr/kpo/user.tdf?a=user.ip_info.jou
   rnal.BoardApp&board_id=journal&cp=1&pg=1&npp=10&catmenu=
   m02_03_02&sdate=&edate=&searchKey=2&searchVal=부정경쟁
   &bunryu= &st=&c=1003&seq=8347&gubun=)(최종방문일: 2016년 8월 20
   일).
2) 위의 책, 46면.
3) 위의 책, 46면.
4) [시행 2016.11.30.] [법률 제14207호, 2016.5.29. 일부개정].

는 자가 원산지 표시를 거짓으로 하거나 이를 혼동하게 할 우려가 있는 표시를 하는 행위, 원산지를 위장하여 조리 · 판매 · 제공하거나, 조리하여 판매 · 제공할 목적으로 농수산물이나 그 가공품의 원산지 표시를 손상 · 변경하여 보관 · 진열하는 행위 또는 원산지 표시를 한 농수산물이나 그 가공품에 원산지가 다른 동일 농수산물이나 그 가공품을 혼합하여 조리 · 판매 · 제공하는 행위를 한 경우(원산지표시법 제6조 제2항)에는 과징금(원산지표시법 제6조의2), 표시의 이행 · 변경 · 삭제 등 시정명령(원산지표시법 제9조 제1항 제1호), 위반 농수산물이나 그 가공품의 판매 등 거래행위 금지(동항 제2호) 등의 행정처분과 형사적 벌칙(원산지표시법 제14조 내지 제16조)을 두고 있다.

　1961년 제정법[5])에서는 부정경쟁행위에 대한 별도의 정의규정을 두지 않고, 제2조에 부정경쟁행위중지청구권에 관한 규정을 두면서 어떠한 행위들이 부정경쟁행위에 속하는지 그 범위를 정하였다. 1986년 개정법[6])에서는 부정경쟁행위에 대한 정의규정을 신설하여 제2조 제3호의 "무상반포"를 "반포"로, "수출"을 "수입 · 수출"로 개정하였다. 1991년 개정법[7])에서는 종전의 제2조 제3, 4, 5호로 분리되어 있던 것을 제1호에 통합하고 각각 (다), (라), (마)목으로 규정하였다. 2001년 개정법[8]) 제2조 제1호에서는 (다)목의 신설로 인하여 종전의 (다), (라), (마)목이 각각 (라), (마), (바)목으로 이동하였다. 2007년 개정법(2007.12.21, 법률 제8767호)에서는 제2조 제1호 (라)목의 "허위의"를 "거짓의"로, (라)목의 "오인을 일으키게 하는 행위"를 "오인(誤認)하게 하는 행위"로 수정하였다.

---

5) 법률 제911호, 1961.12.30. 제정, 1962.1.1. 시행.
6) 법률 제3897호, 1986.12.31. 전부개정, 1987.1.1. 시행.
7) 법률 제4478호, 1991.12.31. 일부개정, 1992.12.15. 시행.
8) 법률 제6421호, 2001.2.3. 일부개정, 2001.7.1. 시행.

II. 원산지 거짓표시행위(부정경쟁방지법 제2조 제1호 라목)

1. 표지의 대상

거짓의 원산지 표지 대상물은 '상품'이나 그 광고에 의하여 또는 공중이 알 수 있는 방법으로 행해진 '거래상의 서류 또는 통신'이다.

2. 상   품

'상품'이란 상품표지의 혼동초래행위에서와 같이 일반 소비자에게 제공되는 것에 국한되지 않고 업무용 상품과 중간재, 자본재, 부품 등 독립적·반복적 거래의 대상이 되는 것을 말하고, 후단의 '원산지'의 문구를 볼 때 부동산과 서비스업 등의 영업은 여기에 포함되지 않는다.

3. 상품의 광고에 의하여 또는 공중이 알 수 있는 방법으로 행해진 '거래상의 서류 또는 통신'

(1) 광   고

'광고'란 넓은 의미에서 일반 공중에게 상품 등에 관하여 행해진 표시·선전·주장 등 일체의 행위를 말하지만, 여기서는 거래(영업)의 목적 하에 행해진 광고로서, '그' 상품에 대한 광고만을 의미하고, '또는 공중이 알 수 있는 방법'의 문구로 볼 때, 광고의 형태·매체 및 방법에 대하여는 제한이 없는 것으로 해석된다. 따라서 신문·잡지 등에 문자 또는 화보로 광고하거나, TV 또는 라디오에 음성·음악·연기 또는 이들을 결합하여 광고하거나, 거리에서 전단지를 나누어 주거나 또는 구두로 광고하거나, 인터넷을 이용한 광고

등 일체의 행위가 포함된다.

(2) 공중이 알 수 있는 방법으로

이 조문의 '공중이 알 수 있는 방법으로'란 표현은 마드리드협정 제3조의2의 개정에 수반하여 삽입된 것이고 '홍보적 성격을 가진(표시)'와 동의어이다. 따라서 이 용어의 의미에 따르면, 그 표시가 그 표현된 방법에 의하여 불특정다수인이 알 수 있는 성격을 가진 것이다. 그리고 불특정다수인에는 일반공중뿐만 아니라 해당 상품의 수요자 및 거래관계자를 포함하는 것이다. 그런데 '거래상의 서류 또는 통신'이란 문구 앞에 '공중이 알 수 있는 방법으로'란 수식어가 반드시 필요한지 여부는 의문이다. 우리나라와 대동소이한 조문을 가지고 있던 1993년 개정 이전의 일본 부정경쟁방지법상 제1조 제1항 제3호 및 제4호상 '공중이 알 수 있는 방법에 의하여'란 표현은 '거래상 서류 또는 통신'이란 표현과의 관계에서 실질적 의미가 없다는 것을 이유로 1993년 개정 시에 모두 삭제되었다.[9] 왜냐하면 '거래상 서류 또는 통신'란 용어 자체가 일반공중에 전파되어 일반공중이 알 수 있는 성질을 가진 것을 의미하기에 '공중이 알 수 있는 방법에 의하여'란 용어는 불필요한 수식어이었기 때문이었다.[10]

(3) 거래상의 서류 또는 통신

'거래상의 서류 또는 통신'으로는 마드리드협정 제3조의2에 규정된 '상업용 서신 또는 서류 그 밖의 상업용 통신'과 동의어[11]이어서

---

9) 通産産業省知的財産政策室監修, 「逐条解説 不正競争防止法」, 有斐閣, 1994, 59頁.

10) 山本庸行, 「要說 不正競争防止法」, 2006, 218頁.

11) 상품출처의 허위표시 방지에 관한 마드리드협정(Madrid Agreement for the Repression of False or Deceptive Indications of Source on Goods(1891년) 제3조의2 원문은 다음과 같다.

영업거래상 이용되고 있는 소개장, 추천장, 주문서, 견적서, 송장, 납품서, 계산서, 청구서, 첨부허가서, 영수증 등의 일체의 서류를 비롯하여 영업상 서신, 전화, 전보, 텔렉스, PC통신 등 거래상 의사표시행위를 포함하는 일체의 통신형태를 이른다.[12]

'거래'란 영업목적을 가지고 상품을 판매·반포 또는 수입·수출하기 위하여 시장에 내놓는 행위를 말한다. 따라서 상품과 관련된 판매뿐만 아니라 임대·교환·전시 등도 포함되며, 영리성 유무 및 이윤획득 여부는 불문한다.

'서류 또는 통신'이란 그 광고에 의하여 또는 공중이 알 수 있는 방법으로 거짓의 원산지를 표시한 대상물을 말하며, '광고' 및 '공중이 알 수 있는 방법'의 문구로 볼 때,

거래(영업)의 목적 하에 행해진 '그' 상품에 대한 모든 서류와 통신의 의미로 해석된다.

4. 거짓의 원산지의 표지

'원산지'란 그 상품의 주산지를 말하는 것으로 나라, 지방, 특정지역 모두를 포함하며, 행정구역명이라도 상관없다. 산지의 범위 또한 당해 상품이 그곳에서 과거에 생산되었거나 현재 생산되고 있는 경우는 물론 거래자 또는 일반수요자가 그곳에서 생산되는 것으로 인식하고 있는 경우를 모두 포함한다.[13] 즉, 상품의 원산지란 상품

"The countries to which this Agreement applies also undertake to prohibit the use, in connection with the sale or display or offering for sale of any goods, of all indications in the nature of publicity capable of deceiving the public as to the source of the goods, and appearing on signs, advertisements, invoices, wine lists, business letters or papers, or any other commercial communication."

12) 山本庸行, 앞의 책, 225頁; 竹田稔, 「知的財産權侵害要論(不正競爭編)」, 發明協會, 2003, 198頁.

이 생산된 지역은 물론, 제조 또는 가공되어 상품의 가치가 부여된 지역을 말한다. 따라서 천연의 산물이라 하더라도 다이아몬드와 같이 가공의 여하에 따라 상품가치가 크게 좌우되는 경우에는 그 가공지를 원산지라고 할 수 있다.[14] 반대로 원료의 산지가 매우 중요한 의미를 갖는 상품의 경우에는 그 원료의 산지도 원산지에 해당한다.[15]

이렇듯 일반적으로 '원산지'란 원료나 제품의 생산지를 의미하지만, 여기서는 어떤 상품이 배타적 혹은 필수적으로 자연적 또는 인간적 요소, 혹은 자연적 · 인간적 요소를 모두 포함하는 지리적 환경에 기인하는 특성과 품질사이에 밀접한 관련이 있는 산지(産地)의 명칭을 말하고, '거짓의 원산지의 표지'란 원산지를 사칭하는 행위를 말한다. 따라서 원산지와 관련되는 상품은 배타적 혹은 필수적으로 기후 · 토양 혹은 전통적 생산방법 같은 지리적 요소에 기인하는 것들로 구성되어 있으며, '지(地)'란 행정 및 사회경제적 구역을 불문하는 지리적 공간을 의미한다. 예를 들면, 특정 생산품과 관련하여 널리 알려지고 특별 현저성(顯著性)을 취득한 일정한 장소[예; 코냑 시(술), 뮌헨(맥주)], 지방[예; 샴페인(술), 라인(술)], 국가[예; 한국 인삼]등이 모두 포함된다.

그리고 원산지의 범위는 해당 상품이 그곳에서 과거에 생산되었거나 현재 생산되고 있는 경우는 물론이고 거래자 또는 일반수요자가 그곳에서 생산되는 것으로 인식하고 있는 경우를 모두 포함하므로 원산지는 농수산물이나 광산물과 같은 천연물의 산지명 외에도 이를 원재료로 하여 상품을 생산, 제조, 가공하는 경우 그 지명이 원산지가 될 수도 있고, 해당 상품의 원재료의 산지도 원산지가 될 수

---

13) 특허청 산업재산보호팀, 앞의 책, 47면.

14) 東京高判 昭和 53.5.23. 昭和52年(う)522, 東京刑集時報29卷5號84頁.

15) 대법원 2002.3.15. 선고 2001도5033 판결.

있다.16)

허위표시는 상품에 그 원산지를 사실과 다르게 표시하는 것을 말하며 예를 들어 한국산이 아님에도 불구하고 "Made in Korea"라고 표시하는 경우가 대표적일 것이다. 또한, 이와 같이 상품의 원산지를 명시적으로 표시하는 경우가 아니더라도 어떤 표시가 부착된 상품을 전체적으로 관찰할 때 상품의 수요자 또는 거래자가 당해 표시를 상품의 원산지 표시로 인식할 수 있도록 표시된 경우에는 원산지 표시에 해당하므로 이때 그 표시가 실제 원산지와 다를 경우에는 허위표시에 해당할 수 있다. 상품 원료의 산지와 이를 이용한 생산지나 가공지가 수개의 장소에 걸쳐 있고 각각의 장소가 상품의 가치를 결정함에 있어서 중요한 의미를 갖는 경우에는 모두 원산지로 취급될 수 있으며 이때에는 위 여러 곳의 원산지 가운데 하나라도 허위로 표시하는 경우에는 허위표시가 될 수 있다.17) 예컨대 상품의 특성상 원료의 산지가 중요한 요소인 경우에는 비록 그 표시의 주체가 완성품의 원산지를 표시한다는 주관적인 의도로 완성품의 원산지를 표시한 경우에도 일반 수요자들이 이를 원료의 원산지로 이해할 수 있도록 표현하였다면 이는 허위표시에 해당할 수 있다.18)

판례에 따르면, "'허위의 원산지의 표지'라 함은 반드시 완성된 상품의 원산지만에 관한 것은 아니고, 거래통념에 비추어 상품 원료의 원산지가 중요한 의미를 가지는 경우에는 그 원료의 원산지를 허위로 표시하는 것도 이에 포함된다고 할 것이고…, 삼베는 전래적으로 대마를 재배·수확하여 실을 만들고 이를 수직 베틀로 짜는 일련의 생산과정이 특정 지역 내에서 이루어져 왔고, 그러한 지역의

---

16) 黃義昌,「不正競爭防止法」, 세창출판사, 1996, 50면.
17) 최정열/이규호 공저, 부정경쟁방지법-영업비밀보호법제 포함-, 진원사, 2015, 147면.
18) 대법원 2002.3.15.선고 2001도5033 판결.

고유한 특제품은 전통적인 장례용품성이 반영된 지역명을 삼베의 명칭으로 호칭하는 경우가 많고, 수의로서 외국산보다는 우리 것을 선호하는 경향이 있으며, '身土不二'는 '우리 땅에서 재배·수확된 농산물이 우리 체질에 맞는다.'는 의미를 가진 점을 감안하면, 이 사건 수의 제품의 포장상자에 '身土不二, 안동삼베', '국내 최초 100% 대마(삼베)사 개발' 등의 표시를 하고, 또한 포장상자 안에는 '안동포 인간문화재 1호'에 관한 선전문과 사진이 실린 품질보증서를 넣은 것은 일반 수요자나 거래자로 하여금 이 사건 수의가 안동에서 생산(재배)된 대마(삼)로 만든 삼베 수의인 것처럼 삼베 원사의 원산지를 허위로 표시하여 원산지의 오인을 일으키게 하는 행위로 봄이 상당하다."고 판시하여 '거짓의 원산지표지'라 함은 반드시 완성된 상품의 원산지만에 관한 것은 아니고, 거래통념에 비추어 상품 원료의 원산지가 중요한 의미를 가지는 경우에는 그 원료의 원산지를 거짓으로 표시하는 것도 이에 포함된다고 하였다.[19)]

5. 오인하게 하는 행위

'오인하게 하는 행위'란 오인이 일어날 것을 요하지 않으며, 오인이 일어날 우려만으로도 충분하다. 예를 들면 우리나라의 제품에 미국 뉴욕에 있는 자유의 여신상을 도형하고 영어상표를 붙여 시판하는 경우 소비자가 마치 미국제품으로 오인을 하거나 할 우려가 있는 경우이다. 이 표현은 2007년 개정법(2007.12.21, 법률 제8767호)에 의한 것이다. 즉 2007년 개정법(2007.12.21, 법률 제8767호)에서는 ㈜목의 "오인을 일으키게 하는 행위"를 "오인(誤認)하게 하는 행위"로 수정하였다.

'오인'이란 잘못 알고 있는 것을 말하고, 오인의 주체는 소비자를

---

19) 대법원 2002.3.15. 선고 2001도5033 판결.

포함하는 일반 수요자이며, 오인과 구매결정 사이의 인과관계는 요
구되지 않는다. 따라서 거래관계가 실제로 오인에 이르러야 하는
것을 뜻하는 것은 아니며, 전술한 바와 같이 오인유발의 위험성만
있으면 족하다.

　그 이유는 법은 거짓의 원산지 표시 자체를 문제 삼는 것이지, 표
시행위의 결과 오인이 생기는지 여부를 문제 삼는 것은 아니기 때
문이며, 오인위험의 판단에 있어서는 '거짓의 표시' 이외의 사정, 예
컨대 표시가 겨냥하는 수요자의 층, 표시의 매개체, 표시의 주체 등
을 종합적으로 고려하여 객관적 또는 전체적으로 판단하여야 한
다.[20]

6. 거짓의 원산지 표지를 한 상품을 '판매 · 반포 또는 수입 · 수출'하는 행위

　1986년 개정법(1986.12.31, 법률 제3897호)에서는 부정경쟁행위에
대한 정의규정을 신설하여 제2조 제3호의 "무상반포"를 "반포"로,
"수출"을 "수입 · 수출"로 개정하였다. 그런데 상품의 반포에 해당하
는 행위가 존재할 수 있는지 의문이다. 이 용어는 일본 부정경쟁방
지법상 규정의 '확포(拡布)'란 용어를 계수하면서 오류가 발생한 부
분이란 생각이 든다. 참고로 1993년 개정 이전의 일본 부정경쟁방
지법 제1조 제1항 제3호(원산지허위표시행위)에서는 "상품 또는 그
광고 또는 공중이 알 수 있는 방법으로 거래상의 서류 또는 통신에
허위의 원산지의 표시를 하거나 또는 이러한 표지를 한 상품을 판
매, 확포(拡布) 또는 수출하여 원산지의 오인을 일으키게 하는 행위"
를 부정경쟁행위로 규정하였었는데, 1993년 개정이전의 구법에 규
정되었던 '확포(拡布)'란 용어를 삭제하고 '수입'이란 용어를 더하였

---

20) 특허청 산업재산보호팀, 앞의 책, 48면.

다. 하지만 이것은 '수입'이 새로운 행위유형으로서 더해진 것은 아니고 종래부터 '수출입'은 확포(拡布)란 용어를 현대적인 용어로 치환한 것에 불과하다고 한다.[21]

Ⅲ. 이 조문을 서비스에 유추적용할 수 있는지 여부

1. 미 국

연방상표제도를 정하는 연방상표법 제43조 제a항은 허위의 표시에 의한 부정경쟁방지에 관하여 일반조항을 두고 있다. 연방상표법 제43조 제a항 제2문에 따르면, 상품 또는 서비스 또는 상품의 용기상에 또는 그것에 관련하여 단어, 조항, 명칭, 기호, 도형 또는 이러한 조합 또는 허위의 출처표시, 허위의 기술 내지 표시 또는 오인하게 하는 사실의 기술 내지 표시를 일반적인 방법으로 이용하는 자는 상업적 광고 또는 판매촉진활동에 있어서 이러한 행위를 하는 자 자신 또는 타인의 상품, 서비스 또는 상업활동의 성질, 특성, 품질 또는 지리적 출처지를 부실표시하는 경우에 그 행위에 의한 손해를 입거나 입을 우려가 있다고 믿는 자가 제기하는 민사소송에 있어 손해배상책임을 부담한다고 규정하고 있다. 또한 미국연방거래위원회법 제5조는 불공정경쟁방법 및 불공정 또는 기만적인 행위 또는 관행을 위반하여 오인야기행위를 한 자에 대해 행정적 규제를 규정하고 있다.

2. 독 일

독일은 부정경쟁방지법 제3조 및 제4조에서 오인야기행위에 관

---

21) 小野昌延, 「新・注解 不正競爭防止法(上卷)」, 靑林書院, 2007, 593頁.

하여 다음과 같이 규제하고 있다. 다시 말하면, 독일 부정경쟁방지법 제3조에서는 "제3조 업무상 거래에 있어서 경쟁의 목적을 가지고 업무상 사항에 대하여, 개개의 상품, 영업상의 서비스 또는 제반 제공물에 관한 성능, 출처지, 제조법, 가격에 대하여 또는 가격표, 상품의 구매방법 및 구매처, 표창경험, 판매의 동기 및 목적, 재고량에 대하여 오인을 일으키게 하는 자에 대해서는 오인야기행위 금지청구 또는 손해배상을 청구할 수 있다."라고 규정하고, 동법 제4조 및 제16조에서는 "특히 유리하게 제공하는 외관을 만들 의도로 공적 광고 및 광범위한 사람에 대한 통지를 함에 있어 상품, 영업상의 서비스에 관한 그 성능, 출처지, 제조법, 가격평가에 대하여 또는 상품의 구매방법 및 구매처, 표창경험, 판매의 동기 및 목적, 재고량에 대하여 고의로 오인을 일으키게 하기에 적합한 허위의 표시를 하는 자는 2년 이하의 징역 또는 벌금에 처한다."라고 규정하여 상품뿐만 아니라 서비스와 관련해서는 출처지 오인야기행위를 같이 규정하고 있다.

3. 일 본

일본 부정경쟁방지법 제2조 제1항 제13호상 '품질 등 오인야기행위'에 따르면, 상품 또는 서비스의 원산지 및 품질, 내용 등에 대하여 거래상 오인하게 할 표시를 하는 행위 또는 그러한 표시를 한 상품의 양도 또는 서비스의 제공 등을 하는 행위를 금지하고 있다. 즉 상품 또는 서비스 또는 그 광고 또는 거래에 사용하는 서류 또는 통신에 그 상품의 원산지, 품질·내용·제조방법·용도 또는 수량 또는 그 서비스의 질·내용·용도 또는 수량에 대하여 오인하게 할 표시를 하거나 그 표시를 한 상품을 양도·인도·양도 또는 인도하기 위하여 전시·수출·수입, 또는 전기통신회선을 통하여 제공하거나 또는 그 표시를 하여 서비스를 제공하는 행위는 일본의 현행 부정경쟁방지법 제2조 제1항 제13호에 따라 품질 등 오인야기행위로 규정하고 있다. 예컨대 야마가타현 산(山形県産)이 아닌 버찌에 '야마가타산(山形産)'이라고 표시한 것은 거짓으로 산지를 표시하여 야마가타현에 거주하는 버찌 업자의 이익 및 신용을 해하는 것은 물론이고, 야마가타현산이라고 생각하고 구입한 소비자의 이익을 해하므로 이 행위는 부정경쟁행위로 되어 있다.[22]

1993년 개정 이전의 구 부정경쟁방지법 제1조 제1항 제3호(원산지허위표시행위)에서는 "상품 또는 그 광고 또는 공중이 알 수 있는 방법으로 거래상의 서류 또는 통신에 허위의 원산지의 표시를 하거나 또는 이러한 표지를 한 상품을 판매, 확포(拡布) 또는 수출하여 원산지의 오인을 일으키게 하는 행위"를, 동법 제1조 제1항 제4호(출처지오인야기행위)에서는 "상품 또는 그 광고에 의하여 또는 공중이 알 수 있는 방법으로 거래상의 서류 또는 통신에 그 상품이 산출, 제조 또는 가공된 지역 외의 곳에서 산출, 제조 또는 가공된 것으로 오인을 일으키게 하는 표시를 하거나 이러한 표시를 한 상품을 판매, 확포(拡布) 또는 수출하는 행위"를, 동법 제1조 제1항 제5호(질량오인야기행위)에서는 "상품 또는 그 광고에 의하여 상품의 품질, 내용, 제조방법, 용도 또는 수량에 있어서 오인을 일으키게 하는 표시를 하거나 이러한 표시를 한 상품을 판매, 반포 또는 수출하는 행위"를 규정하였었다.

1993년 개정법에서는 이 3개의 조문을 하나로 정리하였고, 1993년 개정 이전의 구법에 규정되었던 '확포(拡布)'란 용어를 삭제하고 '수입'이란 용어를 더하였다. 하지만 이것은 '수입'이 새로운 행위유형으로서 더해진 것은 아니고 종래부터 '수출입'은 확포(拡布)란 용어를 현대적 용어로 치환한 것에 불과하다.[23] 또한 1993년 개정법

---

22) 工藤莞司,「不正競爭防止法 解說と裁判例」, 社團法人 發明協會, 2008, 105頁.

에서는 종래의 오인야기행위에는 상품만이 대상으로 되어 있었지만, 보호의 범위를 서비스까지로 확대하였다.[24] 1993년 개정법에서는 구법상 '허위의 원산지'란 표현에서 '허위'란 단어를 떼어내고 '원산지'로 개정하였다. 아울러 2003년 개정법에서는 종래의 '양도', '인도'에 프로그램을 네트워크를 통하여 판매하는 행위도 해당하는 것을 명시하기 위하여 상품을 '전기통신회선을 통하여 제공하는 행위'도 규정하였다. 또한 '원산지'란 표현에 구법상 '산출, 제조 또는 가공된 곳'이 실질적으로 항시 포함되기 때문에 후자의 용어는 삭제하였다. 그리고 구법상 제1조 제1항 제3호 및 제4호상 '공중이 알 수 있는 방법에 의하여'란 표현을 모두 삭제한 이유는 '거래상 서류 또는 통신'이란 용어 자체가 일반공중에 전파되어 일반공중이 알 수 있는 성질을 가진 것을 의미하기에 '공중이 알 수 있는 방법에 의하여'란 용어는 불필요한 수식어이기 때문이다.[25] 일본의 현행 부정경쟁방지법은 '상품'에 대해서는 '상품, 그 광고, 그 거래에 사용하는 서류 또는 통신'으로 '그 상품의 원산지, 품질·내용·제조방법·용도 또는 수량'에 대하여 '오인하게 할 표시를 하거나 그 표시를 한 상품을 양도·인도·양도 또는 인도하기 위하여 전시·수출·수입, 또는 전기통신회선을 통하여 제공하는 행위'를 부정경쟁행위로 규정하고, '서비스'에 대해서는 '그 서비스의 질·내용·용도 또는 수량'에 대하여 '오인하게 할 표시를 하거나 그 표시를 하여 서비스를 제공하는 행위'를 부정경쟁행위로 규정하고 있다. 따라서 '상품'에 대해서만 '원산지'오인야기행위가 규제되어 있고, '서비스'에는 '제조방법' 및 '품질'을 관념상 생각할 수 없기 때문에 규정되어 있지 않고, 서비스에 대해서는 '품질'이란 용어에 갈음하여 '질'이란 용어

---

23) 小野昌延, 앞의 책, 593頁.

24) 위의 책.

25) 山本庸行, 앞의 책, 218頁.

를, '양도 등'이란 용어에 갈음하여 '제공'이란 단어를 사용하였다. 서비스에 대해 독일, 미국 등의 주요국가에 있어서 품질, 내용 등에 관한 오인야기행위에 대해서는 상품과 서비스를 구별하지 아니하고 규제대상으로 하고 있고, 세계지식재산권기구 등을 통해 국제적으로도 오인야기행위는 상품과 서비스를 구별하지 않고 규제대상으로 논의하고 있기 때문에 일본 1993년 개정법은 '서비스'를 추가히어 규정하였다.[26)]

4. 우리나라

이 조문에서는 거짓의 원산지오인유발행위는 상품에만 적용되는 것으로 되어 있다. 입법론적으로 해결할 문제이기는 하지만, 이 조문을 서비스에도 유추적용하는 것이 타당하다고 생각한다.

제 **3** 절

출처지(생산 · 제조 또는 가공된 지역) 오인유발행위 (부정경쟁방지법 제2조 제1호 마목)

Ⅰ. 제도의 취지

부정경쟁방지법 제2조 제1호 마목은 "상품이나 그 광고에 의하여 또는 공중이 알 수 있는 방법으로 거래상의 서류 또는 통신에 그 상

---

26) 小野昌延, 앞의 책, 596頁.

품이 생산·제조 또는 가공된 지역 외의 곳에서 생산 또는 가공된 듯이 오인하게 하는 표지를 하거나 이러한 표지를 한 상품을 판매·반포 또는 수입·수출하는 행위"를 부정경쟁행위로 정의하여 이를 금지하고 있다. 부정경쟁방지법이 이러한 행위를 부정경쟁행위로 정의한 것은 앞에서 본 원산지 허위표시의 경우와 마찬가지로 제품의 출처지에 화체된 소비자의 신뢰나 신용을 보호하기 위한 것이다.[27]

II. 요 건

1. 표지의 대상

거짓의 원산지 표지 대상물과 마찬가지로 '상품'이나 '상품의 광고에 의하여 또는 공중이 알 수 있는 방법으로 행해진 거래상의 서류 또는 통신'이다.

2. 출처지 오인유발행위

(1) 출처지의 의의

상품의 생산지, 제조지 또는 가공지는 출처지(Indication of source)의 의미로서 원산지보다 넓은 개념이며, 원산지 표지는 출처지 표지의 한 형태로 볼 수 있다.

'생산'은 제1차산업의 원시적 생산을 의미한다. 즉 농산, 임산, 광산(鑛産), 수산 등이 이에 속한다. '제조'라 함은 원재료에 노력을 가하여 성질, 용도가 전혀 상이한 물건으로 만드는 것을 말한다. 예컨대 방적, 기계기구제작, 주류양조, 화학품제조, 버터치즈 등이 이에

---

27) 최정열/이규호, 앞의 책, 149면.

해당한다. '가공'이라 함은 물건의 동일성을 잃지 않는 정도, 다시 말하면 새로운 물체로 되지 아니하는 정도로 원재료에 노력을 가하여 변경을 가져오는 것을 말한다. 예컨대 세탁, 조각, 천연석의 연마 등이 이에 해당한다.[28]

1986년 개정법(1986.12.31, 법률 제3897호)에서는 부정경쟁행위에 대한 정의규정을 신설하여 제2조 제4호의 "국가 이외의 곳"을 "지역 이익의 곳"으로 수정하였다. 1991년 개정법(1991.12.31, 법률 제4478호)에서는 종전의 제2조 제3, 4, 5호로 분리되어 있던 것을 제1호에 통합하고 각각 (다), (라), (마)목으로 규정하였다. 2001년 개정법(2001. 2. 3, 법률 제6421호) 제2조 제1호에서는 (다)목의 신설로 인하여 종전의 (다), (라), (마)목이 각각 (라), (마), (바)목으로 이동하였다. 그렇게 해서 1986년 개정법 제2조 제4호의 규정이 현행법 제2조 제1항 바목에 규정되게 되었다. 따라서 현행법 하에서는 국산품을 단순히 '외제'라고 표시한 경우뿐만 아니라 같은 국산품이라도 제주도 한라산을 배경으로 넣어 마치 제주도산임을 암시적으로 표시한 경우에도 이 조문이 적용된다.

참고로 일본의 부정경쟁방지법은 우리 부정경쟁방지법 제2조 제1호의 라, 마, 바 목에 해당하는 행위를 하나의 규정으로 통합하면서 종래 원산지와 산출·제조·가공지 등으로 달리 표현되던 것을 원산지로만 표현하고 있다.[29]

(2) 오인하게 하는 표지: 원산지 거짓표시행위(부정경쟁방지 및 영업비밀 보호에 관한 법률 제2조 제1호 라목)와의 구별
1) 오인 표지의 의미
'오인하게 하는 표지'란 실제지역 이외의 곳에서 생산·제조 또는

---

28) 小野昌延, 「新·注解 不正競爭防止法(上卷)」, 靑林書院, 2007, 603頁.
29) 최정열/이규호, 앞의 책, 149면.

가공된 상품을 실제지역에서 생산·제조 또는 가공된 듯이 오인하게 하는 표지를 말한다. 이 표현은 2007년 개정법(2007.12.21, 법률 제8767호)에 의한 것이다. 즉 2007년 개정법(2007.12.21, 법률 제8767호)에서는 ㈐목의 "오인을 일으키게 하는 행위"를 "오인(誤認)하게 하는 행위"로 수정하였다.

출처지 오인을 야기하는 표지는 원산지 표지와 달리 표지가 거짓인가의 여부를 묻지 않고, 생산지 등의 표지를 사실과 다르게 표시하여 오인하게 하거나, 이러한 표지를 부착한 상품을 판매·반포 또는 수입·수출하는 행위이면 족하다. 오인하게 하는 표지는 직접적 표시이든 간접적 표시이든 상관이 없으며, 오인하게 하는 표지는 오인하게 할 우려가 있는 표지도 포함하는 개념이다.[30]

즉 원산지 거짓표시행위는 거짓의 원산지표시를 하는 등의 행위(직접적인 행위)에 의하여 원산지를 오인하게 하는 행위를 의미하는 데 반해, 출처지 이외의 곳에 산출, 제조, 가공된 듯이 오인하게 하는 표지를 하는 등의 행위(간접적인 행위)를 의미한다.[31] 즉 원산지 거짓표시행위(법 제2조 제1호 라목)는 거짓의 원산지표지가 존재하고 그로 인해 오인을 야기되는 경우를 대상으로 하고, 출처지오인유발행위(법 제2조 제1호 마목)는 그 표지가 거짓인지 여부를 묻지 않고 출처지의 오인을 야기하는 표지를 대상으로 하고 있다.[32] 따라서 후자의 경우에는 가공적 또는 암시적 표지도 포함한다.[33] 즉 후자와 관련하여 비록 상품이나 그 포장의 일정한 곳에 식품위생법 등 관련 법령에 따라 제조자 및 제조자 소재지 등을 별도로 표기하였다고 하더라도 상품의 명칭이나 기타 표지로 인하여 일반적인 주의력을 가진 소비자가 그 상품의 생산지나 가공지를 실제와 다르게

---

30) 황의창, 「부정경쟁방지법」, 세창출판사, 1996, 51면.
31) 小野昌延, 앞의 책, 601頁.
32) 위의 책, 601頁.
33) 豊崎光衛, 「工業所有權法(新版增補)」, 有斐閣, 1980, 466頁.

오인할 염려가 있게 되었다면 본호의 부정경쟁행위에 해당할 수 있다.[34] 예컨대 프랑스 풍물을 그려 불어로 가공의 상표를 표시하면서 설명 그 밖의 표시를 모두 불어로 행하는 등의 행위를 하여 일반 여성들에게 마치 프랑스에서 제조된 것처럼 보이게 하는 암시적인 표시를 한 향수 등은 출처지오인유발행위에는 해당하지만 거짓의 원산지를 표시하는 행위(원산지 거짓표시행위)에는 해당하지 아니한다.[35] 반면에 특정 지역을 표시하면서 예컨대 ○○식, ○○스타일, ○○풍, ○○타입 등의 표현을 부기한 경우에 원산지를 오인하게 하는 표시로 볼 수 있는 지에 관해서 일본에서는 이러한 표현은 원산지를 표시하는 것이라기보다는 그 제조방법이나 형태, 제품의 내용이 그렇다는 의미에 불과하므로 원칙적으로 원산지를 오인하게 하는 표시가 될 수 없고 다만 그와 같은 표시에도 불구하고 그 상품이 결과적으로 그러한 방식이나 스타일의 제품에서 기대되는 품질과 다른 경우에는 품질을 오인하게 할 표시에 해당할 가능성이 있을 뿐이라고 주장하는 견해와[36] 그러한 경우에도 원산지를 오인하게 하는 표시로 인정될 수 있다고 하는 견해가 있다.[37] 이와 관련하여 세계무역기구(WTO)의 지적재산권 관련 부속협정인 이른바 TRIPs[38] 제23

---

34) 대법원 2006.1.26.선고 2004도5124 판결 및 그 원심판결인 수원지방법원 2004.7.12.선고 2004노194 판결 참조.
   위 사건에서 피고인은 피고인이 화성시에서 제조하여 판매하는 두부에 "초당"이라는 글자를 음각으로 표시하였으며 그 운반 기구용 덮개에는 "정남초당맛두부"라고 기재하고 포장용기에도 "초당"이라는 글자를 표시하는 한편 용기 등의 구석에는 식품위생법에 기초한 식품의약품안전청이 고시에 따른 표시로서 제조원 및 그 소재지를 표시하였다.

35) 小野昌延, 앞의 책, 601頁.

36) 이는 우리 부정경쟁방지법상으로는 바목에 해당하는 것이나 일본 부정경쟁방지법은 우리 부정경쟁방지법의 라, 마, 바 목이 모두 하나의 행위로 규정되어 있으므로 구별의 실익은 적다고 할 수도 있다.

37) 小野昌延 編, 前揭書(小松陽一郎 執筆 部分), 617-618頁.

38) 'AGREEMENT ON TRADE-RELATED ASPECTS OF INTELLECTUAL

조는 가입국에 대하여 포도주 및 증류주에 관하여 진정한 원산지를 별도로 표시한 경우에도 "양식", "풍" "모조품" 등의 표현을 부기하여 진정한 원산지와 다른 지리적 표시를 사용하는 것을 금지할 의무를 부과하고 있다.[39]

　판례에 따르면, '초당'이 바닷물을 직접 간수로 사용하여 특별한 맛을 지닌 두부를 생산하는 지역의 명칭에 해당한다고 보아 '초당' 이외의 지역에서 생산하는 두부제품에 '초당'을 사용하는 행위가 부정경쟁방지 및 영업비밀보호에 관한 법률 제2조 제1호 ㈐목에서 정한 상품의 생산, 제조, 가공 지역을 오인하게 한다고 하면서 출처지를 오인하게 하는 표지라 함은 "거래 상대방이 실제로 오인에 이를 것을 요하는 것이 아니라 일반적인 거래자 즉 평균인의 주의력을 기준으로 거래관념상 사실과 다르게 이해될 위험성이 있음을 뜻하며, 이러한 오인을 일으키는 표지에는 직접적으로 상품에 관하여 허위 표시를 하는 것은 물론, 간접적으로 상품에 관하여 위와 같은 오인을 일으킬 만한 암시적인 표시를 하는 것도 포함된다."라고 판시하여 마목도 거짓의 원산지 표시를 하는 것을 포함하는 것처럼 판시하였다.[40]

PROPERTY RIGHTS'를 뜻한다.

39) 조문의 내용은 다음과 같다.

　"Each Member shall provide the legal means for interested parties to prevent use of a geographical indication identifying wines for wines not originating in the place indicated by the geographical indication in question or identifying spirits for spirits not originating in the place indicated by the geographical indication in question, even where the true origin of the good is indicated or the geographical indication is used in translation or accompanied by expressions such as "kind", "type", "style", "imitation" or the like."

40) 대법원 2006.1.26.선고 2004도5124 판결【부정경쟁방지 및 영업비밀보호에 관한 법률위반】.

2) 오인의 판단 주체 및 방법

오인의 판단 주체는 당해 상품의 주된 거래자이다. 따라서 당해 상품이 일반 소비자를 대상으로 판매되는 상품이라면 당연히 일반 소비자가 오인의 판단 주체이다.

오인의 판단방법은 상품의 외관이나 기타 표시 전체를 기준으로 하여야 하는 것이므로 예컨대 상품이나 포장의 구석에 실제 원산지를 표시한 경우에도 다른 표시로 인하여 거래자들이 원산지를 실제와 다르게 오인할 수 있다면 본호의 부정경쟁행위에 해당한다.[41] 외관상 원산지를 실제와 다른 곳으로 오인할 염려가 있으면 족한 것이므로 실제로 거래자가 원산지를 오인하였음을 입증할 필요는 없다.[42]

3. 상품 등에 표시

(1) 상　품

'상품'이란 상품표지의 혼동초래행위에서와 같이 일반 소비자에게 제공되는 것에 국한되지 않고 업무용 상품과 중간재, 자본재, 부품 등 독립적·반복적 거래의 대상이 되는 것을 말하고, 후단의 '원산지'의 문구를 볼 때 부동산과 서비스업 등의 영업은 여기에 포함되지 않는다.

(2) 상품의 광고에 의하여 또는 공중이 알 수 있는 방법으로 행해진 '거래상의 서류 또는 통신'

1) 광　고

'광고'란 넓은 의미에서 일반 공중에게 상품 등에 관하여 행해진

---

41) 위 대법원 2006.1.26.선고 2004도5124 판결 참조.
42) 최정열/이규호, 앞의 책, 152면.

표시·선전·주장 등 일체의 행위를 말하지만, 여기서는 거래(영업)의 목적 하에 행해진 광고로서, '그' 상품에 대한 광고만을 의미하고, '또는 공중이 알 수 있는 방법'의 문구로 볼 때, 광고의 형태·매체 및 방법에 대하여는 제한이 없는 것으로 해석된다. 따라서 신문·잡지 등에 문자 또는 화보로 광고하거나, TV 또는 라디오에 음성·음악·연기 또는 이들을 결합하여 광고하거나, 거리에서 전단지를 나누어 주거나 또는 구두로 광고하거나, 인터넷을 이용한 광고 등 일체의 행위가 포함된다.

2) 공중이 알 수 있는 방법으로

이 조문의 '공중이 알 수 있는 방법으로'란 표현은 「상품의 출처 허위표시 방지에 관한 마드리드협정」(이하 '마드리드협정') 제3조의2의 개정에 수반하여 삽입된 것이고 '홍보적 성격을 가진(표시)'와 동의어다. 따라서 이 용어의 의미에 따르면, 그 표시가 그 표현된 방법에 의하여 불특정다수인이 알 수 있는 성격을 가진 것이다. 그리고 불특정다수인에는 일반공중 뿐만 아니라 해당 상품의 수요자 및 거래관계자를 포함하는 것이다. 그런데 '거래상의 서류 또는 통신'이란 문구 앞에 '공중이 알 수 있는 방법으로'란 수식어가 반드시 필요한지 여부는 의문이다. 우리나라와 대동소이한 조문을 가지고 있던 1993년 개정이전의 일본 부정경쟁방지법상 제1조 제1항 제3호 및 제4호상 '공중이 알 수 있는 방법에 의하여'란 표현은 '거래상 서류 또는 통신'이란 표현과의 관계에서 실질적 의미가 없다는 것을 이유로 1993년 개정 시에 모두 삭제되었다.[43] 왜냐하면 '거래상 서류 또는 통신'란 용어 자체가 일반공중에 전파되어 일반공중이 알 수 있는 성질을 가진 것을 의미하기에 '공중이 알 수 있는 방법에 의하여'

---

43) 通産産業省知的財産政策室監修, 「逐条解説不正競爭防止法」, 有斐閣, 1994, 59頁.

란 용어는 불필요한 수식어이었기 때문이었다.[44]

3) 거래상의 서류 또는 통신

'거래상의 서류 또는 통신'으로는 마드리드협정 제3조의2에 규정된 '상업용 서신 또는 서류 그 밖의 상업용 통신'과 동의어이어서 영업거래상 이용되고 있는 소개장, 추천장, 주문서, 견적서, 송장, 납품서, 계산서, 청구서, 첨부허가서, 영수증 등의 일체의 서류를 비롯하여 영업상 서신, 전화, 전보, 텔렉스, PC통신 등 거래상 의사표시 행위를 포함하는 일체의 통신형태를 이른다.[45]

'거래'란 영업목적을 가지고 상품을 판매·반포 또는 수입·수출하기 위하여 시장에 내놓는 행위를 말한다. 따라서 상품과 관련된 판매뿐 만 아니라 임대·교환·전시 등도 포함되며, 영리성 유무 및 이윤획득 여부는 불문한다.

'서류 또는 통신'이란 그 광고에 의하여 또는 공중이 알 수 있는 방법으로 거짓의 원산지를 표시한 대상물을 말하며, '광고' 및 '공중이 알 수 있는 방법'의 문구로 볼 때,

거래(영업)의 목적 하에 행해진 '그' 상품에 대한 모든 서류와 통신의 의미로 해석된다.

4. 오인 표시 상품의 유통행위

본호의 경우에도 출처지 등에 관한 오인 표시를 한 경우뿐만 아니라 이러한 표시를 한 상품을 판매하는 등의 유통행위까지 부정경쟁행위로 규정하고 있다.

---

44) 山本庸行, 「要說 不正競爭防止法」, 2006, 218頁.
45) 위의 책, 225頁; 竹田稔, 「知的財産權侵害要論(不正競爭編)」, 發明協會, 2003, 198頁.

Ⅲ. 서비스에 유추적용할 수 있는지 여부

이 조문에서는 출처지 오인유발행위는 상품에만 적용되는 것으로 되어 있다. 입법론적으로 해결할 문제이기는 하지만, 이 조문을 서비스에도 유추적용하는 것이 타당하다고 생각하다. 이에 대한 보다 상세한 비교법적 분석은 원산지 거짓표시행위에 대한 해설 부분을 참고하면 된다.

제4절　자유무역협정에 의한 지리적 표시의 보호

Ⅰ. 취　지

부정경쟁방지법 제3조의2는 "정당한 권원이 없는 자"는 대한민국이 외국과 양자간(兩者間) 또는 다자간(多者間)으로 체결하여 발효된 자유무역협정에 따라 보호하는 지리적 표시에 대하여는 제2조 제1호 라목 및 마목의 부정경쟁행위 이외에도 지리적 표시에 나타난 장소를 원산지로 하지 아니하는 상품에 관하여 일정한 방식으로 그 지리적 표시를 사용하는 행위를 금지하고 있다. 이는 세계무역기구의 자유무역협정(WTO)과 같은 무역관련 다자간 조약이나 한미, 한칠레 FTA와 같은 양자간 조약에 있어서 지리적 표시를 보호하기로 합의한 경우에 이러한 조약상의 의무이행의 수단으로 이러한 조약에 반하는 행위를 부정경쟁행위로 규정한 것이다. 한편, 상표법에도 지리적 표시를 보호하는 규정을 두고 있지만 상표법에서는 원칙적으로 개인에 의한 등록을 허용하지 않고 있으며, 등록되지 않은 경우에는 제3자의 사용을 금지할 수 없는 반면에 부정경쟁방지법에 의한 보호의 경우에는 등록여부와 관계없이 제3자의 사용까지도 금지할 수 있다는 점에서 의미가 있다.[46]

II. 지리적 표시의 보호를 규정한 자유무역협정

1. 다자간 자유무역협정

지리적 표시의 보호를 규정한 자유무역협정 가운데 다자간 조약의 대표적인 것인 세계무역기구 자유무역협정(WTO)의 부속서인 무역관련 지적재산권협약(TRIPs)에서는 3개 조문을 두어 가맹국의 지리적 표시의 보호의무를 부과하고 있다. 즉, 제22조에서는 지리적 표시의 보호일반에 관한 규정을 두어 지리적 표시의 부당한 사용을 금지할 수 있는 법적 수단을 제공할 것과 보호가 필요한 지리적 출처를 포함하고 있는 상표의 등록을 거절하거나 등록을 무효화할 것을 요구하고 있으며, 제23조에서는 포도주와 증류주의 지리적 표시에 관한 추가 보호에 관한 상세한 규정을 두고, 제24조에서는 지리적 표시에 관한 국제협상과 예외에 관한 규정을 두고 있다.[47]

2. 양자간 조약

우리나라가 체결한 양자간 자유무역협정 즉 FTA 가운데 일방이 보호를 요청하는 지리적 표시에 관한 상대국의 보호의무를 정한

---

46) 최정열/이규호, 앞의 책, 152면.
47) 위의 책, 153면.

FTA로는 한·칠레, 한·EU, 한·페루, 한·캐나다, 한·미, 한·호주 등 다양하며 대부분의 경우 세계무역기구 협정에 기초한 보호에 관하여 합의하고 있다. 각 국가들이 지리적 표시를 요청하는 것은 각 국가의 독특한 특산품으로서 칠레의 경우에는 포도주, 증류주 등의 주산지에 관한 지리적 명칭에 대하여 주로 보호를 요청하고 있으며 한국은 상대국에 대하여 주로 김치, 인삼, 녹차(보성) 등에 관한 지리적 표시에 관한 보호를 요청하고 있다.[48]

III. 보호의 대상

본조의 보호대상이 되는 지리적 표시는 다른 경우와 달리 국내에서의 주지·저명성을 필요로 하지 않으며 단지 대한민국이 체결한 다자간 또는 양자가 자유무역협정에 따라 보호하기로 합의된 지리적 표시이기만 하면 되는 것이다. 물론 모든 상품에 대하여 해당 지리적 표시의 사용이 금지되는 것은 아니며 위에서 본 것처럼 개별 협정에서 당해 지리적 표시와 연관된 상품으로 지정된 상품이나 서비스에 한정되는 것임은 당연하다.[49]

IV. 금지되는 행위

본조에 의하여 금지되는 행위는 당해 지리적 표시에 관하여 정당한 권원이 없는 자가 그 지리적 표시를 사용하는 상품과 동일하거나 동일하다고 인식되는 상품이면서 지리적 표시에 나타난 장소를

---

48) 보다 자세한 것은 육소영, 『FTA 지리적 표시와 국내이행에 관한 법제연구』, 한국법제연구원, 2014년 8월, 23면 이하 참조.
49) 최정열/이규호, 앞의 책, 153-154면.

원산지로 하지 아니하는 상품에 관하여 ① 진정한 원산지 표시 이
외에 별도로 지리적 표시를 사용하는 행위, ② 지리적 표시를 번역
또는 음역하여 사용하는 행위, ③ "종류", "유형", "양식" 또는 "모조
품" 등의 표현을 수반하여 지리적 표시를 사용하는 행위 등이며, 나
아가 위 각각의 방식으로 지리적 표시를 사용한 상품을 양도·인도
또는 이를 위하여 전시하거나 수입·수출하는 행위와 원산지를 오
인하게 하거나 생산·제조·가공지에 대하여 오인을 야기하는 방
식으로 지리적 표시를 사용한 상품을 인도하거나 이를 위하여 전시
하는 행위 등도 금지된다.

Ⅴ. 금지의 예외

지리적 표시에 관하여 정당한 권원이 없는 사람이라고 하더라도
국내에서 지리적 표시의 보호개시일 이전부터 해당 상표를 사용하
고 있었으며, 그와 같은 사용의 결과 해당 지리적 표시의 보호개시
일에 국내 수요자 간에 그 상표가 특정인의 상품을 표시하는 것이
라고 인식되어 있는 경우에는 그 지리적 표시 상표를 사용하던 상
품에 계속 사용할 수 있다. 지리적 표시를 종래부터 상표로 사용하
던 자가 지리적 표시의 국내보호 개시일(일반적으로 당해 조약의 국내
발효일일 것이다) 이전에 이미 당해 상표와 관련하여 주지성을 얻게
된 경우에도 이러한 상표의 사용을 금지하는 것은 형평의 원칙에
어긋날 뿐만 아니라 오히려 출처의 오인이나 혼동을 야기하여 소비
자의 이익에 반하기 때문이다. 다만, 이러한 사용권한은 식별력 내
지는 주지성을 획득한 당해 상품에 한하는 것이므로 이를 유사 상
품에 사용하는 것은 여전히 금지된다고 보아야 할 것이다.[50]

---

50) 위의 책, 154면.

제 7 장

우리나라 불공정무역행위 조사 및
산업피해구제에 관한 법률
(약칭: 불공정무역조사법) 상
지리적 표시의 보호

○ 불공정무역조사법

불공정무역조사법

제4조(불공정무역행위의 금지) ① 누구든지 다음 각 호의 어느 하나에 해당하는 행위(이하 "불공정무역행위"라 한다)를 하여서는 아니 된다.

1. 대한민국의 법령이나 대한민국이 당사자인 조약에 따라 보호되는 특허권·실용신안권(實用新案權)·디자인권·상표권·저작권·저작인접권(著作隣接權)·프로그램저작권·반도체집적회로의 배치설계권이나 지리적 표시 또는 영업비밀을 침해하는 물품 등(이하 "지식재산권침해물품 등"이라 한다)에 관한 다음 각 목의 어느 하나에 해당하는 행위

   가. 해외에서 지식재산권침해물품 등을 국내에 공급하는 행위 또는 지식재산권침해물품 등을 수입하거나 수입된 지식재산권침해물품 등을 국내에서 판매하는 행위

   나. 지식재산권침해물품 등을 수출하거나 수출을 목적으로 국내에서 제조하는 행위

2. 다음 각 목의 어느 하나에 해당하는 물품 등을 수출하거나 수입하는 행위

   가. 원산지를 거짓으로 표시하거나 원산지를 오인(誤認)하게 하는 표시를 한 물품 등

   나. 원산지 표시를 손상하거나 변경한 물품 등

   다. 원산지 표시를 하지 아니한 원산지 표시 대상 물품

3. 품질 등을 거짓으로 표시하거나 과장하여 표시한 물품 등을 수출하거나 수입하는 행위

4. 수출입계약의 이행과 관련하여 계약내용과 현저하게 다른 물품 등의 수출입 또는 분쟁의 발생 등을 통하여 대한민국의 대외신용을 손상시켜 해당 지역에 대한 수출 또는 수입에 지장을 주는 행위

② 무역위원회는 제1항 제1호 및 제3호에 따른 위반행위의 유형 및 기준을 정하여 공고할 수 있다.

대한민국의 법령이나 대한민국이 체약국인 조약에 따라 보호되는 지리적 표시에 대한 권리를 침해하는 물품 등에 관한 다음의 행위는 금지된다.

(i) 해외에서 지식재산권침해물품 등을 국내에 공급하는 행위 또는 지식재산권침해물품 등을 수입하거나 수입된 지식재산권침해물품 등을 국내에서 판매하는 행위

(ii) 지식재산권침해물품 등을 수출하거나 수출을 목적으로 국내에서 제조하는 행위

위 행위 중 하나에 해당하는 불공정무역행위가 있다고 판정하면 시정조치[1]를 명하거나 과징금을 부과할 수 있다.

특히 위 행위 중 하나에 해당하는 불공정무역행위가 있다고 판정하면 해당 행위자에게 대통령령으로 정하는 거래금액에 100분의 30을 곱한 금액을 초과하지 아니하는 범위에서 과징금을 부과할 수 있다. 다만, 거래금액이 없거나 거래금액을 산정하기 곤란한 경우로서 대통령령으로 정하는 경우에는 5억 원을 초과하지 아니하는 범위에서 과징금을 부과할 수 있다[불공정무역행위 조사 및 산업피해 구제에 관한 법률(약칭: 불공정무역조사법) 제11조 제1항].[2]

---

1) 불공정무역조사법 제10조(시정조치)에서는 다음과 같이 규정하고 있다.
"① 무역위원회는 제4조 제1항에 해당하는 불공정무역행위가 있다고 판정하면 해당 행위자에게 다음 각 호에 규정된 사항을 명할 수 있다. 이 경우 산업통상자원부장관의 의견을 들어야 한다.
1. 해당 물품 등의 수출·수입·판매·제조행위의 중지
2. 해당 물품 등의 반입배제 또는 폐기처분
3. 정정광고
4. 법 위반으로 무역위원회로부터 시정명령을 받은 사실의 공표
5. 그 밖에 불공정무역행위의 시정을 위하여 필요한 조치
② 무역위원회는 제1항에 따른 시정조치를 이행하기 위하여 필요하다고 인정하면 관계 행정기관의 장에게 협조를 요청할 수 있다. 이 경우 협조를 요청받은 관계 행정기관의 장은 이에 협조하여야 한다.

2) 불공정무역행위 조사 및 산업피해구제에 관한 법률 시행령 제6조(과징금
의 산정방법)에서는 다음과 같이 규정하고 있다.

"① 법 제11조 제1항 본문에서 "대통령령으로 정하는 거래 금액"이란 해당
불공정무역행위와 관련된 물품 등에 대한 직전 3개 사업연도의 다음 각 호
의 구분에 따른 거래 금액을 연평균 거래 금액으로 환산한 금액을 말한다.
다만, 해당 사업연도 초일 현재 사업을 개시한 지 3년이 지나지 아니하는
경우에는 그 사업 개시 후 직전 사업연도 말일까지의 거래 금액을 연평균
거래 금액으로 환산한 금액을 말하고, 해당 사업연도에 사업을 개시한 경
우에는 사업개시일부터 마지막 위반행위일까지의 거래금액을 말한다.

1. 수입 또는 제조한 후 판매 또는 수출한 물품 등에 대하여는 그 매출 가액(價額)

2. 수입 또는 제조한 후 판매 또는 수출을 하지 아니한 물품 등에 대하여는 그 매입
   금액 또는 제조물품 등의 생산원가

② 법 제11조 제1항 단서에서 "거래 금액이 없거나 거래 금액을 산정하기 곤란한 경
우로서 대통령령으로 정하는 경우"란 다음 각 호의 어느 하나에 해당하는 경우를 말
한다.

1. 거래 실적이 없거나 영업중단 등으로 거래가 불연속적으로 이루어지고 있어 이
   를 통상적인 거래 실적으로 볼 수 없는 경우

2. 해당 행위자가 거래 자료의 제출을 거부하거나 거짓된 자료를 제출한 경우

3. 그 밖에 거래 자료가 작성되어 있지 아니하는 등 객관적인 거래 금액을 산정하기
   곤란한 경우

③ 법 제11조 제3항에 따라 부과하는 과징금은 3억 원의 범위에서 해당 불공정무역
행위와 관련된 물품 등에 대한 조사개시 결정일 전 5년간의 수출입 신고금액을 기준
으로 산정한다. 다만, 조사개시 결정일 현재 사업을 개시한 지 5년이 지나지 아니하
는 경우에는 그 사업 개시 후 조사개시 결정일까지의 수출입 신고금액을 기준으로
산정한다.

제 8 장

결론: 지명표장
(지리적 표시 포함)의 활용방안

[1] 지방자치단체마다 편차가 있지만, 지리적 표시제를 적극적으로 활용하는 지방자치단체가 있는가 하면 그렇지 못한 지방자치단체도 존재한다.

[2] 전통음식을 활용한 식품산업은 전통지식과도 관련이 있고 지리적 표시와도 밀접한 관련이 있다. 따라서 지리적 표시제를 통해 특정지역의 자연적 환경 내지 인위적 환경을 특정 상품의 품질 등 특색에 연계시키는 것은 지방자치단체 발전뿐만 아니라 식문화를 중심으로 한 전통문화의 보전 및 활용에도 크게 기여할 것으로 기대된다. 지방자치단체가 출원한 증명표장과 관련된 심판사건 내지 소송사건은 존재하지 않지만, 가까운 장래에 이에 관련된 사례가 나타날 것으로 예상된다. 재정적 여력이 없는 지방자치단체의 행정구역 내에 있는 단체가 지리적 표시 단체표장등록출원을 하기에는 재정적 여력 내지 전문성을 갖추고 있지 않은 경우에 지방자치단체가 지리적 표시 증명표장을 등록하여 지방자치단체의 행정구역 내에 있는 단체의 상품의 품질 등에 대해 증명하는 데 증명표장을 사용하는 방안을 강구할 필요가 있다.

[3] 특히 전통공예품 등의 경우 표장이 없는 경우가 많다는 것은 실로 반만년 역사에 길이 빛나는 우리나라의 문화에 비추어 보아 안타까운 일이다. 외국 전통악기 등에 표장을 등록하듯이 전통공예품 내지 전통악기 등에 대한 권리를 보장받기 위해 전통공예품 등에 지리적 표시 증명표장을 활용하는 방안을 강구할 필요가 있다.

[4] 농수산물품질관리법상 수산물에 관한 지리적 표시권을 많이 등록한 다음, 유럽 등 농산물 지리적 표시가 강점이 보이는 국가들과의 향후 교섭에서 수산물 분야를 대폭 강화하는 협상을 진전시키는 노력이 필요하다. 특히 김 등 외국에서 인기가 많은 수산물의 경우에는 이러한 노력이 큰 도움이 될 것으로 기대된다.

부 록

---

1. 농산물의 지리적표시 등록 및 공고 요령
2. 수산물의 지리적표시 등록 및 공고 요령

1. 농산물의 지리적표시 등록 및 공고 요령

[별첨 1] 농림축산식품부 고시 제2015-31호

농림수산식품부 고시 제2012-167호(2012.8.27, 제정)
농림축산식품부 고시 제2013-61호(2013.5.16, 일부개정)
농림축산식품부 고시 제2015-31호(2015.5.22, 일부개정)

제1조(목적) 이 고시는 농수산물 품질관리법 시행령(이하 "영"이라 한다) 제
15조 제5호 및 같은 법 시행규칙(이하 "규칙"이라 한다) 제56조 제4항, 제
58조 제4항에 따른 사항을 규정함을 목적으로 한다.

제2조(지리적표시 등록기준) 영 제15조 제5호에서 농림축산식품부장관이 지
리적표시 등록에 필요하다고 인정하여 고시하는 기준이란 지리적표시 등
록과 관련한 동등한 자격을 갖춘 가입 희망자에 대한 가입을 실질적으로
금지하거나 제한하지 않음을 정관에 명시하여야 함(법인인 경우만 해당한
다)을 말한다.

제3조(지리적표시 등록 및 변경에 관한 세부사항 등) ① 규칙 제56조 제4항
에 따라 농림축산식품부장관이 정한 지리적표시의 등록 및 변경에 관한
세부사항은 다음 각 호와 같다.

1. 규칙 제56조 제1항 및 제2항에 따른 각 신청 서류별 세부내용은 별표와
   같다.

2. 국립농산물품질관리원장 또는 산림청장(이하 "등록기관장"이라 한다)
   은 지리적표시 등록(변경)신청서를 접수한 경우에는 다음 각 목에 대하
   여 검토하고 별지 제1호서식의 등록(변경)신청 검토 의견서를 지리적표
   시 등록심의 분과위원장(이하 "지리적표시분과위원장"이라 한다)에게

제출하여야 한다.

　가. 규칙 제56조 제1항 및 제2항에 따른 신청 서류의 구비 여부

　나. 가목의 신청 서류가 제1호의 세부내용을 포함하고 있는지 여부

　② 지리적표시분과위원장은 규칙 제56조 제3항에 따른 현지 확인을 위하여 해당 품목의 전문성을 가진 5명 이내의 위원으로 현지 확인반을 구성 · 운영한다. 다만, 해당지역 · 해당품목과 이해관계가 있는 자는 반원이 될 수 없다.

　③ 제2항에 따른 현지 확인은 해당 품목이 재배 또는 생산되는 시기에 수행하고 이해 관계자의 의견을 수렴하여야 하며, 완료 후 제1항 제1호에 따른 세부내용의 적합성 및 실효성 여부를 포함한 보고서를 지리적표시분과위원장에게 제출하여야 한다.

제4조(지리적표시 등록 공고)　등록기관장은 규칙 제58조 제1항 및 제3항에 따라 지리적표시의 등록 공고를 할 경우 별지 제2호서식의 지리적표시 등록 공고 또는 별지 제3호 서식의 지리적표시 등록취소 공고에 따라 등록기관의 인터넷 홈페이지에 공고한다.

제5조(재검토 기한)　이 고시는「훈령 · 예규 등의 발령 및 관리에 관한 규정」에 따라 이 고시 발령 후의 법령이나 현실 여건의 변화 등을 검토하여 이 고시의 폐지, 개정 등의 조치를 하여야 하는 기한은 2018년 5월 21일까지로 한다.

부　칙〈제2012-167호, 2012.8.27.〉

제1조(시행일)　이 요령은 고시한 날부터 시행한다.

제2조(등록된 지리적표시에 대한 경과조치)　이 고시 시행 당시 종전 기준에 따라 등록된 지리적표시는 이 요령에 따라 등록된 것으로 본다.

제3조(접수되어 처리 중인 지리적표시 신청건에 대한 경과조치)　이 고시 시행 당시 종전 기준에 따라 접수되었거나 심의 중인 지리적표시 신청서 등은 종전의 기준에 따라 등록 · 공고한다. 다만, 신청자는 이 고시에 따라 신청서 등을 보완하여 제출할 수 있다.

제4조(재검토 기한)　이 고시는 2015년 8월 27일까지「훈령 · 예규 등의 발령

및 관리에 관한 규정(대통령훈령 제248호)」제7조 제3항 제2호에 따라 재검토하여야 한다.

부 칙〈제2013-61호, 2013.5.16.〉

제1조(시행일) 이 요령은 고시한 날부터 시행한다.

제2조(등록된 지리적표시에 대한 경과조치) 이 고시 시행 당시 종전 기준에 따라 등록된 지리적표시는 이 요령에 따라 등록된 것으로 본다.

제3조(접수되어 처리 중인 지리적표시 신청건에 대한 경과조치) 이 고시 시행 당시 종전 기준에 따라 접수되었거나 심의 중인 지리적표시 신청서 등은 종전의 기준에 따라 등록·공고한다. 다만, 신청자는 이 고시에 따라 신청서 등을 보완하여 제출할 수 있다.

제4조(재검토 기한) 이 고시는 2016년 5월 19일까지「훈령·예규 등의 발령 및 관리에 관한 규정(대통령훈령 제248호)」제7조 제3항 제2호에 따라 재검토하여야 한다.

부 칙〈제2015-31호, 2015.5.22.〉

이 고시는 발령한 날부터 시행한다.

[별표] 지리적표시 등록 신청 서류별 세부내용(제3조 제1항 제1호 관련)

---

1. 정 관
가. 해당 품목에 대한 법인 자체의 품질기준 및 품질관리계획에 대한 구성원의 준수 의무
나. 지리적표시품의 생산·관리 등에 있어서의 법인의 역할

2. 생산계획서
가. 법인명, 영업소 소재지 주소 및 영업소 전화번호와 구성원의 성명·주소 및 전화번호(신청자가 개인인 경우 성명, 주소, 전화번호)
나. 구성원별 해당 품목의 재배(생산)면적 및 생산 계획량(연도별 면적과 실제 생산량을 고려하여 작성)

3. 대상품목·명칭 및 품질의 특성
가. 등록 대상품목의 분류
   1)「관세법」제98조에 따른 관세·통계통합품목분류(HSK)
   2)「상표법 시행규칙」제40조에 따른 상품류 구분(NICE분류)
   3) 그 밖에 동일 품목 내에서도 1) 내지 2)의 분류보다 더 세분화하여 등록할 필요가 있는 경우 품목특성을 고려하여 세분화
      [예시 1] 가공과정 등을 거쳐 특성 및 형태가 달라지는 품목(고추, 고춧가루, 감, 곶감 등)
      [예시 2] 수확시기 등에 따라 그 세부분류가 구분되는 품목 (녹차의 우전, 곡우, 세작 등)
나. 등록 대상품목의 품질 특성
   1) 농산물
      가) 등록 대상품목의 생산지역
      나) 지리적표시 대상지역에서 생산되는 등록 대상품목이 다른 지역에서 생산되는 동일 품목과의 차별되는 지리적 특징

2) 농산 가공품

　가) 주원료의 생산지역과 주원료를 가공하여 등록 대상품목을 생산하
　　는 지역

　나) 지리적표시 대상지역에서 생산·가공되는 등록 대상품목이 다른
　　지역에서 생산·가공되는 동일 품목과의 차별되는 지리적 특성

　다) 여러 가지 원료가 혼합·가공되는 경우 주원료의 생산기준 등을
　　자체품질관리기준에 명시

다. 등록 명칭: 다음과 같이 지명과 등록 품목명을 결합한 형태로 구성

　1) 지리적 특성 및 어떤 이름으로 명성을 유지하고 있는가를 감안하여 실
　　질적으로 보호가 필요한 지명을 포함한 명칭을 사용(불필요한 수식어
　　는 사용 불가)

　2) 등록 명칭은 한글과 영문으로 명기. 이 경우 영문명은 문화체육관광부
　　장관이 정하는 「국어의 로마자 표기법」에 따라 표시하고, 필요한 경우
　　괄호 안에 품목명을 영문으로 번역하여 표시

4. 유명 특산품 증명

가. 유명성: 인지도 조사결과 등 해당 품목의 우수성이 주요 소비층이나 유통
전문인들에게 널리 알려져 있음을 객관적으로 입증할 수 있는 자료

나. 역사성: 연구자료, 문헌, 언론보도 등 해당 품목의 명성이 과거로부터 축
적되어 인지도 등으로 나타난 자료와 그 명성이 지속될 가능성이 있음을
나타내는 생산·판매·가격 등의 자료

5. 품질의 특성과 지리적 요인과의 관계

가. 해당 품목의 명성·품질 특성이 다음과 같은 지리적 및 인적 요인으로 인
해 다른 지역에 비해 독특한 특성이 있다는 사실에 대한 설명

　1) 제품 품질에 영향을 미치는 지형·토양 특성

　2) 제품 품질에 영향을 미치는 생육단계별 기후(기온, 강수량, 일조량 등)

　3) 품질기준 중 제품 품질과 직접 관련되는 전통적 가공방법 등 재배·사
　　육·제조 특성

　4) 기타 지리적 요인과의 인과관계 자료 등

나. 해당 품목에 직접적인 영향을 미치는 지리적 및 인적요인과 해당품목 특
성과의 인과관계에 대한 구체적인 설명

6. 지리적표시 대상지역의 범위

가. 해당 품목의 특성에 영향을 주는 지리적요인과 품질과의 인과관계 설명
이 가능한 지리적명칭의 행정구역. 다만, 특성이 같고 생산기반이 일치하
며 해당 품목의 명성을 과거부터 공유하고 있는 경우에는 반드시 지리적
명칭과 행정구역이 일치할 필요는 없다.
나. 행정구역, 산 또는 강으로 대상지역 범위가 구체적으로 구획되어 구분된
지도 등

7. 자체 품질기준

지리적표시품의 품질 특성을 유지하기 위하여 생산·유통 과정의 다음 각 목
중 해당하는 모든 과정에 대한 구체적인 설명. 이 경우 각 과정에 대한 기준
및 방법은 이행가능한 것이어야 한다.
가. 종자선택: 품종명, 품종획득방법, 종자보관방법, 기타 품종특성 등
나. 파종 및 이식방법: 파종적기, 파종방법, 파종시기 등
다. 재배·사육방법: 생육관리, 시비관리, 사양관리 등 단계별 관리방법 등
라. 수확·도축방법: 수확·도축시기, 수확·도축방법, 저장방법 등
마. 유통·선별·포장방법: 크기·색 등 선별기준, 포장재 및 규격, 로고 표
시방법 등
바. 제조·가공방법: 제조·가공과정별 관리 특성을 상세하게 설명
사. 안전·환경관리방법: 병해충방제, 농약·비료 사용기준, 환경기준 충족
등

8. 품질관리계획서

가. 생산계획에 따른 단계별 품질관리 계획
나. 생산품에 대한 품질 사후관리 및 조치계획 등

농산물의 지리적표시 등록 및 공고 요령 [별지 제1호 서식]

등록(변경)신청 검토 의견서

1. 개   요
가. 등록대상품목 및 등록명칭

나. 등록주체(대표자 및 회원수)

다. 대상지역 범위

라. 품질특성과 지리적 요인과의 관계, 유명성 및 역사성, 생산계획 및 품질
  유지를 위한 계획 등 등록신청서에 기재된 특성 설명 요약서

2. 세부 검토결과

구 분		검토 결과
가. 정관	동등한 자격의 가입 희망자에 대한 가입 금지 또는 제한 규정	
	해당 품목의 품질 관련 구성원 준수 의무	
	지리적표시품 생산·관리 등에서의 법인 역할	
나. 생산계획서	재배(생산)면적 및 생산 계획량	
다. 등록 대상품목·명칭 및 품질관리 특성에 관한 설명서	대상품목의 분류	
	대상품목의 품질 특성	
	등록 명칭	
라. 유명 특산품임을 증명할 수 있는 자료	유명성	
	역사성	
마. 품질의 특성과 지리적요인과의 관계에 관한 설명서	품질과 지리적 요인과의 인과성	
	품질과 인적 요인과의 인과성	

바. 지리적표시 대상지역의 범위	대상지역 범위 설정	
	대상지역 범위 구획의 명확성	
사. 자체 품질기준	종자선택	
	파종 및 이식방법	
	재배 · 사육방법	
	수확 · 도축방법	
	유통 · 선별 · 포장방법	
	제조 · 가공방법	
	안전 · 환경관리방법	
아. 품질관리계획서	단계별 품질관리 계획	
	품질 사후관리 및 조치계획	

3. 관련 전문가, 관련 부처 및 관련 자치단체 의견
4. 종합의견

농산물의 지리적표시 등록 및 공고 요령 [별지 제2호 서식]

지리적표시 등록 공고

1. 등록일 및 등록번호
가. 등록일:

나. 등록번호:

2. 지리적표시 등록자의 성명 · 주소 및 전화번호
가. 성명(법인은 명칭):

나. 주소(법인은 영업소 소재지):

다. 전화번호:

라. 구성원 및 구성원별 재배현황

3. 지리적표시 등록대상 품목 및 등록명칭
가. 등록대상 품목:

나. 품목명 분류기준:

* 관세법에 따른 관세 · 통계통합품목분류(HSK), 상표법에 따른 상품류 구분
  (NICE 분류), 기타로 구분 기재

다. 등록명칭

   1) 한글명:

   2) 영문명:　　　　　(　　　　　)

4. 지리적표시 대상지역의 범위
가. 대상 지역범위:

나. 대상지역 지도 등 상세내역:

5. 품질의 특성과 지리적 요인과의 관계

가. 명성(인지도 조사결과, 보도내용 등):

나. 역사성:

6. 등록자의 자체 품질기준 및 품질관리계획서

가. 자체 품질기준:

나. 품질관리계획서:

농산물의 지리적표시 등록 및 공고 요령 [별지 제3호 서식]

지리적표시 등록취소 공고

1. 등록 취소일 및 등록번호
가. 등록 취소일:

나. 등록번호:

2. 지리적표시 등록 품목 및 등록명칭
가. 등록품목:

나. 등록명칭

   1) 한글명:

   2) 영문명: (   )

3. 지리적표시 등록자의 성명 · 주소 및 전화번호
가. 성명(법인은 명칭):

나. 주소(법인은 영업소 소재지):

다. 전화번호:

4. 취소사유

2. 수산물의 지리적표시 등록 및 공고 요령

[별첨 2] 해양수산부고시 제2013-130호

「농수산물 품질관리법 시행령」 제15조 제5호 및 같은 법 시행규칙 제56조 제4항·제58조 제4항에 따른 수산물의 지리적표시 등록 및 공고 요령을 다음과 같이 고시합니다.

2013년 5월 23일
해양수산부장관

제1조(목적) 이 요령은 농수산물 품질관리법 시행령 제15조 제5호 및 같은 법 시행규칙 제56조 제4항·제58조 제4항에 따른 사항을 규정함을 목적으로 한다.

제2조(지리적표시 등록기준) 농수산물 품질관리법 시행령(이하 "영"이라 한다) 제15조 제5호에 따른 해양수산부장관이 지리적표시 등록에 필요하다고 인정하여 고시하는 기준은 별표와 같다.

제3조(지리적표시 등록) ① 국립수산물품질관리원장(이하 "등록기관장"이라 한다)은 농수산물 품질관리법 시행규칙(이하 "규칙"이라 한다) 제56조 제1항 및 제2항에 따라 지리적표시 등록(변경) 신청서를 접수한 경우에는 다음 각 호에 대해 검토하고 별지 제1호서식의 등록(변경) 신청 검토 의견서를 지리적표시 등록심의 분과위원장(이하 "지리적표시분과위원장"이라 한다)에게 제출하여야 한다.

1. 규칙 제56조 제1항 및 제2항에 따른 신청 서류가 구비되어 있는지 여부
2. 신청 서류가 제2조의 지리적표시 등록기준에 적정한지 여부

② 지리적표시분과위원장은 규칙 제56조 제3항에 따라 지리적표시 등록서류의 적정여부 확인을 위하여 해당 품목의 전문성을 가진 5명이내의 위원으로 현지 확인반을 구성·운영할 수 있다. 다만, 해당지역·해당품목과 이해관계가 있는 자는 반원이 될 수 없다.

③ 제2항에 따른 현지 확인반은 지리적표시 등록서류의 적정여부를 확인하는 경우 해당품목이 양식 또는 생산되는 시기에 수행하고 이해 관계자의 의견을 수렴하여야 하며, 완료 후 등록기준 각 항목의 적합성 여부를 포함한 보고서를 지리적표시분과위원장에게 제출하여야 한다.

제4조(지리적표시 등록 공고) 등록기관장은 규칙 제58조 제1항 및 제3항에 따라 지리적표시의 등록 공고를 할 경우 별지 제2호서식의 지리적표시 등록 공고 또는 별지 제3호서식의 지리적표시 등록취소 공고에 따라 등록기관의 인터넷 홈페이지에 공고한다.

제5조(재검토기한) 「훈령·예규 등의 발령 및 관리에 관한 규정」(대통령훈령 제248호)에 따라 이 고시 발령 후의 법령이나 현실여건의 변화 등을 검토하여 이 고시의 폐지, 개정 등의 조치를 하여야 하는 기한은 2016년 4월 30일까지로 한다.

부 칙

제1조(시행일) 이 고시는 발령한 날부터 시행한다.

제2조(등록된 지리적표시에 대한 경과조치) 이 고시 시행 당시 종전 「농수산물의 지리적표시 등록 및 공고 요령」에 따라 등록된 지리적표시는 이 요령에 따라 등록된 것으로 본다.

제3조(접수되어 처리 중인 지리적표시 신청건에 대한 경과조치) 이 고시 시행 당시 종전 「농수산물의 지리적표시 등록 및 공고 요령」에 따라 접수되었거나 심의 중인 지리적표시 신청서 등은 종전의 기준에 따라 등록·공고한다. 다만, 신청자는 이 고시에 따라 신청서 등을 보완하여 제출할 수 있다.

수산물의 지리적표시 등록 및 공고 요령 [별지 제1호 서식]

등록(변경)신청 검토 의견서

1. 개 요
가. 등록대상품목 및 등록명칭
나. 등록주체(대표자 및 회원수)
다. 대상지역 범위
라. 품질특성과 지리적 요인과의 관계, 유명성 및 역사성, 생산계획 및 품질
    유지를 위한 계획 등 등록신청서에 기재된 특성 설명 요약서

2. 세부 검토결과

구 분		검토 결과
가. 정관	정관의 적절성	
	법인 운영의 적절성	
나. 생산계획서 적절성		
다. 등록대상 품목의 명칭 및 품질관리 특성에 관한 설명서	품목의 적절성	
	명칭의 적절성	
	유명성(인지도 등) 입증의 적절성	
	역사성 입증의 적절성	
라. 품질의 특성과 지리적요인과의 관계에 관한 설명 적절성	품질과 지리적 요인과의 인과성	
	품질과 인적 요인과의 인과성	
마. 대상지역의 범위	대상지역 범위 설정의 적절성	
	대상지역 범위 구획의 명확성	

바. 자체 품질기준의 적절성	
사. 품질관리계획서의 적절성	

3. 관련 전문가, 관련 부처 및 관련 자치단체 의견

4. 종합의견

수산물의 지리적표시 등록 및 공고 요령 [별지 제2호 서식]

지리적표시 등록 공고

1. 등록일 및 등록번호
가. 등록일:

나. 등록번호:

2. 지리적표시 등록자의 성명 · 주소 및 전화번호
가. 성명(법인은 명칭):

나. 주소(법인은 영업소 소재지):

다. 전화번호:

라. 구성원 및 구성원별 생산현황

3. 지리적표시 등록대상 품목 및 등록명칭
가. 등록대상 품목:

나. 품목명 분류기준:

* 관세법에 따른 관세 · 통계통합품목분류(HSK), 상표법에 따른 상품류 구분
  (NICE 분류), 기타로 구분 기재

다. 등록명칭

1) 한글명:

2) 영문명: (   )

4. 지리적표시 대상지역의 범위
가. 대상 지역범위:

나. 대상지역 지도 등 상세내역:

5. 품질의 특성과 지리적 요인과의 관계

가. 명성 및 역사성

    1) 명성(인지도 조사결과, 보도내용 등):

    2) 역사성:

나. 품질의 특성:

다. 품질특성과 지리적 요인과의 인과관계

    1) 품종(종자) 특성:

    2) 성분 특성:

    3) 지형적 특성:

    4) 수질적 특성:

    5) 기후적 특성:

    6) 인적 특성:

6. 자체 품질기준

가. 종자(종묘)선택:

나. 이식방법:

다. 양식방법:

라. 수확(채취)방법:

마. 선별 · 세척 · 포장방법:

바. 기타 관리방법:

7. 품질관리계획서

가. 생산계획:

나. 생산계획에 따른 단계별 품질관리 계획:

다. 생산품에 대한 품질 사후관리 및 조치계획 등:

농수산물의 지리적표시 등록 및 공고 요령 [별지 제3호 서식]

지리적표시 등록취소 공고

1. 등록 취소일 및 등록번호

가. 등록 취소일:

나. 등록번호:

2. 지리적표시 등록 품목 및 등록명칭

가. 등록품목:

나. 등록명칭

   1) 한글명:

   2) 영문명: (   )

3. 지리적표시 등록자의 성명 · 주소 및 전화번호

가. 성명(법인은 명칭):

나. 주소(법인은 영업소 소재지):

다. 전화번호:

4. 취소사유

판례 색인

대법원 1985.7.9.선고 83후3 판결 ·· 117

대법원 1986.6.24.선고 85후62 판결 ··· 120

대법원 1986.7.22.선고 85후103 판결 ··· 121

대법원 1989.9.26.선고 88후1137 판결 ··· 117

대법원 1990.1.23. 선고 88후1397 판결 ·· 122

대법원 1992.2.11.선고 91후1427 판결 ··· 121

대법원 1992.11.10.선고 92후452 판결 ··· 119

대법원 1992.11.27.선고 92후728 판결 ··· 120

대법원 1994.9.27.선고 94다2213 판결 ··· 119

대법원 1994.10.7.선고 94후319 판결 ··· 121

대법원 1996.2.13.선고 95후1296 판결 ··· 121

대법원 1996.8.23.선고 96후54, 61 판결 ·· 119

대법원 1997.8.22.선고 96후1682 판결 ··· 122

대법원 1997.10.14.선고 96후2456 판결 ··· 120

대법원 1998.2.10.선고 97후600 판결 ··· 119

대법원 1999.11.26.선고 98후1518 판결 ··· 133

대법원 2000.6.13.선고 98후1273 판결 ····························· 118, 120, 132

대법원 2001.2.9.선고 98후379 판결 ·· 121

대법원 2001.7.27.선고 99후2723 판결 ··· 120

대법원 2002.3.15.선고 2001도5033 판결 ··· 234

대법원 2003.7.11.선고 2002후2464 판결 ································· 119, 123

대법원 2003.8.25.선고 2003후1260 판결 ··· 118

대법원 2006.1.26.선고 2003후2379 판결 ··· 131

대법원 2006.1.26.선고 2004도5124 판결 ··· 246

대법원 2006.1.26.선고 2004후1175 판결 ··· 130

대법원 2006.7.28.선고 2004도4420 판결 ··· 117

286

대법원 2008.9.25.선고 2006후2288 판결 ················· 148
대법원 2009.5.28.선고 2008후4691 판결 ················· 129
대법원 2010.6.24.선고 2009후3916 판결 ··········· 119, 129
대법원 2012.11.15.선고 2011후1982 판결 ················ 127
대법원 2012.12.13.선고 2011후958 판결 ················· 126
대법원 2012.12.27.선고 2012후2951 판결 ··············· 147
대법원 2015.1.29.선고 2014후2283 판결 ················ 124
대법원 2015.4.9. 선고 2014도14191 판결 ················· 91

특허법원 2000.4.27.선고 99허9076 판결 ················· 122
특허법원 2000.10.5.선고 2000허4701 판결 ··············· 117
특허법원 2000.12.8.선고 2000허624 판결 ················ 122
특허법원 2003.4.11.선고 2003허175 판결 ················ 121
특허법원 2004.11.12.선고 2004허3164 판결 ·············· 118
특허법원 2009.7.10.선고 2009허2302 판결 ··············· 122
특허법원 2010.7.16.선고 2010허555 판결 ················ 121

특허심판원 2008.6.27.자 2007원7027 심결 ·············· 170
특허심판원 2012.10.9.자 2012당1234 심결 ·············· 213
특허심판원 2012.10.9.자 2012당1235 심결 ·············· 214
특허심판원 2015.1.2.자 2014원262 심결 ················ 171
특허심판원 2015.4.1.자 2015원1278 심결 ··········· 117, 184
특허심판원 2015.6.5.자 2014원7088 심결 ········· 169, 176, 192
특허심판원 2015.9.22.자 2014원5234 심결 ·············· 174
특허심판원 2015.10.15.자 2014원4857 심결 ············· 179
특허심판원 2015.10.22.자 2014원5057 심결 ············· 176
특허심판원 2015.11.30.자 2014원5236 심결 ············· 174
특허심판원 2015.12.23.자 2014원6191 심결 ········· 178, 200
특허심판원 2015.12.23.자 2014원6365 심결 ············· 198
특허심판원 2016.1.15.자 2014원8174 심결 ·············· 190
특허심판원 2016.2.29.자 2014원6492 심결 ········· 177, 195

특허심판원 2016.3.9.자 2015원4398 심결 ·· 187
특허심판원 2016.6.15.자 2015원3777 심결 ·· 184

47 U.S.P.Q.2d 1875, 1884(T.T.A.B. 1998). ··· 59
Art Attacks Ink, LLC v. MGA Enter., Inc., 581 F.3d 1138, 1145
    (9th Cir. 2009) ·· 150
Coach Leatherware Co. v. AnnTaylo, Inc., 933 F.2d 162, 168
    (2d Cir. 1991) ·· 150
E.T. Browne Drug Co. v. Cococare Products, Inc., 538 F.3d 185, 199
    (3d Cir. 2008) ·· 150
Genesee Brewing Co. v. Stroh Brewing Co., 124 F.3d 137, 143
    n. 4(2d Cir. 1997) ·· 149
Germany & Denmark v. Commission of the European Communities ·· 69
Harlequin Enterprises, Ltd. v. Gulf & Western Corp., 644 F.2d
    946(2d Cir. 1981) ·· 151
In re Cooperative Produttori Latte E Fontina Valle D'Acosta, 230
    U.S.P.Q. 131, 1986 WL 83578(T.T.A.B. 1986). ····························· 62
Institute National Appellations v. Brown-Forman Corp. 사건 ······ 59, 110
Institute National Des Appellations d'Origine v. Brown-Forman
    Corp., 47 U.S.P.Q.2d 1875, 1998 WL 650076(T.T.A.B. 1998). ····· 63
Japan Telecom, Inc. v. Japan Telecom Am., Inc., 287 F.3d
    866, 62 U.S.P.Q.2d 1593(9th Cir. 2002) ··· 150
Platinum Home Mortgage Corp. v. Platinum Financial Group,
    Inc., 149 F.3d 722, 728(7th Cir. 1998) ··· 150
Procureur du Roi v. Dassonville ··· 51
Roquefort v. William Faehndrich, Inc., 303 F.2d 494 (2d Cir. 1962). ····· 61
Spraying Systems Co. v. Delavan, 975 F.2d 387, 394 (7th Cir. 1992) ··· 151
日本 知裁高判 平成22年11月15日 ··· 77

288

사항 색인

[ㄱ]

공업소유권의 국제적 보호를 위한
    파리협약   3
관용상표   13, 109, 112
구포국수(지정상품: 국수)   117
국립수산물품질관리원   88
군산꽃게장 사건   184
기술적 표장   113
기타 상품의 식별력이 없는 상표
    139
기타카타 라면 사건   77
긴자(銀座)   119

[ㄴ]

남해 새고막 사건   197
농수산물의 원산지 표시에 관한
    법률   91
농수산물품질관리법   4, 13, 87,
    90
뉴욕   119
Nippon Express   120

[ㄷ]

단체표장   33, 48
단체표장의 구성요건   165
담양떡갈비 사건   117, 184

담양시목단감(지정상품: 감)
    117
WTO Dispute Settlement Body
    50
동종동일상품(identical goods)
    154
동종상품(like good)   154

[ㄹ]

London Town   120
리스본 협정   3, 13

[ㅁ]

마드리드협정   3, 9
Manhattan   119
모조품(imitation)   154
무역관련 지식재산권협정
    (Agreement on Trade-Related
    Aspects of Intellectual
    Property Rights: TRIPs)   4, 6,
    13
미국 상표심판원(Trademark Trial
    and Appeal Board)   110

[ㅂ]

BACCARAT(지정상품: 수정유리

제품)   117
방향포도주   24
방호표장   83
백암온천   121
법률상 등록을 받을 수 없는 상표
    152
베네치아   121
병행수입   52
보성녹차   170
보통명칭상표   13, 107, 108
보통명칭표장(Generic names)
    40
부정경쟁방지 및 영업비밀보호에
    관한 법률   4, 13, 20, 228
불공정무역조사법   255
불공정무역행위   258
불공정무역행위 조사   255, 261
불공정무역행위 조사 및
    산업피해구제에 관한 법률   4
vienna   119

[ㅅ]
사용에 의한 식별력   141
산업피해구제에 관한 법률   255
산지   106
산지표시   115
상표   32
상표권의 효력   160
상표권의 효력이 미치지 아니하는
    범위   161

상표심판원(Trademark Trial and
    Appeal Board)   59
샴페인   22, 112
서산어리굴젓 사건   190
서울   119
성질표시 표장   113
세계무역기구(WTO)   4, 13
세계무역기구 분쟁해결부   66
세계무역기구 분쟁해결패널   50

[ㅇ]
아이다호 주 감자위원회(State of
    Idaho Potato Commission)
    60
안흥(지정상품: 찐빵)   117
양식(style)   154
영농조합   64
oxford   119
원산지 거짓표시행위   230
원산지 명[Apellations d'Origine
    Contrôlée(AOCs)]   13
원산지명칭   3, 13, 38, 39
원산지명칭의 보호(Protected
    Designation of Origin: PGO)
    37, 67
원산지명칭의 보호를 위한 리스본
    협정(Lisbon Agreement for
    the Protection of Appellations
    of Origin and Their Inter-
    national Registration in 1958)

9

원산지 표시(appellations of
   origin)　65

원산지 허위 표시　227

유럽공동체규칙 No. 2081/92
   37, 43, 45, 49

유럽공동체규칙 No. 2082/92
   40

유럽공동체규칙 No. 692/2003
   42

유럽공동체규칙 No. 1383/2003
   46

유럽사법재판소　52

유형(type)　154

이의신청　96

인삼산업법　92

Innsbruck　120

일동　119

일반명칭 표장　55

일본 상표법　78

일본 상표심사기준　78

ENGLAND　120

[ㅈ]

JAVA　120

자유무역협정　251

자타상품식별력　106

장성편백 사건　187

장충동　120

전국원산지명칭관리원(Institut
National des Appellations
d'Origine: INAO)　53

전통공예품　263

전통음식　263

전통특산물 보증(traditional
   specialities guaranteed: TSG)
   40, 41, 67

제주고등어 사건　169, 192

Georgia　119

종로학원　120

종류(kind)　154

주류의 상표사용에 관한 위임고시
   4

주세법　4

증류주　21, 24, 66

증명표장　15, 34, 48

지리적 표시(Protected
   Geographical Indication)　3,
   9, 13, 15, 20, 23, 24, 39

지리적 표시 단체표장　13, 46,
   63, 105, 151, 163

지리적 표시 등록부　44

지리적 표시 심판위원회　101

지리적 표시의 보호(Protected
   Geographical Indications:
   PGI)　39, 67

지리적 표시 증명표장　4, 13, 46,
   58, 151, 263

지리적 표시 증명표장권　223

지역단체상표　73, 75, 81

지명표장(地名標章) 보호법제 —지리적 표시 포함—

2016년 11월 20일 초판 인쇄
2016년 11월 30일 초판 발행

저 자   이 규 호
발행처   한국지식재산연구원
편집·판매처   세창출판사

한국지식재산연구원

주소: 서울시 강남구 테헤란로 131 한국지식재산센터 3, 9층
전화: (02)2189-2600 팩스: (02)2189-2694
website: www.kiip.re.kr

세창출판사

주소: 서울시 서대문구 경기대로 88 냉천빌딩 4층
전화: (02)723-8660 팩스: (02)720-4579
website: www.sechangpub.co.kr

ISBN 978-89-92957-78-6 93360

정가 26,000원